移民の社会的統合と排除

問われるフランス的平等

宮島 喬——[編]

東京大学出版会

SOCIAL INTEGRATION AND EXCLUSION OF IMMIGRANTS
Questioning the French Notion of "Equality"
Takashi MIYAJIMA, Editor
University of Tokyo Press, 2009
ISBN 978-4-13-050174-3

はしがき

過去および現在の社会の建設と発展を移民に負っていない社会はヨーロッパでは少ないから、移民の社会的統合はどこでも重要な課題でありつづけている。そのなかでフランスに焦点を当て、本書は、現状と課題を明らかにしようとする。二〇〇〇年代に入ると、ドイツをはじめ各国で人の新たな受け入れの議論が活発となり、フランスでもこれが始まっている。そのことを視野に入れながらも、本書の中心課題は、社会的統合、すなわちすでに定住し世代交代下にある移民たちが、雇用、居住、教育、市民権等においてどれだけ平等な存在に近づいているか、を問うことにある。

「社会的統合」というタームを使うのは理由あってのことで、過去二〇年間、フランスの公的な施策と言説では、統合の文化的含意が押し出されることが多く、それにくらべ雇用、教育、住宅、政治参加など社会的施策の実効追求は二義化されてきた感があるからである。このことは、〇五年秋にパリ首都圏をゆるがせた「暴動」のひとつの背景でもあろう。

そこで改めて、「フランス的」といわれる平等・統合の理念と施策が問われなければならない。重要なのは、それら理念、施策と、移民の半数以上を占めるマグレブ、アフリカ、トルコ等の非西欧移民との関係である。それに比べEU内出身移民には、制度的にも社会の受容態度においても、比較にならないほど壁が除かれている。フランス的平等・統合モデルを現状の課題に合わせて修正する試みもなされてきたが、修正をはばむ抵抗も依然として大きい。

移民とは一般に都市的存在であり、フランスでも都市空間における彼らの居住、雇用、社会関係、そこにおける貧しさと社会的排除、またそれゆえの当事者の意識化と行動は近年注目を浴びるようになった。これもひとつの視角として重視している。

本書では、「移民」を単に労働力に還元しないのはもちろん、構造や政策に支配されるいっぽうの客体とみず、行為するアクターとしてもとらえるよう努める。その行為は自己実現、抗議、運動など多様な形をとるが、ただし、それらは成功せる行為になるとは限らず、しばしば差別、無関心、不備な政策などの困難に出会っていることも確認せねばならない。

国境を超える統合とグローバル化の進むヨーロッパでは、移民研究ももはや「一国主義」アプローチはとりえない。他国の政策の影響も無視できないうえ、アムステルダム条約発効（一九九九年）後、ＥＵの「移民政策」も形をとるようになってきた。それらに十分触れることはできないが、執筆者は、「ヨーロッパ」の重要性をつねに念頭に置いている。

本書の執筆者は、相互間の討議、他の多くの移民研究者との討議、そして教示に負いながら、原稿をまとめることができた。名前を挙げるなら、エレーヌ・ルバイユ氏、鈴木美奈子氏、宮崎友子氏、若松邦弘氏ほかの方々であり、その討議の場は、二〇〇七年春以来活動を続けている「移民と社会」研究会であった。

また、「フランス移民問題の現状及び社会統合政策上の課題に関する調査研究」という題目で二〇〇八―二〇一〇年度日本学術振興会の科学研究費補助金（基盤Ａ）（代表者・宮島喬）の交付を受けることができた。これにより七名の執筆者は〇八年夏以降、現地フランスで調査を行うこともできた。その際、ルバイユ氏、ベルランゲ河野紀子氏、そしてＧＩＳＴＩ、ＲＥＳＦほか多くのアソシアシオンのスタッフの方から、教示を得たり、資料の提供を受けた。

また、アファーマティブアクションのフランスへの導入と施策の実際についてのすぐれた研究者ダニエル・サバ氏（パリ政治学院）が、私たちの求めに応じて快く稿を寄せてくれたことに、心から感謝したい。

本書の刊行については、出版事情の厳しい折にもかかわらず、東京大学出版会がこれを引き受けてくれた。本づくりのすべての作業に従事されたのみか、有益な助言もいただいた編集部の宗司光治氏には、執筆者一同心から謝意を表するものである。

編　者

移民の社会的統合と排除　問われるフランス的平等——目次

II　統合と排除の実態

序章　移民の社会的統合をめぐる問題・課題の現在

宮島　喬

移民労働者から移民へ

「現在のフランスは、どこからみても南欧諸国と状況がちがい、イミグラシオンは〝大量の闖入〟ではなく、世代から世代へのつながりにより、混合婚により、〝持続的な浸透〟という形をとり、社会の構成を深いところから変えつつある」（Héran, 2007 : 10）。

フランスまたはフランス人は、よく自国を「移民受け入れ国」（pays d'immigration, pays d'accueil）と称する。しかし今日、それは入国統計に明示されていることからほど遠い。その点では、むしろ就労目的入国者が可視的であるスペインやイタリアのほうが文字通りの受け入れ国との印象を与える。事実、フランスへのＥＵ外からの入国外国人（観光、短期商用などは除く）を、二〇〇六年の新規滞在許可発給数約一三万一〇〇〇件の内訳からみると、全体の四六％が「家族移動」、三三％が「学生・研修生」であり、就労ビザ該当者の「経済的移民」にカテゴリー化されるそれは、なんと七％弱にすぎない（SGCICI, 2007 : 75）。

表0-1　フランスにおける外国人・移民（2004年半ば）

フランス生まれの外国人	外国生まれの外国人	外国生まれの国籍取得フランス人
約55万人	約296万人	約197万人

外国人総数：　55万人＋296万人＝351万人
移民総数：296万人＋197万人＝493万人

だからといって、移民の社会や政治へのインパクトは減じられていず、「移民」をめぐるイシューは、労働市場との関連ばかりでなく、都市問題、教育、文化、宗教、さらにある方面からは「治安」との関連で、つねに論議の対象となっている。記憶に新しいのは、二〇〇五年の一〇月から一一月にかけてパリ他の郊外の町々をとらえた「暴動」である。マグレブやサハラ以南アフリカ系（以下「アフリカ系」と略）の移民が高い割合で住むクリシー・スーボア、ラ・クールヌーヴなどの町々を中心に広がった行動は、五〇〇〇台を越えるといわれる車の破壊にいたったが、発端は、警官に追われた（と思った）マグレブ系少年が誤って変電施設に逃げ込んで感電死したことにあった（宮島、二〇〇六）。これをキッカケに怒りを爆発させた青年たちには日頃、失業と社会的疎外が重くのしかかっていたとみられる。ジャーナリストのルポも、社会学者の分析も異口同音にこの〝慢性的〟構造的事実を引き合いに出している。

変容する移民人口

一九九〇年代には公式統計類でも「移民」（immigré）の語が使われるようになり、その定義は「外国に外国人として生まれ、現在フランスに居を定めている者」（HCI, 1991：14）とされる。これは、高等統合審議会の採用によるもので、英語でいう「外国生まれ人口」（foreign born population）とほぼ同義である（Dumont, 2008：15）。表0－1はその移民の最新の構成を示しており、移民の約四〇％はすでにフランス国籍取得者である。次に、九九年の国勢調査から移民人口上位グループの出身国・地域を示せば、図0－1のようになり（INSEE, 2005：49）、マグレブ＋その他アフリカ＋アジアが、約五二％を占める。スペインやイタリアがこの国への旧い移

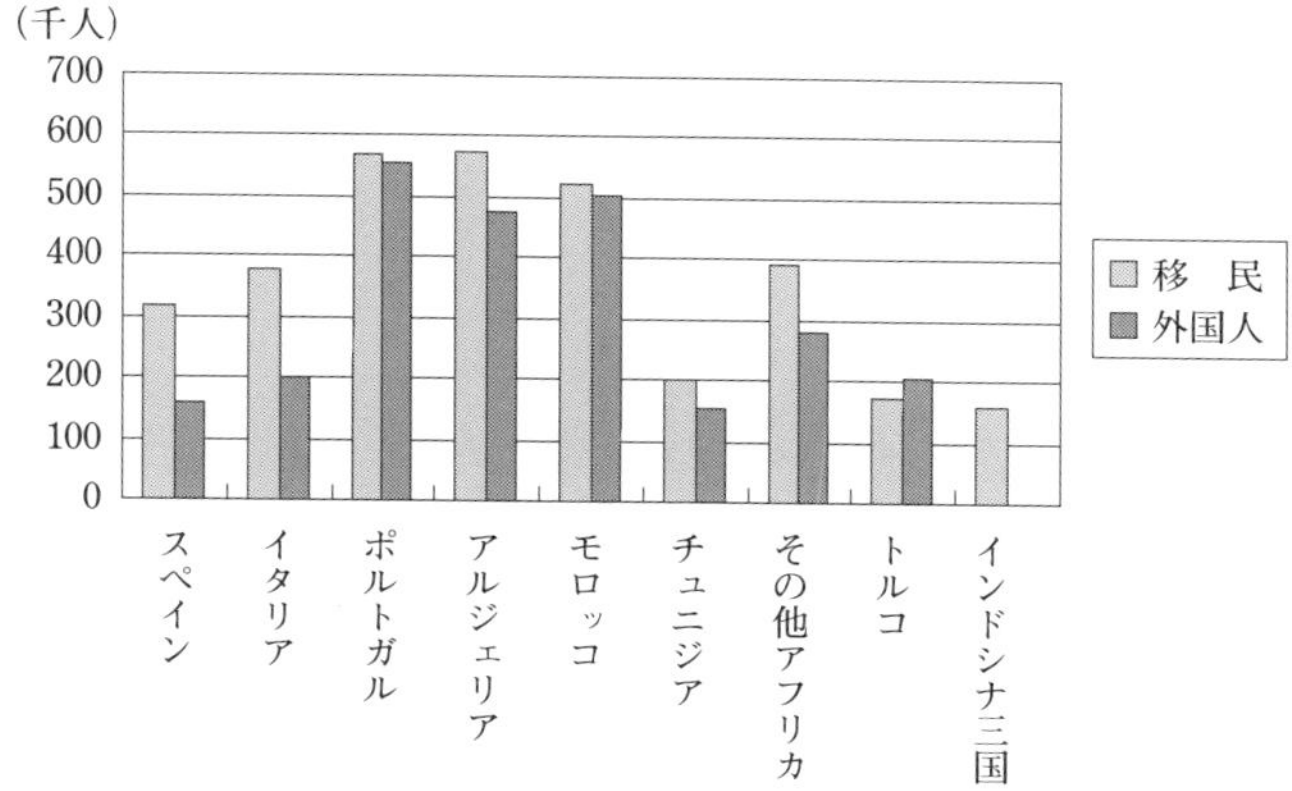

図 0-1　移民と外国人：出身国別・国籍別（1999 年）

民送出国であることが、外国人人口との差の大きさから読みとられる。

しかし右の「移民」の定義に全面的に従うことについては、本書は留保したい。概念を一義化するというメリットはあれ、この定義は、今や世代交代を経て主流となりつつあるフランス生まれの第二世代以下を「非移民」として除外する結果となる。移民であることの社会的・文化的諸条件は次世代になったからとて容易に消滅しないという社会学的知見からすると、定義として狭すぎる。本書では、移住者と少なくともその子どもを、広義の移民と考えたい。その場合、移民人口は六〇〇万人台に達し、その半数近くはフランス国籍をもつと推定される。以下では実際には狭広両概念を使うことになるが、広義の場合、それに対応したデータが必ずしも得られないというジレンマがあり、考察が整合的なデータに裏打ちされないケースも生じる。残念だが、やむをえないことと考える。

労働市場における移民の位置の変遷

フランスの外国人労働力受け入れははるか前々世紀までさかのぼるが、それについては触れない。第二次大戦後、外国人受け入れは、最盛期一九六二―七三年には、年平均一三万一〇〇〇余人に達し、一九七四年には戦後の受け入れの累計がすでに約二四〇万人になっていた

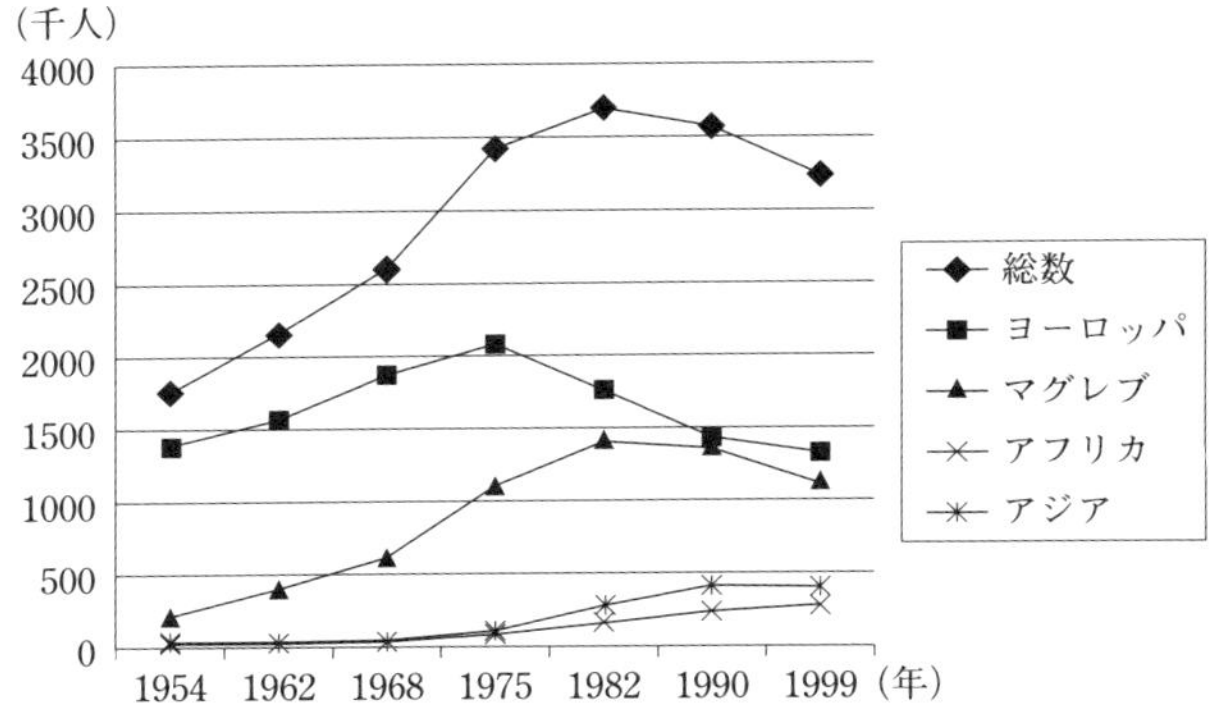

図 0-2　出身地域別の外国人人口の推移（フランス，各国勢調査年）

（Costa-Lascoux, 1989：44）。そして、同年七月、オイルショック後の雇用状況の悪化を理由に、フランス政府は新規外国人労働者の受け入れ「中断」（EC諸国出身者を除く）を通告した。以後、主に家族再結合と庇護申請に限って門戸を開くことになるが、それでも――入国者の質は変わりつつ――外国人人口は横ばいを示し、移民の人口は確実に増加していった。

ここで確認しておくべきは、次ぎの二点であろう。第一に、外国人人口は経済復興・成長期に対応する五〇年代から七〇年代初めまで一貫して高い割合で増加し、やがて横ばいに転じ、九〇年代にはむしろ減少をみせていて、これは国籍取得など統合過程が進行していることを示す。第二は、戦後から六〇年代まで隣接ヨーロッパ諸国出身者が多数を占めていたが、その後アフリカ、アジアの比率が上昇し、今日では後者が多数を占めるにいたったことである（**図0－2**）。

早くから指摘があるように、戦後フランスの労働市場の特徴は、国内労働力市場のみを前提に成立していず、ヨーロッパ周辺部諸国と旧植民地、とりわけアルジェリアなど北アフリカからの労働力調達を含んで成立していた（福田、一九八〇）。受け入れの照準はどの層に合わされていたかというと、初期には人口政策の意味合いもあったが、経済成長に伴い、不熟練・半熟練労働を支える労働力に重点が置かれ、大量の受け入れが図られたのだった。このことは、戦後設置された独占的外国人労働者募集受入機関である移民管理庁（ＯＮＩ）の募集方針にも現われていた。Ｂ・グラノティエは、「経済主義的態度」と名づけ、低熟練労働力を可能なかぎり安価に、大量に導入するという傾向が一九六〇年代を支配した、と述べる（Granotier, 1970 : 66）。この方針は続き、高技能者を選別して受け入れるという方向づけは公にされることはない。この点、入国可能なコモンウェルス出身移民を一九六〇年代に「スキル・レベル」を基準に制限し始めたイギリス（Hansen, 2000 : 102）、「労働開国」を八〇年代に始めながら、終始「単純労働者の受け入れは慎重に」と言い続けた日本などと、スタンスに違いがあったといわねばならない。

右述のオイルショック後の措置を境に、外国人労働者の定住が生じ、家族の合流が起こり、やがて政策も統合政策へと重点を移すが、そこで生じた「移民」の問題とは何か。

一つには、技術革新が進み、多工程をこなす「多能工」の養成へと企業の方針が転換し、この点で単能工移民たちは適応能力が問われる。またサービスセクターへの移行も容易ではなかった。彼らの「生き残り」の努力にもかかわらず、選別は進むのであり、移民の失業率の上昇（一九八二年の一二％から九〇年の一八％）はこのことと無関係ではない。また、第一世代移民（*primo-arrivants*）からの世代交代が進み、第二世代が労働市場に登場、九〇年代後半からは彼らがその主流となるが、その労働市場参入は、親世代とは異なる困難を伴っている。これをどのような角度から説明するか。

一九九九年の国勢調査からフランスの全就業者を一八の社会職業カテゴリー（ＣＳＰ）で示すと（表０－２）、広義のサービス的職種の比重が約六四％で、それに比し移民における比重は約五三％であるが、その割合は上昇をみている（INSEE, 2001 : 66-69 より作成）。就労分野からみて、「労働者」からその他の領域への進出がみられるわけだが、それを一概に彼らの地位上昇とみることはできない。構造的に自動車、機械、金属などで現業職種が減少し、そこから他へ転出せざるをえない事情が働いたのも事実であり、フランス人全体に比べ、やや目立ってくるのが、下級

表0-2　職業別就業人口の比率（フランス全体と移民，各集団，1999年）　（%）

	フランス全体	移民全体	EU諸国	アルジェリア	モロッコ	その他アフリカ	トルコ
農業自営	2.4	0.6	0.9	0.1	0.7	0.1	0.7
職　人	2.9	3.4	4.5	2.4	2.1	1.8	5.0
商業自営及びそれに準じる者	2.7	3.5	2.9	3.7	3.1	2.2	2.9
企業主（規模10人以上）	0.6	0.5	0.7	0.3	0.4	0.2	0.3
自由業	1.3	1.2	0.9	0.8	1.0	1.1	0.1
公務カードル，知識・芸術職	4.8	4.0	3.4	2.6	2.6	3.9	0.8
企業カードル	5.8	4.4	4.9	2.2	2.7	3.2	0.8
教育・保健・公務その他中間職	9.0	4.7	4.2	4.5	4.1	6.1	1.3
公務・商業・企業の中間職	6.9	4.7	5.1	3.3	3.2	4.5	1.7
中級技術者	3.6	2.2	2.1	1.8	1.9	2.3	1.0
職工長	2.2	1.8	2.9	1.2	1.0	0.7	1.0
公務事務職	10.8	7.0	6.0	8.9	6.3	11.6	2.2
企業事務職	8.2	5.2	5.3	4.5	3.9	6.2	2.4
商業事務職	4.2	3.6	3.2	3.6	3.6	3.3	3.0
直接対人サービス職	6.2	11.8	13.4	10.0	9.7	13.9	4.3
熟練労働者	15.6	22.0	23.0	24.3	22.2	14.1	30.7
不熟練労働者	9.8	17.1	14.3	19.4	20.6	17.4	33.2
農業労働者	1.1	1.8	1.7	0.8	6.2	0.2	3.0
総数（実数）	26,537,436	2,291,540	826,840	297,153	294,826	175,807	97,608

注：「その他」および「失業者（就業経験なし）」は省略.「総数」はこれらを含む．パーセンテージは総数に対する割合.

サービス労働といってもよい直接対人サービスである。

　さらに、ヨーロッパ系と非ヨーロッパ系を比較すると、後者における不熟練労働の比率はやや高いが、労働者率六四%のトルコ系を別とすれば、決定的差はないかにみえる。では、（トルコ系を除き）ヨーロッパ系と非ヨーロッパ系の職業的地位の差が縮小されているといえるか。これに答えるには、失業率の大きな差を考慮に入れなければならず、それは第3章の課題である。トルコ系の場合、「労働者」雇用が縮小されても、そこにしか就労可能性を見いだせない者が多いのではないかと推測される。

　ここで問題だけを提出すれば、かつてマグレブ系労働者についてその底辺的位置を、フランス内の「差別のメカニズム」以上に、彼らの教育・技術水準の圧倒的低さに帰する見解があったが（福田、一九八〇：九五）、はたしてこの論が現代なお妥当するだろうか。

いま一つ注意したいのは、ＥＵ諸国出身移民の占める位置である。主にイタリア、スペイン、ポルトガル出身者からなるが、実は教育程度、熟練レベルで内部差は大きく、特にポルトガル系は、マグレブ系やアフリカ系よりも上位にあるとはいえない。それでも、彼らは外国人にとどまる場合でも「ＥＵ市民」であり、法的地位その他では非ヨーロッパ系と明瞭に区別される。失業率も有意的に低い。これは過去二〇年間に生じた顕著な変化の一つである。

排除と孤立――都市問題として

一九八〇年代の社会党主導政権の下で社会統合政策が中心に位置づけられ、展開される。その縦糸としての平等政策と横糸としての「都市政策」(politique de la ville) は果たして有効に機能しただろうか。その特有の「平等」の理念と関わって、検証が必要になっている。

従来、移民の住宅の問題にそれほど計画的対応が向けられなかったフランスであるが、定住化と家族呼び寄せが進む八〇年代後半から、大都市郊外で建設の進んだＨＬＭ（適正家賃住宅）への入居が一般化する。パリ首都圏居住の移民は、九九年国勢調査では全体の三五・一％という高率を示し、セーヌ・サン・ドニ県、ヴァル・ド・マルヌ県などの団地都市に集まる。

だが、かつて多数の工場が操業し、「職－住近接」だったこれら地区でも、事業所の閉鎖や人員削減によって就労環境は悪化した。正確な数字はないが、郊外団地居住移民の失業率は三〇％を超えるとみられる。もう一つの特徴は社会的孤立にある。新開地で自生的なコミュニティが欠けているのみか、フランス人との共住が成り立たず（ドゥルー市の名高いレ・シャマール地区では、フランス人居住者は二〇％）、労働組合や政党のネットワークも弱まる傾向にある。近年、フランスの統合政策がもっとも嫌ってきた「ゲットー化」の語を、ジャーナリズムや研究者が用いるようになった（Body-Gendrot, De Wenden, 2007）。その含意は何か。住民の貧しさも特徴だが、若者で失業率がことに高く、社会参加の困難な若年層の孤立が問題化している。九六年に制定された「問題都市地域」（ZUS）では、九九年に一五—二四歳の失業率が三九・五％と示されていて（Fitoussi *et al.* 2004）、たとえば「就労経験なしの失業者」と呼ばれる若者たちは、労働組合や政党とのつながりももてず、一部は不満や抗議を、居住地の中で時に対警察の集合行動で間歇的に示したりする。

二〇〇二年に社会党政府の下で成立したいわゆるヴァイヤン法は、人口八万人以上の都市での住区会議（conseil de qualtier）の設置を定め、「参加・討議民主主義」への期待をつちかったが（Mattina, 2008）、〇五年の「暴動」は、多くがこのサイズ以下の郊外都市で起こった。一方、都心に近い地区にも固有の都市問題があり、ここでは触れないが、無視することはできない。地域レベルで移民とその子弟を市民生活に参加させることは、容易ではない。

フランス的平等とは

移民の受け入れ、処遇、社会統合において「平等」はつねに中心理念の位置にある。けれども、戦後の経済成長期には、既述のように労働市場でフランス人と競合しない低熟練労働者の優先という政策前提があり、その意味で選別があった。また、旧植民地出身者に対して、受け入れ社会の側から差別意識もはたらいた。こうして生じた二重構造を是正する必要が多少とも意識化されるのは、一九八〇年代の社会党主導政権下である。その施策は、一方で差別の禁止、機会の平等、他方では、「積極的差別」（discrimination positive）の下、「差異化措置」（mesures de différenciation）が導入され、公的資金も投入された。たとえば教育優先地域（ZEP）政策、若者を対象とした職業資格取得援助、職業訓練、職場実習への援助などが、それである。

だが、普遍主義をその中核におくフランス的平等理念は、属性を捨象した「孤立した、普遍的な、他者と類似した個人」（Conseil d'Etat, 1998 : 64）の平等から離れることはむずかしく、施策の対象の特定化、重点化にも制約となる。たとえば△△△△系という形で対象をしぼることはできず、「外国人」や「移民」を明示的対象とすることすら避けられる。ある指摘はいう。「宗教や、『エスニック』と呼ばれる歴史的オリジンを考慮に入れることを拒否してきたフランス的統計は、宗教や歴史的オリジンが何であれ、人々は等しく市民であるという市民権創出のユートピアに直接に対応する表現をなしてきた」（Schnapper, 2006 : 56）。だが、こうした「平等」は、異質性と不平等・差別が分かちがたく結びついている現代〝移民社会〟への適切な対応原理をみちびいてくれるだろうか。

社会・文化的統合政策でも、この「平等」は両義性をおびている。多文化主義あるいは文化多元主義に対し否定的立場をとるフランス（特に八〇年代後半以降）は、学校教育でアングロ゠サクソン諸国やオランダが行なってきたような母語、母文化への配慮にも否定的だった。八〇年代に導入され、今日も継続している積極的差別政策の一つ、右述のＺＥＰにしても、母語・母文化教育プログラムをもたず、移民子弟も基本的にフランス人の子どもと同じカリキュラムの下に置いている。この「平等」な教育風土が、出身文化背景を異にする外国人・移民の子どもにとってどんな意味をもつか、議論のあるところである。

イスラームとレイシズム

移民における文化や価値の異質性を問題にする議論は、よくイスラームであることに言及する。移民に占めるムスリムは、マグレブ系のみならず、西アフリカ出身者にも多く、トルコ系を加えて、移民全体の四〇％におよぶが、その信仰や行動は決して一様ではない。しかし、イスラームにちなみ「スカーフ事件」がよく言及され、特にメディアや一部知識人は、「非宗教性」（laïcité）の原則を引き合いに出し、これへのイスラームの挑戦あるいは両立し難さを論じてきた。だが、冷静な観察眼は、宗教的要求そのものが彼ら移民たちを集合行動に向かわせることはなく、むしろ雇用の平等など社会的要求がつねにより強く駆り立てていると指摘している（Wieviorka, 2001 : 61）。ポピュリスト政治勢力、メディア、一部知識人の行なうスカーフと原理主義の関連づけが、イスラーム移民の危険視、彼らへの文化的スティグマ化を促したのではないか。非宗教性の思想をそのような方向に利用する論も、フランス的平等・統合をしばしば根拠づけに用いる。

レイシズムの観点からみるとき、これら社会の側の反応は、マグレブ、アフリカ等の出身移民への差別的表象をつちかったとみざるをえない。もとよりムスリム系の新世代は一様ではなく、社会参加に成功している者も一定割合を占める。しかし、とりわけ雇用の場で、学歴・能力水準が等しい場合マグレブ系がまちがいなく不利な扱いを受けているという指摘は多いのである（たとえばBatail, 1997）。〇五年秋の「暴動」が多くの証言を引き出したように、同じ「移民」と呼ばれる者のなかで失業、社会排除が特に剝奪的に関わっている集団があることは明らかである。それはレイシズムの次元が無視できないものであることを物語っている。

行き悩む社会的統合と新移民政策

社会的統合にかんしては、抜本的対応策は打ち出されていない。少なくとも、雇用と社会的処遇において不利を累積的にこうむっているマグレブ、アフリカ、トルコ系の条件を改善する、焦点化された有効な施策が必要とみる観点に立つなら、その一歩は踏み出されていない。一方、九〇年代半ばからクローズアップされてきたのは、アフリカ系を比較的高い割合でふくむ「サン・パピエ」（「書類不所持」の意、もともとは正規化要求運動を進める外国人たちの自称）の存在である。家族合流、庇護申請その他による入国が増大する一方で、ビザ発給の条件が厳しくなり、正規化の条件も狭められることにより、そのようなグループが生れた。

これらの問題があるなか、〇六年七月、新たな移民法「移民と統合に関する二〇〇六年七月二四日法」が成立、さらにこれをフォローする立法があり、フランスは二つのアプローチを戦略的に重視することをおおやけにした。その一つは、新規受入れを「選別的受け入れ」(immigration choisie) たらしめようとし、「経済的移民」重視に移行するという方針である。政府筋の説明は、過去三〇年間の同国の移民受け入れが、圧倒的に「家族再結合」、「難民」、「不正規者」によって占められ、発展を求めるフランスの利益に沿うものではなかった、とする (S.G.C.I.C.I. 2006：1-3)。第二に、従来の定住移民の統合政策における長期不正規滞在者 (一〇年以上) の正規化の廃止、さらに同化要件の重視、という変更が加えられた。以後、「サン・パピエ」の摘発、送還が強められるという事態が予想されており、それは国外退去執行数の二万件台への増加 (〇六年一年間) にも現れている。

以上に示されるものは何か。サルコジ政権に移行し、新自由主義路線がより強く押し出され、「選別的受け入れ」が旗幟鮮明にかかげられた。「選別」を前面に出す結果として、家族合流は制限の対象となり、また、「不法」移民の排除が強くいわれることになる。EUも、域外出身定住外国人の統合の指令を定めながら、「合法的」滞在者という条件をつねに付している。

だが、フランスに限らず先進諸社会では、経済戦略の国益論のみから人の受け入れを図ることは許されない。庇護申請者、再結合家族のそれという人道的受け入れが、国際社会、国際的条約からつねに要請されている。新移民法は、これまで認められてきた、一〇年間を越える不正規滞在者への正規化についても廃止をうたっている。人道主義も、このフランスで価値づけられてきた原則であり、また正規化には、さまざまなレベルの労働力の必要を満たしてくれるという一種のリアリズムもある。その制限は、この社会にどんな影響を及ぼすのか。

写真 0-1　「サン・パピエ」正規化要求デモ

統合政策においても、同化への自助を課すという一種の「選別性」が強まっている。〇三年に始まり、義務化が強められたものに「受け入れ・統合契約」(contrat d'accueil et d'intégration)があり、これは、滞在希望外国人に「市民教育、必要により言語教育の受講」を課するものである(GISTI, 2007 : 69)。移民も自ら進んでよきフランス社会の一員となるよう努力すべきだ、とするそのメッセージは正当なものと響くが、しかし同化可能な者としからざる者を分け、選別するという方向に沿って機能しないだろうか。

サルコジ政権のフランスは、〇八年上半期のEU議長国として、ヨーロッパで移民政策のイニシアティヴをとろうとしてか、七月にはヨーロッパ審議会に、「移民と庇護に関する協定」を提案し、採択を求めた。ここでも過剰な移民(「不法移民」)の取り締まり・送還と、言語および受け入れ国・EUの基本価値の習得を義務づけることを、その骨子としている(*le Monde*, 8 juillet)。この性急な行動には、当惑の色を隠せない国々、当事者(移民支援NGO)が少なくない。西ヨーロッパの移民受け入れ諸国にも影響を与えかねないだけに、フランスがどのような基本的スタンスをとるか、は重要な意味をもっている。

以下の諸章で、われわれは、統合のモデル、政策の変容、労働市場と雇用、宗教、教育、都市住宅問題、郊外と若者の政治参加、新移民政策などそれぞれの角度から移民の社会的統合と排除の現状を明らかにしていく。これらを通して問い続けるのは、フランス的平等の帰結が何であり、もしそれを超えねばならないとしたら、どのような理念、原則、施策が求められねばならないか、ということである。答えは容易に得られないにしても、問題の所在だけはしっかりつかんでおきたい。

I　フランス的平等と統合

1章　移民の統合の「共和国モデル」とその変容

中野　裕二

1　「共和国モデル」とは

移民の統合がフランス社会の課題として認識されはじめて二〇年以上が経過した（Ferry *et al.*, 2006 : 9）。移民の「統合」を前面に掲げたＨＣＩ（高等統合審議会）が一九九〇年に当時のロカール首相の下に設置されたことからも、移民の統合が政府の取り組むべき課題として認識されていたことがわかる。『統合のフランス・モデルに向けて』と題された最初の年次報告書では、エスニック共同体の公的承認を基礎とするオランダやイギリスとは異なり、フランスにおける統合は平等な市民からなる国民共同体への積極的参加を前提とすること、そして、フランス共和国の原則に立脚すべきことが強調された（HCI, 1991 : 52）。すなわち、フランスが単一不可分の共和国であること、ライック（非宗教的）な共和国であること、そして国民国家であることである。それは、「統合のフランス・モデル」がフランスのネーション構築のモデルとされた「共和国モデル」の移民への適用であることを表していた。

それでは、「共和国モデル」とは何か。フランス革命の意義の一つは、特権を有する集団を基礎とした不平等な社会秩序を打破して、個人の平等に基づく社会秩序へと道を開いたことにある。この革命の精神に基づいて、フランスでは、ネーション構築の際に個人の平等（égalité）が強調され、「共和国」が個人の平等を保証するとみなされた。フランスにおいて、共和国は統治の一形態であると同時に、平等に立脚した共生（vivre-ensemble）の理念として認識される。

　では、現に存在する個人間の出自、人種、宗教等の差異を前にして、すべての個人の平等はどのように実現されうるのだろうか。憲法学者・樋口陽一の〈citoyen-politique〉と〈citoyen-civil〉の区別（樋口、一九九四：一五四）に依拠して考えてみよう。〈citoyen-politique〉とは公的事柄に参加する市民もしくは主権の行使に参加する個人を意味し、〈citoyen-civil〉とは政治から切り離された私的存在としてとらえられる市民を指す。このとき、〈citoyen-politique〉とは人間がもつ種々の属性を捨象し、主権者または政治への参加者という属性しかもたない抽象的個人が想定され、〈citoyen-civil〉とは出自、人種、宗教等にかかわる多様な属性を有する人間という側面が強調されている。

　この〈citoyens-politiques〉の領域を「公的領域」、〈citoyens-civils〉の領域を「私的領域」と呼ぶならば、すべての人々は、「私的領域」における出自、人種、宗教等の差異に関係なく「公的領域」においては抽象的個人として同質であるがゆえに平等である。共生理念としてのフランス共和国は、「公的領域」と「私的領域」の明確な分離を基礎とした二元的な社会観で把握できる（中野、一九九六）。共和国は、「公的領域」の創造によって、旧体制下において宗教をはじめとする civils の要素によって抑圧されていた人々の解放を可能にしたのである。

　ところで、フランス憲法学によれば、共和国の主権は「人民」（peuple）に帰属する。市民をあらゆる個別な属性が捨象された抽象的個人ととらえるならば、市民の総体として定義される人民を分割する要素は存在せず、人民はつねに一つであり不可分なものとみなされる。それゆえ、人民の主権の下におかれるフランス共和国は「一にして不可分」なのである。[1] 仮に、civils の要素に基づいて形成される集団に特権を付与すれば、市民の平等という共和国創設の原則と同時に共和国の単一不可分性も犯すこととなる。また、市民全体で形成される法人として定義される「国民」(nation) も同じ論理で単一不可分であり、その意味でフランスは国民国家 (Etat-Nation) であるとされる。さらに、「公的領域」と「私的領域」の分離という二元的社会観の宗教への応用がライシテ (laïcité) 概念である。宗教的な事柄は「私的領域」に属するものとみなされ、「公的領域」と「私的領域」は分離され、互いに影響力を行使しないという原則に立つことで、いかなる宗教を信じる人々も「私的領域」において政治権力の干渉を受けることなく自らの宗教的実践を享受し、同時に「公的領域」において市民として平等でありえる。

このように、二元的社会観に立脚することで市民の平等を実現することを目的とし、前述の憲法的諸原則や以下に述べる諸制度に支えられる社会編成原理が「共和国モデル」である。

2　国民統合のモデルから移民統合のモデルへ

ネーション構築のための「共和国モデル」は、国民生活のあらゆる場面に応用される。たとえば、「共和国モデル」に立脚すれば、出自、人種、宗教等の civils の要素を理由に抑圧され、差別される少数民族は存在しないことになり、実際、フランス政府は、マイノリティに集団的権利を認める国際人権規約B規約二七条と子どもの権利条約三〇条の適用を留保している。また、市民の政治的代表である国会による立法が全市民に画一的に適用されることが平等の実現であるという民主主義観が「共和国モデル」から引き出され、フランスの地方自治は、近年まで、立法権の国会独占、国家特権の尊重という条件の下の地方公共団体の自由行政、地方公共団体の制度的画一性という原則によって、きわめて狭い範囲で考えられてきた。このような中央集権的政治体制を是とする考え方も、地域の個別利益の考慮は市民の平等を阻害するという「共和国モデル」の応用である。

文化面においても、前述のとおり、個別の文化とりわけマイノリティ文化が公式に承認されることはない。実際、憲法院も、言語等の要素に基づいて形成される集団に特権を付与することは共和国の原則に違反するという判断を今でも示している(2)。その代わり、何人も「共和国モデル」を受け入れる限りにおいて出自文化を理由に排除されない。このように、「共和国モデル」は、多様な個人を平等に扱うことで国民へと統合するためのモデルであった。

現実に個人を平等にする機能を果たしたのは学校や労働等であったと言われる。地方の農家の子供でも、公立学校で教育を受けることで、本人の資質と努力に応じて高い卒業資格を得て、社会的上昇の可能性を手に入れる。学校には、本人の出自と関係なく個人を平等にする力があった。高度経済成長期には、学校教育の拡大、雇用の拡大、職業レベルの向上が同時に実現され、学校は社会階層をつなぐ「社会的エレベーター」であった（デュリュ＝ベラ、二〇〇七：五八）。「共和国モデル」は、高度経済成長期までは、学校と労働に支えられて国民統合のモデルとして機能していた。

ところが、一九七〇年代半ばの経済危機以降、労働による社会的上昇の夢は小さくなり、厳しい就職難を背景にして、学校は雇用への接近のための最初の予選の場となっていく。一九七〇年代半ば以降は、学校と労働のもっていた平等化の力が低下していった。この同じ時期に外国人労働者の受け入れが停止され、外国人の定住化が進む。そして、一九八〇年代以降、移民の統合が議論されるようになる。国民統合を推進する諸制度の機能低下が明らかになったまさに同じ時に、移民の統合が強調され始めたのである（Roman, 2006 : 125–131）。

フランスの諸制度が有する統合機能が低下している状況では、フランス社会に最後に参入し、高いフランス語能力と学歴をもたない移民にとって統合は容易ではない。そのため移民は多くの困難を抱えて生活するのであるが、一九八〇年代の「移民問題」の中心テーマは、フランス社会の統合能力の低下ではなく、移民の若者の非行やイスラームの可視化であった。このことは、統合の責任や統合のための負荷を移民個人の側に負わせていたことを意味する。そして、一九八九年の「イスラームのスカーフ事件」を経て、冒頭で述べたとおり、「共和国モデル」が移民統合のモデルとして再確認・再評価されるにいたる。

3　「共和国モデル」をめぐる議論状況の変化

以上のように、一九九〇年代初頭は移民の統合モデルとして「共和国モデル」が強調され、再評価された時期である。こうした文脈のもとで、アメリカの多文化主義論争（油井ほか、一九九九）が、西洋中心主義的で白人男性中心的な表現の修正を求める「ＰＣ（political correctness）運動」を中心に雑誌等で紹介される。だが、そこでは、ＰＣ運動が「逆転されたマッカーシイズム」と非難され、多文化主義が「普遍主義の放棄」「バルカン化」等の言葉で批判される（Granjon, 1994）。多文化主義は、自らに閉じこもり他者との交流をもたない共同体が並存することで社会を分裂へと導くおそれのある「コミュノタリスム」（communautarisme）と同一視された。多文化主義は、「共和国モデル」の対抗モデルとしてとらえられ、ここでも「共和国モデル」こそが多文化社会の課題に対処する最良のモデルであると見なされた。

しかし、議論状況は少しずつ変化する。多文化主義に対する批判、「共和国モデル」の再評価という潮流の中にあって、「共和国モデル」の無批判な称賛の危うさを指摘したのがＪ・ロマンである（Roman, 1995）。一九八九年に起こった「イスラームのスカーフ事件」に関し、ライシテ原則が適用され「公的領域」と見なされる公立学校の中でイスラームの宗教的帰属を表すスカーフの着用許可を求める女子生徒の行為をフランス共和国の有する普遍主義的価値観の拒絶であるととらえ、女子生徒に共和国の価値観を教育すべきだとする主張の危険性をロマンは述べる。ロマンによれば、この危険性は、歴史的に形成された「共和国モデル」が今日の社会にもそのまま適用できると考える誤りに由来する。「共和国モデル」は歴史の一時期たしかに国民統合を実現するための社会編成原理として機能した。それは、「公的領域」と「私的領域」の分離という二元的社会観を受け入れることのできる社会成員を前提としたからである。社会成員の多様性がはるかに拡大した今日、共和国の価値観を女子生徒に教えれば事足りるとする考え方は、結局は「フランス的個別主義」の押しつけ、同化主義に堕落する。「フランス的個別主義」の押しつけは、対抗としての「イスラーム的個別主義」の興隆をもたらし、結果として社会には大きな亀裂が入る。ロマンが危惧するのはこの点である。ロマンはこのように「共和国モデル」のもつ歴史性・相対性を指摘し、移民の統合への「共和国モデル」の無批判な適用の危険性に警鐘を鳴らした。

移民の統合をめぐり「共和国モデル」の理念やイデオロギーばかりが強調される傾向を批判したのが、M・ヴィーヴィオルカである。彼は、「何百万人もの変化から取り残された人々、失業者、不安定な地位におかれた労働者、被排除者そして学校挫折の被害者たちにとってこれらの言葉〔平等と博愛〕には何の価値があるのか。そして、増加しつつある人種主義の犠牲者にとってこれらの言葉は何を言わんとするのか」（Wieviorka, 1998 : 251）と問い、「市民の平等」理念の無力さを訴え、実際に困難を抱えたマイノリティの側に立ったプラグマティックな視点に立つべきことを主張する。

前述のとおり、フランスでは長い間、移民問題はマグレブ出身の移民出自の若者の問題を中心に議論されていた。今でもその重要性は変わらないとしても、状況はより複雑である。ひとくちに「移民」といっても、そのなかには、フランスと母国を頻繁に往来する人々、フランス社会の中でディアスポラの状況にあるかそのように自己を認識している人々、フランス社会の中で成功しているが同時に、たとえば、モロッコ人であると認識している人々、そして、フランスに入国したが近いうちに第三国に出国することを考えている人々など、多様な人々が存在する。フランスに定着している人々も、出自文化に閉じた集団を形成する人々、出自文化を尊重するが同時にフランス社会に自分の位置を占めたいと考える人々、文化的混交の過程にある人々、文化的アイデンティティよりもそれにとらわれない自己の主体性を重視する人々など、多様な生き方が存在する。こうした状況を前にして、ヴィーヴィオルカは、一つの移民政策で対処することは有効であろうかと投げかける（Wieviorka, 2005：50–52）。移民が現実に抱える種々の困難を解決しようとするためのモデルや理念中心の議論のもつ限界を示している。

　実際、フランスでも移民問題の中心テーマが変化してきている。マグレブ移民中心に移民の統合が議論されていたなかで「もうひとつの移民問題」（稲葉、一九九八）が進行し、サハラ以南諸国やアンティル諸島出身等の黒人も含まれる移民の出自が多様であることが認識されはじめた。それにつれて、「多様性」（diversité）という言葉が用いられるようになる。従来、フランスではナチス・ドイツの記憶から「人種」（race）概念を用いることは避けられ、移民の出自の複数性を表現する場合は「文化」概念が用いられてきた。しかし、「多様性」という言葉は「エスニシティ」「人種」の複数性を想起させる。それは、移民や移民出自の人々に対する差別が深刻であると認識されるようになってきたからである。二〇〇五年秋の「暴動」の際に当時のシラク大統領が認めたとおり、移民や移民出自の人々は、その名前や居住地、肌の色等を理由に差別されている。こうした実態に対し、フランスでは徐々に「差別との闘い」が中心テーマの一つとなっていく。二〇〇四年には、差別と闘うための独立行政機関ＨＡＬＤＥ（反差別及び平等のための高等機関[3]）が設置される。

　差別と闘うためにはだれがどのように差別されているかを客観的に知る必要があるが、フランスにはそれを直接示すデータが存在しない。フランス市民は「人種」や「エスニシティ」等の「カテゴリー」によって区分されないという「共和国モデル」に立脚して、世論調査やアンケートにおいて、回答者の人種、宗教等の出自を尋ねることができないからである。

「共和国モデル」に則れば、個人はその出自、人種、宗教等による区別なくすべて平等であるはずである。しかし、現実には平等は実現されず、差別が存在する。「差別との闘い」を実践する、すなわち平等を実現しようとするとき、逆に「共和国モデル」のせいでだれがどのように差別されているかを把握することができない。こうした言い方が一般に受け入れられるまでに「共和国モデル」をめぐる議論状況は変化している。

4　「エスニック統計」論争

差別の実態を把握するために必要な道具として議論されはじめたのが、国勢調査等のアンケートに個人の人種的もしくはエスニックな出自や宗教を尋ねるいわゆる「エスニック統計」である。「エスニック統計」がフランスで一般に話題になったのは、移民関連法制改正法である二〇〇七年の「オルトフー法」(loi Hortefeux)案[4]の審議過程において、一九七八年の「情報処理・ファイル・自由に関する法律[5]」(以下、「七八年法」という)で禁止されている人種またはエスニックな出自に関するデータ収集と処理を可能にするための法律改正条項が盛り込まれたことによる。その後、「エスニック統計」の是非をめぐって論争が起こった。この論争は、移民の統合の「共和国モデル」がおかれている位置を端的に表していると考えられるが、その前にフランスにおける出自等に関する統計の現状と七八年法改正に関するオルトフー法成立前後の経緯を確認しておこう。

七八年法は、その三一条で、本人の明示的同意がある場合を除いて、個人の人種的出自、政治的・哲学的・宗教的意見もしくは組合所属を直接または間接にわからせる記名情報を自動処理記録に記載または保存することを禁止していた。その後、一九九五年の個人データの保護とデータの自由移動に関するEU指令(95/46/CE)を国内法化し、同時に七八年法の構造を維持しつつ情報化社会に適応させることを目的として、七八年法は二〇〇四年に改正される[6]。

改正七八年法は、その八条Iにおいて、「個人の人種的またはエスニックな出自、政治的・哲学的・宗教的意見もしくは組合所属を直接または間接にわからせる、または、個人の健康または性生活に関する個人情報を収集しもしくは処理することは禁止される」と規定し、より明確にエスニックな出自等に関する情報収集を禁止した。ただし、八条IIからIVで、本人の明示的同意がある場合、法律の定める方式に従って行われる保健衛生分野の研究に必要な場合などの例外規定を定めている。八条Ｉで禁止される項目については、匿名方式であっても七八年法を適用するために設置された独立行政機関であるＣＮＩＬ（情報処理と自由全国委員会）の許可が必要である。また、国籍、出身国籍、両親の国籍に関してはそれを尋ねることができ、実際にＩＮＳＥＥ（国立統計経済研究所）が「軌跡と出自」（Trajectoires et origines）調査を行っている。

二〇〇七年五月にＣＮＩＬは、人口の「多様性」の測定に関する一〇の勧告を発表する。そのなかの一つが、八条Ｉの例外項目として「出自の多様性、差別、統合の測定に関する研究に必要な」場合を追加するという内容であった。ＣＮＩＬの意図は、医学研究に関して行われる個人の健康等に関する情報収集と同じく、出自や差別に関するアンケートをＣＮＩＬの統制下におきたいというものであった（Van Eeckhout, 2007）。なぜなら、人々のエスニックな出自が「明示的同意」の名の下にマーケティング会社等によってＣＮＩＬの統制を免れて自由に集められている実態があったからである。

他方、オルトフー法案は二〇〇七年七月四日に国民議会に提出される。政府原案には七八年法改正条項は存在しなかったが、国民議会の委員会において修正案として追加される。ＣＮＩＬ委員を兼ねる議員[7]が、七八年法による禁止が差別の実態把握のための調査を不可能にしているという理由で、オルトフー法案に七八年法改正条項の追加を提案した。委員会では、統合のフランス・モデルはつねにエスニックな出自に無関心であったことを想起すべきであることと、この改正がアングロ・サクソン・モデルへの変化を助長することに危惧の念を示す議員もあったが、法案修正案は可決され、九月一二日に国民議会に委員会報告書が提出される[8]。

オルトフー法案は、一九七八年法八条IIに九号を追加し、「個人の出自の多様性、差別、統合の測定に関する研究」の場合、一定の手続きを経て八条Ｉの禁止規定の例外とする規定などを含んだ法案六三条を伴って、九月一九日から国民議会で審議が開始される。本会議では、差別と闘うことの重要性を理解しつつもという留保付きで、修正案説明で用いられた「人種」概念の非科学性、移民に関連する法案の中で七八年法改正条項をただ一つだけ含むことの不自然さ、CNILの勧告の中のただ一つだけを本法案で実現しようとする不自然さなどを理由に、反対意見が表明された（J.O. des Débats AN, 20 septembre 2007：2323-2324）ものの、修正案は可決される。そして、元老院等での審議を経て、オルトフー法案は一〇月二三日に可決成立することとなる。その後、国民議会と元老院の反対派からの憲法院への提訴を受けて、一一月一五日に憲法院の判決が出される。憲法院は、オルトフー法六三条は、法律全体の趣旨とかけ離れていること、六三条が不正規な手続で可決されたことを理由として、六三条を憲法違反であると判断した(9)。

オルトフー法案六三条をめぐっては、国民議会の委員会で法案修正案が可決された翌日に、INSEEの労働組合が「ニセのナショナル・アイデンティティに奉仕する統計にノンを！」、反人種差別団体であるSOSラシスムが「植民地時代への回帰か？」と反対を表明した。さらに、SOSラシスムは一〇月二六日に「私の仲間をカードに記録するな」という趣旨のアピールを宣言し三週間で約五万人の署名を集める。

「エスニック統計」に関しては、人々をエスニシティや人種という用語でものごとを考えるように慣れさせる危険性、「軌跡」「肌の色」「差別」に関する質問項目が並ぶことで、回答者に差別の根拠を出自とみなすように誘導する危険性を根拠とした反対（Blum *et al.* 2007）や、差別の被害者の多くがヴィジブル・マイノリティであるのに、法案はヴィジブル・マイノリティと移民を同一視する曖昧さを残すという疑念が提示されると同時に、「エスニック統計」の副作用を懸念するあまり差別の実態を隠蔽してしまうことの非合理さが投げかけられる（Van Eeckhout, 2007）。実際に統計調査を行う側からは、いわゆる「エスニック統計」の趣旨は、人々をカテゴリーに閉じこめることではなく、不平等を生み出している要素を解きほぐすこと、調査の目的が人々を肌の色や宗教によって数え上げることではなく、人々が何によって差別されていると感じているか、その被差別感とその人の社会への編入（insertion）

の軌跡がどのような関係をもっているかを明らかにすることであるとして、統計に対する誤解を解き、統計の必要性を強調する主張が展開される（Héran, 2007）。

こうした「エスニック統計」論争に、われわれは「共和国モデル」をめぐる議論状況の変化を見て取ることができる。一九九〇年代前半に多文化主義が議論された際には、「共和国モデル」と「多文化主義」を対置させ、「共和国モデル」の優位を主張するモデル論が行われた。前述のとおり、「共和国モデル」の正当性や意義を強調する共和主義言説に対して、「多文化主義派」からは、マイノリティの立場に立ったプラグマティックな視点の必要性が主張された。しかし、「エスニック統計」をめぐっては、共和主義派もこの現実的必要性から議論を組み立てるようになってきている。

たとえば、社会学者であり二〇〇一年二月より憲法院委員を務めるD・シュナペールは、一貫して「共和国モデル」のもつ共生原理としての意義を強調してきた論者である。このシュナペールが「エスニック統計」に関して次のように議論を展開する（Schnapper, 2008）。彼女は、まず「エスニック統計」に懸念を示す。その理由の第一は、人々をエスニック・カテゴリーで把握することの困難さである。人々の出自が多様化し、自己同一化の準拠枠組みが多様化し、さらに混交が進むにつれて、人々をエスニック・カテゴリーで把握することは困難になっている。たとえば、「国際結婚」によって誕生した子供を一つのエスニック・カテゴリーに入れることは困難であり、また、中東戦争の際にユダヤ人であることを表明した人が増加したように、自己申告による分類も、社会のおかれた時代に左右される。このように、エスニック・カテゴリーは、複雑な社会の現実を逆に単純化するおそれがある。第二は、エスニック・カテゴリーの導入が人々の「エスニック意識」を強める作用を有している点である。「エスニック統計」の趣旨がたとえ出自に基づく差別の実態を把握し、それと闘うためであったとしても、エスニック・カテゴリーの使用は逆にフランス人のなかに複数のエスニック・カテゴリーが存在することを承認し、カテゴリーを固定化することにつながる。

シュナペールは、こうした懸念を示しながらも、差別と闘う必要性を強調する。そして、民主主義観が「形式的平等」から「実質的平等」を求めるものへと変化している状況を踏まえ、議論すべきはもはやエスニック・カテゴリー導入の是非ではなく、「エスニック統計」の副作用をいかに抑制するかにあるという。

「エスニック統計」をめぐるこうした議論の立て方から、われわれは二つの点を確認できる。一つは、もはや九〇年代に見られたような「共和国モデル」対「多文化主義」という二項対立的なモデル論は行われないという点であり、そして二つは、「共和国モデル」の理念よりも差別と闘うという実践の方が重要なものとみなされているという点である。「共和国モデル」の意義を強調するだけでは差別という現実は解決できない。逆に、「すべての市民の平等」という擬制は、差別の隠蔽手段であると非難される。たとえ「共和国モデル」に基づく移民統合の伝統に反しているとしても、差別という現実を解決する平等政策の道具として「エスニック統計」は必要である。「共和国モデル」をめぐる議論は、今日、このように変化してきている。

5　「共和国モデル」の現在

このように、今日、統合よりも反差別が語られている。それは、「共和国モデル」が移民とフランス人との間の経済的・社会的平等を実現しなかったからであり、統合のフランス・モデルが移民の経済的・社会的統合をもたらさなかったからである。抽象的個人を前提とした平等観の限界の認識が、議論状況の変化という形で現れているのである。ただし、われわれが注意しなければならないのは、エスニック・カテゴリーの導入に対する一致した賛同は、出自等に基づく差別の実態の把握の段階においてであるという点である。差別解消のための制度や政策にエスニック・カテゴリーを導入するか否かは、また別の問題である。

外国出身者の政治的過小代表に関するシンポジウムの中で、シュナペールは、フランスにおいて行われているハンディキャップを抱える人により多くを与える「積極的差別」（discrimination positive）政策が地理的・社会的指標を用いる普遍的基準に依拠している点を評価するが、エスニックな基準が法的に位置付けられることには反対する。なぜなら、それは、出自、社会的条件、性、信仰に基づく差異を超越するという市民権の原則、すなわち「共和国モデル」による国民統合の原則に反するからである（Schnapper, 2006a：142-143）。また、ヴィーヴィオルカらは、「誰もクォータ制を要求していない」と明言し、クォータ制を禁止しつつ積極的差別政策を奨励する可能性を示唆しつつ、共和主義的価値観と差別との闘いの断固とした行動との連接を訴えている（Lozès et Wieviorka, 2008）。フランスに伝統的な諸原則や公的制度に支えられたモデルの変更の議論はここでは行われない。では、「共和国モデル」はこれからも変わらないのであろうか。

フランス共和国の諸制度は、民主主義観の変化やヨーロッパ統合に大きな影響を受けている。前述の二〇〇四年の七八年法改正もEU指令に由来しているし、HALDEの設置もEU指令に基づいている（2000/78, 2002/73/CE, 2000/43/ CE）。また、憲法院によってその批准に違憲の判断が示されたが、欧州地域語・少数言語憲章は法的にマイノリティの存在を認めた。共和国憲法やその諸原則もこうした影響を受けざるをえない（中村ほか、二〇〇三）。

実際フランスは、二〇〇三年に地方分権・地方自治のための憲法改正を行っている（中野、二〇〇七）。市民の代表者である国会による立法が全市民に画一的に適用されることが平等の実現であるという「共和国モデル」に基づく民主主義観から変化し、今や民主主義とは、市民が公的事柄の管理に最善な形で参加することである。また、マーストリヒト条約などによって「補完性原則」が一般化するなか、地方分権・地方自治はすでにヨーロッパ・スタンダードになりつつあった。さらに、ヨーロッパの地域政策の受け皿としては小さすぎるフランスの地方公共団体の協力体制の整備も必要であった。

二〇〇三年の憲法改正では、憲法一条の末尾に「フランスの組織は地方分権的である」という一文が追加され、共和国の単一不可分性原則、平等原則と同等なものとして地方分権が憲法原則とされた。また、地方公共団体が「実験的にかつ限定された対象および期間につき、その権限行使を規律する法律または命令の規定に違反することができる」という規定により、地方公共団体による「実験」が認められた。さらに、「地方公共団体は、その段階でもっともよく行使しうる権限の全体につき決定を行う資格を有する」として補完性原則が導入された。今後、地方公共団体の権限は、それが「最良に行使」されうる限り、各地方公共団体の権限行使の個別な能力に応じて配分されるのであり、もはや画一的に配分されるのではない。また、地方公共団体の財政自主権や決定型の住民投票制度も憲法に明記された。このように、地方自治に関しては、「共和国モデル」に基づく中央集権的政治体制から大きく変化し、地域民主主義と権力諸組織の新しいモデルが法的に基礎付けられた。さらに、地域語に関しては、二〇〇八年七月の憲法改正によって「地域語はフランスの遺産に属する」との条項が七五条の一として追加されている。

フランス共和国は、人々の求める民主主義観の変化やヨーロッパ統合などに適応するため諸制度を変更しつつある。「共和国モデル」は決して不変ではない。それでは、移民の統合の「共和国モデル」は新しい別のモデルに向かっているのか。「共和国モデル」の伝統と意義、差別の存在という事実の重みと反差別政策の実践上の要請、人々の求める民主主義観、ヨーロッパ統合の深化、そして国際環境など、「共和国モデル」の将来に影響を与えると思われる要素は多く、そのためわれわれは「共和国モデル」に代わる次の統合モデルを見極めるにはいたっていない。[10] しかし、だからこそ「共和国モデル」の変容をつねに注視しなければならない。

（1）　この論理が明確に表明されたのが、一九九一年のコルシカの特別な地位に関する憲法院判決である（Décision n° 91-290 DC du 9 mai 1991 "Loi portant statut de la collectivité territoriale de Corse"）。

（2）　たとえば、欧州評議会で一九九二年に採択された「欧州地域語・少数言語憲章」（Charte européenne sur les langues régionales ou minoritaires）は、締約国の責務として「公的生活及び私的生活において、地域語・少数言語の口頭及び書面による使用を促進し奨励すること」（七条一項）を掲げているが、憲章批准をめぐる一九九九年の判決の中で憲法院は、「地域語・少数言語の話し手の『集団』に、これらの言語が使われている『地域』内部で、特別な権利を付与する」ことになるがゆえに憲法原則に反するという判断を示している（Décision n° 99-412 DC du 15 juin 1999 "Charte européenne des langues régionales ou minoritaires"）。

（3）　ＨＡＬＤＥは、あらゆる種類の差別に対して、差別の訴えがあった場合に、差別の実態を調査し、当事者に差別をやめるよう勧告し、当事者間の仲裁を行い、違法行為がある場合は裁判所に告発し、示談金の提案を行うための独立行政機関である。二〇〇四年一二月三〇日法（Loi n° 2004-1486 du 30 décembre 2004 portant création de la haute autorité de lutte contre les discriminations et pour l'égalité）によって設置された。

（4）　La loi n° 2007-1631 du 20 novembre 2007 relative à la maîtrise de l'immigration, à l'intégration et à l'asile.

（5）　La loi n° 78-17 du 6 janvier 1978 relative à l'informatique, aux fichiers et aux libertés.

（6）　La loi n° 2004-801 du 6 août 2004 relative à la protection des personnes physiques à l'égard des traitements de données à caractère personnel et modifiant la loi n° 78-17 du 6 janvier 1978 relative à l'informatique, aux fichiers et aux libertés.

（7）　ＣＮＩＬは一七名の委員で構成されるが、国民議会と元老院から指名されるそれぞれ二名の議員を含んでいる。ＣＮＩＬの実務や改正七八年法については、井上（二〇〇六）を参照。

（8）　Rapport fait au nom de la commission des lois constitutionnelles, de la législation et de l'administration générale de la République sur le projet de loi (n° 57) relatif à la maîtrise de l'immigration, à l'intégration et à l'asile (urgence déclarée), par M. Thierry Mariani, enregistré à la présidence de l'Assemblée nationale le 12 septembre 2007.

（9）　Décision n° 2007-557 DC du 15 novembre 2007 "Loi relative à la maîtrise de l'immigration, à l'intégration et à l'asile".

（10）　筆者は、中野（二〇〇七）の中で、地方分権改革や地域民主主義・近隣民主主義立法を素材として、従来の「公的領域」「私的領域」の二元的社会観に立つ「共和国モデル」の「公的領域—公共領域—私的領域」からなる「トライアングル・モデル」への変容を仮説的に提示した。一連の法制度改正の実態が「トライアングル・モデル」で説明可能なのか、フランスの移民を含めたマイノリティ問題に「トライアングル・モデル」が応用可能なのかについての検証は、筆者の今後の課題である。

2章 移民と移民政策の変遷
一九四五年から一九七四年まで

渡辺 千尋

1 移民政策史における一九四五年の意味

一九七四年七月に、石油危機に伴う景気後退の影響を受け、新規移民受け入れを停止する措置がとられた。ＥＣ諸国出身者以外の移民労働者を対象にして、ジスカール＝デスタン政権下で決定されたこの措置は、高度成長期の自由放任主義的な移民政策に終止符を打つことを意味し、その後講じられた非正規（非合法）移民の取り締まりと、移民やその子弟に対する社会統合の施策は、左右両派で違いが見られるものの、現在にいたる移民政策の二つの柱となっている。

こうした施策の意味を理解するために長期的な視点に立ったとき、少なくとも第二次大戦後まで遡る必要がある。これには二つの理由が挙げられる。一つは、第二次大戦後の移民政策は、「フランスにおける外国人の入国・滞在条件および、移民管理庁（Office national d'immigration 以下ＯＮＩと略す）の創設に関する一九四五年一一月二日オルドナンス」（以下、「一九四五年一一月二日オルドナンス」と略す）を基盤として成立したためである。一九八〇年まで効力をもったこのオルドナンスは、現代フランス移民政策の枠組み形成に重要な役割を果たしている（Weil, 2005a : 79）。もう一つには、移民の同化や統合という問題は、一九四五年の政策決定過程においてすでに大きな論点になっていたことが関係している。第二次大戦直後に形成された移民政策は、後に見られる自由放任という性格を当初から備えていたわけではなく、両大戦間期の経験を参考にしながら、移民・外国人に関するあらゆる領域への国家介入を目指したものであった。

以上のことから本章では、一九七〇年代半ば以降の移民政策は第二次大戦後の延長線上に位置するという観点に立ち、戦後復興期から経済成長期における移民政策とその変遷について素描する。第二次大戦後の移民政策がどのような政策理念のもとに形成され、その後の経済成長、脱植民地化という社会的・経済的状況の変化を受けてどのように変容したのか理解することが課題となる。

2　一九四五年移民政策の成立過程

ド・ゴールとHCPFの創設

解放後、復興に向けての構造改革に着手した臨時政府首班シャルル・ド・ゴールは、フランスの人口衰退と労働力不足の解決を重要課題とみなし、移民の導入がこれら諸問題を克服する手段の一つであると認識した。第二次大戦の人的被害は、第一次大戦のときほど深刻なものではなかったとはいえ、一九三六年に四一六〇万人であった総人口は一九四六年には四〇五〇万人にまで減少していた。これは、戦死者（六〇万人）、人口の自然減（八万人）、外国人の帰国（三〇—五〇万人）などに起因する（Schor, 1996 : 192-193）。さらに解放時、フランス経済は壊滅的な状況にあり、工業生産高は戦前の四〇％に低下していた。一九世紀以降、フランスが直面していた出生率の停滞と高齢化という問題に、第二次大戦の人的損失・物的被害が結びつき、「人口危機」の克服こそがフランスの衰退を回避するために必須であると考えられたのである。一九四五年三月にド・ゴールは演説で次のように述べている。

「……一〇年間で一二〇〇万の出生を実現し、若年者の不合理な死亡率や罹病率を低下させ、今後数年のうちにフランス共同体に移民のなかでも適切な構成員を体系的に導入するために、大規模な計画が描かれました。それはある者には利益をもたらし、他の者には犠牲を伴うでしょう。どんな代価を払っても、きわめて重要な成果が得られなければならないからです……」(傍点は引用者 Ponty, 2003 : 286)。

こうしたド・ゴールの意向を受け、第二次大戦後の移民政策を考案したのは、一九四五年四月に創設された人口・家族高等諮問委員会(Haut Comité consultatif de la population et de la famille 以下HCPFと略す)であった[1]。このHCPFは、戦前に家族法典(Code de la famille)の作成に貢献した人口高等委員会(Haut Comité de la population)の後身であり、「家族の保護、出生率の上昇、農村人口の増加(peuplement)、都市の分散、フランス国内における外国人の定着、フランス人人口への外国人の統合」に関する措置を政府に助言することを担った諮問委員会である(Viet, 1998 : 98)。HCPFの事務局長には戦前から移民問題の専門家として活躍していたジョルジュ・モコが就任し、彼の周りにはアドルフ・ランドリーやアルフレッド・ソーヴィといった著名な人口学者が集まった。

新しい制度形成に向けての準備作業は一九四五年四月から一〇月にかけて行われた。この移民政策の立案過程における論点の一つは、人口不均衡の修正や人口回復を目標とする出生奨励政策・家族政策と、工業や農業の労働需要を満たすことに向けられた移民政策をどのように両立させるのかという点にあった。というのも、出生率の上昇を目指す出生奨励主義者は他の人口増加措置を認めず、彼らの主張は外国人排斥の議論に到達する可能性を秘めていたばかりでなく、人種優生学へと通じえたからである。

この問題点を克服しようとしたのは、フランス人に民族的に近い外国人労働者を受け入れるというモコの主張であった。彼は民族ごとの「同化可能度」(degrés d'assimilabilité) を重視し、「北部ヨーロッパ諸国」(ベルギーやスイスより北のヨーロッパ諸国) からの移民を積極的に導入する必要性を述べた。その見解はド・ゴールに受け入れられ、法務大臣に宛てた一九四五年六月一二日付けの書簡においてド・ゴールは、帰化の申請書類は個別のケースに応じて検討されるのではなく、民族的、人口学的、職業的、地理的に考慮した国民の利益に従って受理されるべきであることを記した (Ponty, 2003 : 286–287)。

だが、最終的に成立した「一九四五年一一月二日オルドナンス」に、このモコの主張は含まれなかった。HCPFの草案がコンセイユ・デタの常設委員会において審議された際、否定されたためである。レジスタンスの活動家であった労働大臣アレクサンドル・パロディや内務大臣アドリアン・ティジエは、移民を選別することがヴィシー期の政策を思い起こさせ、共和主義や平等主義の理念に反すると主張し、出身に応じた優遇措置を批判した。結果として、このオルドナンスは国籍、出自、民族を基準とする移民の分類に触れることなく、平等主義的特徴を帯びながら成立することとなる。

「一九四五年一一月二日オルドナンス」とその特徴

第二次大戦後初期の移民政策は、①移民を大量に受け入れる、②その移民を統制する、③国家は移民の募集活動を独占する、④移民の定住と同化を容易にする、という四つの基本的方針に基づいていた (Tapinos, 1975 : 20)。この実現に向けて制定され、戦後移民政策の制度的基礎をなす「一九四五年一一月二日オルドナンス」は次の二点を規定したものである (Ponty, 2003 : 291–293)。

第一に、戦前の労働者専用身分証明書は廃止され、滞在許可と労働許可の権限が分離された。この規定によって、三カ月以上フランスに滞在する一六歳以上の外国人は滞在許可証を所持することが義務づけられ（第六条）、滞在期間に応じて、短期在留外国人（有効期限一年）、普通在留外国人（三年）、特別在留外国人（一〇年）に分けられた（第九条）。特別在留資格を得るためには、例外を含むものの、少なくとも継続した三年以上の居住を証明し、かつ入国時に三五歳未満でなければならなかったが、一度資格を得れば無条件で更新することが可能であった（第一六条）。したがって、このカテゴリーは人口的配慮に基づくものであり、その限りで帰化に向けた一段階をなした（Tapinos, 1975 : 24）。

第二に、移民労働者の募集と導入を実施するためにＯＮＩが新設された。戦前に募集活動を展開した移民会社（Société générale d'immigration）は廃止され、民間団体による募集が一切禁止された（第三〇条）。すなわち、ＯＮＩの設立は、移民に対する国家介入の拡大を意味する。ＯＮＩは労働・社会保障省（以下、労働省と略す）の管轄下に置かれ（第二九条）、移民関連省庁、全国経営者評議会（ＣＮＰＦ）、労働組合（ＣＧＴ、ＣＦＴＣ）の代表者によって構成される理事会を備え、二国間協定を締結した移出民国に現地事務所を設置した。そこでの移民の募集をＯＮＩは担当し、移民労働者の受け入れを希望する雇用主にその導入を保証した。さらに、雇用主が移民労働者に対して不満を抱く場合、八日以内であれば別の労働者に交代させることもＯＮＩは保証した。後に家族移民に関しても、その導入がＯＮＩに託され、ＯＮＩの現地事務所が設置された国の出身者であれば、家族の呼び寄せに必要な費用給付が認められた。こうしてＯＮＩは、政・労・使のコンセンサスであった移民労働者の大量導入を実現すべく、移民政策の実行機関として機能することとなった。

以上のように、一九四五年の移民政策は、人口政策に関わった委員会の構想が原案であったという意味において、また滞在資格の長期化や家族移民の受け入れ促進のような措置が取られたという意味において、移民の人口的必要性が制度に反映されていたといえる。このオルドナンスは家族移民を優遇する伝統を保ったのであり（Blanc-Chalé ard, 2001 : 59)、近年みられる家族移民の規制強化という状況とは異なって、移民の定住化やフランス社会への同化が強く望まれていたのである。

3　移民統制政策の失敗（一九四六年から一九五六年まで）

人口的必要性から経済的必要性へ

こうして、ＯＮＩを中心とする移民政策構造が完成しつつあった。政策に携わった、労働省、公衆衛生人口省（以下、人口省と略す）、外務省、内務省は、労働許可証の発行、帰化の許可、国際協定の締結、滞在許可証の発行・国境管理・治安維持をそれぞれ担当した。とくに一九四五年一二月に設立された人口省から、省庁間の連携を図るために移民省間委員会の委員長が選出され、この委員会で決定された政策方針は人口省によってＯＮＩに伝えられることになった。したがって、制度上、ＯＮＩは労働省に設置されたものの、実際には人口省の監督下にも置かれ、このことは人口省と労働省の不和をもたらす要因となった。

そもそも、両省の方針の違いは、人口学者と経済学者が推算した移民受け入れ計画に現れていた。国立人口学研究所（ＩＮＥＤ）の初代所長に就任したソーヴィは、フランスの「労働吸収力」と「人口吸収力」を算出し、前者の場合、一四五万人の受け入れを、後者の場合、五〇〇万人から一四〇〇万人の導入を不可欠とした。一方、一九四六年に新設された計画庁の経済学者は一九四六年からの五年間に一〇〇万人から一五〇万人の常傭移民労働者の受け入れが妥当であると評価した（Tapinos, 1975 : 14–18 : Schor, 1996 : 194–195）。また「モネ・プラン」では、一九四六年後半から一九四七年に必要な労働者を九八万人とし、このうちの三三万人を移民労働者の導入によって、残りの労働需要を就業年齢の延長、女性労働、自発的なアルジェリア移民の雇用、非生産者の復職によって補うことが示されていたのである（Viet, 1998 : 148）。

経済学者の予測が人口学者に比べて少なかった理由の一つに、労働省では、移民労働者の受け入れは地域別あるいは職業別に調査したうえで、労働者を雇うことが不可能である場合に制限されるべきであると考えられていたことがある。すなわち労働省は、国民労働者の保護と両立させるために、国民労働者の不足している職業や地域にのみ移民労働者を受け入れることを望んでいたのであり、移民労働者は統制されるべき存在とみなされていた。それゆえに労働省にとって、移民労働者は労働力不足を補完し、景気変動に応じて柔軟に供給することのできる補助労働力であった。

こうした姿勢をとる労働省と移民の定住を重視する人口省の対立は、以後解消されることがなかった。しかし、政策が実施されるにつれて、労働省が実質的な政策権限を握るようになる。移民のほとんどが賃金労働者であったため、労働許可証が交付されるかどうかが次第に入国審査の重要な基準となっていったからである。このような移民政策における労働省の影響力は、出生率の上昇に伴い、人口政策における定住移民の必要性が薄れるにつれて拡大する傾向にあった。

困難な募集活動とその要因

移民の大量の導入が期待されていたのにもかかわらず、流入数は目標に反して停滞し、ＯＮＩの募集・導入活動は順調には進まなかった。解放後、フランスにいたポーランド人七万二〇〇〇人、アルメニア人七〇〇〇人は自国政府の要請を受け帰国し、一九四五年に七五万人を記録したドイツ人戦争捕虜が徐々に解放されたこともあり、一九四六年から一九五四年にかけて在仏外国人数は、一七四万人から一七七万人にわずかに増加したにすぎなかった（Tapinos, 1975 : 27）。このため、一九四六年二月に、両大戦間期フランスに最も多く移民を送り出したイタリアとの間に移民協定が締結された。そこでは二万人のイタリア人労働者の導入が目指されたが、同年末までに入国した数は三〇〇〇人に留まり、目標数を満たすことはできなかった。

一九四〇年代末から一九五〇年代前半にかけて、計画の実現を困難にしたのには三つの要因が考えられる。第一は、近隣諸国の移民受け入れの開始と移民をめぐる国家間の競争の激化といった国際状況の変化である。戦前、移出民国であったベルギーやスイスが移入民国に転じたばかりでなく、アメリカ、カナダ、オーストラリアのような一九世紀からの移民受け入れ諸国との間に競争が生じつつあったのである（*ibid.*：36-37）。第二は、フランス国内の経済状況である。一九四〇年代末に国内需要の増大に伴ってインフレが進行し、移民の送金準備が困難になった。その対応策として、出身国に残された家族に送金せずに済むように家族移民が奨励されたが、国内の住宅不足が移民の定住を妨げる原因となったのである。第三は、移民の導入における制度的欠陥である。雇用主は移民労働者の受け入れを希望する場合、まず県の労働・労働力局に申請し、そこで行われる失業調査の結果を待たなければならなかった。それだけでなく、雇用主は労働者の導入費用を負担する必要があった。こうした雇用主側の事情と、フランス入国と滞在の手続きの簡略化を望んだ移民の利害が一致し、ＯＮＩを介さずに入国、就業するケースが増えたのである。

結果として、自発的（spontané）移民である非正規労働者が増加した。非正規労働者とは、ＯＮＩの事務所を通すことなく、一般旅行者として入国し、労働許可証や滞在許可証を所持していない労働者のことである。実際に全移民労働者数に対する正規化（régularisation）された労働者の割合は増加し続け、一九五〇年代後半に入ると、ＯＮＩが統制した入国者数は全体の約二〇％にすぎなかった。たとえば、協定によって統制されることが目指されたはずのイタリア人でさえ、その半数が不法に入国、就業した後に正規化の手続きを行っていた。経済成長に伴って労働需要が高まるなか、ＯＮＩの主要な役割は、移民の募集から正規化へと転化していったのである。この傾向を決定づけた一九五六年の通達では、労働力不足が経済成長に影響を及ぼさないよう、国民労働力が不足している場合に限り、正規化の申請は認められ、県の労働・労働力局によって短期労働許可証（六カ月有効）が直ちに発行されることが定められた（Spire, 2005：369）。戦後直後、移民労働者の募集・導入を統制し、それによって入国と在留の管理を行おうとした移民組織化の試みは、一九五六年には失敗に陥っていたことが明らかとなる。

4　高度経済成長とアルジェリア人労働者（一九五六年から一九七四年まで）

自発的移民の増加

戦後復興が達成された一九五〇年代半ば以降、先の時代とは異なって移民の流入は飛躍的に増加する。一九五四年から一九七四年にかけて在仏外国人数は一七七万人から三四四万人（総人口の六・五％）に急増した。ＯＮＩの統計を参照してみると、入国者の半数以上を占めていたイタリア移民は減少し、かわってスペイン人、ポルトガル人が増加したことがわかる。イタリア北部の経済発展によって移出民数自体が少なくなったことに加え、フランスよりも待遇の良かったドイツにイタリア移民は向かうようになっていた（Schor, 1996：203）。たとえば一九六二年に記録された常備労働者のうち、五六％がスペイン人、一九％はイタリア人、一一％はポルトガル人であり、一九六〇年代前半においてこの三国籍は、ＯＮＩが統制した移民の八割から九割を占めた[2]。スペイン人は常備移民だけでなく、フランス南部のブドウ収穫に従事した季節移民に多く、一九六五年には外国人季節労働者の九〇％がスペイン出身であった（Bideberry, 1967：24）。他方、ブラジルの入国規制により一九六〇年代以降増加しはじめたポルトガル人は、一九五四年の二万人から一九六五年には二一万三〇〇〇人に上った。

この時期の移民労働者の大半は主に建設業、製鉄業、冶金業に従事していたわけだが、彼らはＯＮＩによって組織された移民ではなく、自発的移民であった。一九五〇―六〇年代においてスペイン、ポルトガル、モロッコ、チュニジア、ユーゴスラビア、トルコ、マリ、モーリタニア、セネガル等の諸国と二国間協定が締結されたが、実際にＯＮＩを通じて入国した数はわずかであった。反対に、ＯＮＩが正規化した常備労働者の割合は、一九五六年二八％、一九六二年四八％、一九六五年七九％と年々増加し、一九六〇年代末には移民労働者の八割がフランス国内の工場や作業場を直接訪問し、雇われていたと推定される。移民労働者の正規化は、高度成長期の移民政策が楽観主義的で、自由放任主義的と形容される要因であった。

アルジェリア人労働者と住宅問題

さらに、国家による移民統制の不在を特徴づけたのは、ONIの対象にアルジェリア人が含まれていなかったこと、にもかかわらず、移民のなかで最も増加したのはアルジェリア人であったことである。(3) 一九四五年に構想された移民政策はヨーロッパ諸国出身者を想定していたのであり、一九四七年九月二〇日法によって本国との自由な往来が認められていたアルジェリア人は、ONIの管理下ではなく、内務省の管轄下に置かれていた。

一九五四年から一九六二年の独立戦争期にアルジェリア人の流入は減少したが、一九六二年の独立以後、流入数は著しく増大し、一九四六年に二万二〇〇〇人であった在仏アルジェリア人は、一九六八年に四七万人、一九七五年には七一万人に達した。一九六八年の場合、その数は総外国人数の約二〇％に相当する。この背景には、一九六二年三月に締結されたエヴィアン協定がアルジェリアとフランス双方の在外自国民に対して自由な往来を定めたことが挙げられる。これはフランス側が求めた点であり、アルジェリアに滞在していたヨーロッパ出身者とフランス軍に加担したアルジェリア人の渡仏を可能にする目的があった（Weil 2005a : 85-87）。しかし、フランス側の意図に反して、実際にこの制度の利用者の大多数は、アルジェリア国内の失業を免れようとするアルジェリア人であった。彼らは身分証明書を所持していれば自由にフランスに渡ることができ、一九六二年一〇月末、アルジェリア人の出国に対する入国の差は毎週七万人にまで及んだ。

こうした状況から、一九六二年末以降、二国間でアルジェリア人の統制をめぐり交渉が開かれるようになる。フランスの要求は、量的統制を行いながら、アルジェリアにおいて職業適性検査、健康診断を実施するというものであった。交渉の結果、一九六四年四月にナカッシュ・グロンバル協定が結ばれ、フランス側に四半期ごとの移民受入れ許可数を決定する権限が、アルジェリア側には労働者の選別の権限が付与され、両国の間で統制を分担することが明示された。だが、この協定が結ばれた後もフランスはアルジェリア人の入国を制限しようとする態度を変えることはなかった。一九六八年の協定では、自由な往来を見直し、アルジェリア移民に対して五年有効の「居住証明書」が設けられる（Temime, 1999 : 85 : Schor, 1996 : 201-202）。フランスの国家も企業も、アルジェリア人の流入を抑制するために、他の移民を優先的に雇い、正規化することには寛大であったのである。

このようなアルジェリア人に対する消極的な態度の背景には、国家と企業が移民の流入を保ち、柔軟な労働市場を実現しながら、コストのかかる定住移民の居住環境に対する介入を避けようとしたことが指摘できる（Weil, 2005a : 93-94）。一九世紀末から両大戦間期にかけて炭鉱や鉄鉱で見られた状況とは異なって、第二次大戦後、経営者は移民労働者とその家族の住宅を保証することを極力避けようとしたのであり、全国経営者評議会は住宅補助金の給付を拒み続けていた。経営者にとっては、家族の呼び寄せが行われないことが前提であった。

また一方で、住宅に対する国家介入も限定的であった。当初、都市中心部の「不衛生住宅」に住み始めた移民労働者は、後に都市近郊に移り住み、ナンテールにはアルジェリア人の、サン・ドニにはポルトガル人のビドンヴィル（bidonville）がそれぞれ形成された(4)。こうしたいわゆるスラム街はパリだけでなく、マルセイユ、ボルドー、ニースのような大都市の郊外でも見られた。一九五〇年代半ばになると、住居をはじめとする生活環境が問題になり、アルジェリア人を対象とする住宅援助が開始されるようになる。とくに一九五八年に創設された社会行動基金（Fonds d'action sociale pour les travailleurs musulmans d'Algérie en métropole et pour leurs familles 以下ＦＡＳと略す）は、住宅建設公社（Société nationale de construction de logements pour les travailleurs algériens 以下ＳＯＮＡＣ

写真 2-1　ナンテールのビドンヴィル（bidonville）
『ル・ヌーヴェル・オプセルヴァトゥール』1965年4月8日号より．
rédaction © 1965 *Le Nouvel Observateur*

ＯＴＲＡＬと略す）等の諸団体に対する資金援助を通じてアルジェリア人の社会的保護に介入した。ＦＡＳはビドンヴィルの撤去作業に着手し、その資金の大半は単身移民用集合住宅（フォワイエ）の建設費に充てられた（Blanc-Chaléard, 2007 : 78）。そして一九六〇年代に入ると、ＳＯＮＡＣＯＴＲＡＬ（一九六三年）とＦＡＳ（一九六四年）の対象が外国人労働者全般に拡大し（ＳＯＮＡＣＯＴＲＡＬはＳＯＮＡＣＯＴＲＡに改名）、よりいっそうの住宅問題の改善が目指された。ただし、実際の必要に応じるには財源が不十分であり（Weil, 2005a : 93）、一九六四年一二月の時点で建てられた集合住宅は五九棟、一九六四年から一九七六年までの間では二〇〇棟にすぎなかった（Ponty, 2003 : 302）。

人種差別と国家介入

一九六六年の世論調査において、「失業と闘うための最良の手段は何か」という質問に対して、五四％が「移民を制限すること」と答えたように（Blanc-Chaléard, 2001 : 71）、六〇年代半ばにおいても移民は柔軟な労働市場を実現するための短期的な労働力であるとみなされていたように思われる。だが、移民労働者の過酷な労働条件、劣悪な居住環境は、次第に社会的・政治的問題の焦点となっていった。ヴェイユによれば、「外国人労働力の生活状況と搾取が問いに付されるのは一九六八年『五月』のこと」であった（Weil, 1988 : 52）。さらに、一九七〇年一二月にオーベルヴィリエで起きた火災によるマリ人労働者四名の死亡事故は、移民政策の再検討、移民統制を中心とする国家再介入のきっかけとなった。そして一九七二年二月にはマルスラン・フォンタネ通達によって非合法雇用に対して厳格な措置がとられ、正規化が禁じられる。この通達は、移民労働者が事前に労働許可証を所持している場合のみ入国を認め、他方で雇用主に移民労働者の住宅保証を義務づける目的があった。すなわち、一九四五年オルドナンスの枠組みのもとで移民の流れを再び統制することが目指されたのである（Granotier, 1979 : 71）。

また移民が可視的になるにつれて、世論の一部に人種差別（レイシズム）の風潮が広がったことにも留意しなければならない。とくにアルジェリア人労働者に向けられた人種差別は、石油に関する協定をめぐりフランス・アルジェリア関係が緊迫した一九七一年に高まり、リヨン地方において暴力行為が繰り返されることになる（Blanc-Chaléard. 2001 : 71）。一九七二年七月一日反人種差別法によって人種差別が軽罪と定められたが、一九七三年八月にマルセイユ市街電車職員に対するアルジェリア人の暴力行為は人種差別的な暴動を引き起こし、約一〇名の移民労働者が死亡する惨劇となった（Granotier, 1979 : 72）。

こうした一連の状況に対して即座に対応したのは、アルジェリア政府であり、一九七三年九月に同政府はフランスへの移民の渡航停止を決定した(5)。すなわちこの措置は、一九七四年七月にフランス政府によって移民の流入が「中断」される以前のことであり、アルジェリア国内の経済的要因ではなく、フランスにおける移民問題の深刻化を背景にして、アルジェリア人の自由な往来が停止されたことを意味している。

以上のように、一九四五年から一九七四年にかけて移民政策の主要な対象は、ヨーロッパ系移民からアルジェリア人を中心とするマグレブ系移民に移り変わっていた。一九六〇年代末にはヨーロッパ域内移民の流入は少なく、総移民数の約三割に満たなかっただけでなく（Wihtol de Wenden, 2006 : 455）、一九五八年にローマ条約が発効し、EC域内労働者の往来が自由になり（第四八条、第四九条）、彼らの社会保障等が確立されるようになってから（第五一条）、移民政策の対象が域外移民に限定される傾向は強まっていった。非正規移民の雇用を黙認した自由放任的な移民政策は、移民の社会的問題への取り組みが遅れる要因をなすとともに、ヨーロッパ域外移民を中心とする取締りの強化をもたらしたと考えられる。

5　第二次大戦後フランス移民政策の特徴

本章で述べてきた戦後復興期から高度経済成長期にかけての移民に対する国家の対応は、次のように整理することができるだろう。

第二次大戦後の移民政策は、戦後復興策の一環として、人口的・経済的必要から大量かつ組織的に移民を受け入れるために、その募集・導入に国家が全面的に介入したことがその特徴であった。一九世紀以来の「人口危機」を克服するという目標がかかげられ、人口構造の再建に必要な措置が講じられた一方で、国民の雇用を守りながら、移民労働者を導入することが求められたのである。

この政策の成立過程において、モコに代表されるように移民の出身国を考慮した優遇措置を重視する声も多かったが、共和主義的平等主義者の反発にあい、最終的に制度化されることはなかった。しかしながら、二国間協定が近隣諸国から締結されたことや、ONIの国外事務所がイタリアから順に創設されたことを考慮すれば、移民に対する偏愛が政策当事者の意識のなかに抱かれ続けていたと考えられるだろう。高度成長期において、アルジェリア人の流入を促すことよりも、スペインやポルトガル出身の非正規移民の正規化に国家が積極的であったのはこのためである

(Pereira, 2005)。フランス政府と企業は移民労働者に対する社会的コストを負うことを拒み、とくにアルジェリア人については、労働需要に柔軟に対応する短期的な補助労働力というイメージを捨てることはなかった。ただし、アルジェリア人の生活に国家が無関心であったわけではない。目覚ましい成果を見出すことはできないが、FASによる援助はアルジェリア人を対象にして開始され、後にあらゆる国籍の外国人に適用対象が拡大されたということは注目に値するだろう。この意味において高度成長期の移民政策は、移民労働者やその家族に向けられた社会政策の契機となったといえる。

(1) HCPFにおける議論について詳しくは、(Weil, 2008 : chapitre 1) 参照。
(2) Annuaire statistique de la France, 1966, INSEE, p. 89.
(3) 一九四七年以降アルジェリア人は法的にフランス市民であり、ここでいうアルジェリア人とは、正確に言えば、アルジェリア出身のイスラーム系フランス人 (français musulmans d'Algérie) を指す。
(4) 一九六六年の国勢調査によると、フランス全土のビドンヴィルに居住していた者は七万五〇〇〇人を数え、そこには八四〇〇世帯の家族が含まれていた。その居住者の四割をアフリカ出身者、二割をポルトガル人が占めていた (Granotier, 1979 : 114, 116)。
(5) テミムによれば、この決定はフランス政府によって比較的よく受け入れられた。政府は失業の高まりを恐れ始めていたのである (Temime, 1999 : 86)。

II　統合と排除の実態

3章　雇用と失業からみる社会的統合の現状

宮島　喬

1　統合の課題へ、カギとしての雇用

いわゆる石油危機を境に、新規外国人労働者の受け入れが停止され、移民の定住の時期を迎え、一九八〇年代には当然ながら移民政策の中心は、統合政策へと移行する。折しも、八一年五月にミッテラン革新政権が誕生し、モーロア内閣の下での外国人帰国奨励政策の打ち切りは、舵取りが大きく統合政策へ向かうことを告げる転機となった。その統合政策がただちにぶつかるのは、次の現実である。移民の多くが従事する非熟練・半熟練のたとえば組立労働は、技術革新が進むなか自動装置に置き換えられていく。これへの危機感から、一九八二―八三年にルノー、シトロエン、プジョー等の工場で起こるのが、初めての「移民のストライキ」であり、それはまた彼らの失業カーブの上昇の予兆をなすものでもあった。これと時を同じくし、世代交代の端緒でもある移民出自の若者の反差別、平等を訴える行動が始まるが、その嚆矢、八一年夏のリヨン市郊外の「暴動」は、やはり失業を背景としていた。

一九九〇年代は、移民の失業率が高いレベルで推移する時期の始まりであるが、ただし、これが決して均質の失業

者集団として現れてこないことを見逃してはならない。

雇用（emploi）が移民の社会的統合の最重要のカギの一つをなすことはいうまでもない。雇用は、生活の経済的保障にかかわるばかりでなく、職業的社会関係を通して彼らを社会に参加させ、また地位獲得と社会移動の不可欠の手段となり、さらには家族内での（特に「父」や「夫」として）アイデンティティを支える要素となる。それだけに雇用の質も問題になるわけで、報酬、安定性、ディプロマとの対応性、社会的評価などが問われる。ちなみに、就きうる雇用は、本人の学歴・職業資格、職業経験に規定されるほか、正規滞在者か否か、さらには民族的オリジン、所属文化により左右されるのが現状である。

確認される事実はといえば、まず、移民の雇用上の地位はフランスの有業人口の平均よりも「労働者」に比重がかかり、たとえば不熟練労働者率は約一七％（フランス全体で九％）である。次に失業率も、後者に比べ有意にといってよいほど高く、〇三―〇五年平均が約一六％（フランス全体では一〇・九％）に達する。ＥＵ内でも比較的失業率の高いフランスであるが、そのなかでも一段と高いものとなっている。一九―二九歳の若年移民に限れば、一九九九年の国勢調査時の失業率は三〇％におよぶ（INSEE, 2005 : 131）。

そうした雇用における移民たちの不利、内部格差化はどんな要因によるのか。これは本章の問う主な問題でもある。失業率はいうまでもなく有業人口に対する失業者の割合であり、後者は、求職登録をし求職活動をしている無業者と定義される。である以上、失業とは一種選択性も含んだ行為の結果でもあり、このことは移民第二世代などについて考慮されなければならない。たとえばＺＵＳでは〇六年末、二五歳以下では無業者が約一四万人であるが、そのうち五万人が、種々の事情、動機はあれ、無登録となっている（Henry, 2008 : 30）。このため、失業について得られるデータは一義化されない恐れがつねにある。また、この章で言及する「雇用（採用）差別」（discrimination à l'embauche）も、本人の申告によるのが一般的で、検証を要するケースもあるとみられる。それらの限界のなかで考察を進めなければならないことを断っておきたい。

2　脱労働者化？

まず、変化の面に着目してみよう。前述のように、移民において労働者（ouvrier）[1]に属する者の比率は依然としてフランス平均のそれより明らかに高いものの、それでも八〇年代、九〇年代を通じて低下をみている。これには、彼ら自身の教育達成・資格向上も反映しているだろうが、他方、労働市場全般の変化の帰結をも表している。

八〇年代に顕著になる技術革新、特にエレクトロニクス化と脱工業化により、全般に製造業の単能工が削減される。たとえば、移民の単能工就労の多かった自動車産業の主だった工場のラインでは、トランスファーマシンやロボットの導入で、ポストの削減が進む。また、人力を残す場合、装置の保守・修理などもでき、かつ一〇—一四の多工程をこなせる「多能工」の養成（トヨタ方式にならうという意味か、「ジャポニザシオン」の名で呼ばれる）へと、その方針が転換する（林正樹、一九九四：一一五—一一六）。文書マニュアルによる研修と職務遂行が増え、移民たちはこの面でも試練に直面する。単に整理の対象となり職を失うか、努力によって多能工上昇の道を切り開くか、または非製造業セクターへの移転を余儀なくされる。

二〇〇二年の社会職業的カテゴリー（CSP、九分類）における分布と、過去一〇年間の増減を、移民とフランス全体について示せば、**表3-1**のようになる（INSEE, 2005 : 41）。

表では、「労働者」の減少がみられ、製造現場から他のセクターへの移行という流れがある程度うかがわれる。ただし、数字はイタリア系やスペイン系というヨーロッパ出身移民、および女性を含んだ数字であり、マグレブ系、サハラ以南アフリカ系（以下、「アフリカ系」と略）、トルコ系の男性を取り出すと、漸減しながらも、依然として半数以上が「労働者」の位置にある。

表 3-1　社会職業的カテゴリーごとの割合（2002 年）とその増減（対 1992 年比）

社会職業的カテゴリー（CSP）	移　民		フランス全体	
	%	増減	%	増減
農業者	0.7	0.0	2.7	− 2.1
商工業者・業主	8.2	− 0.9	5.9	− 2.1
カードル，知的高度専門職	10.4	+ 2.4	14.7	+ 2.4
中間的職業	12.4	+ 3.5	21.5	+ 1.2
事務・サービス職	27.8	+ 8.5	29.3	+ 2.6
うち直接対人サービス職	16.9	+ 3.2	6.2	+ 1.6
労働者	40.5	− 13.5	25.9	− 2.1
うち熟練労働者	23.4	− 6.0	16.9	− 0.7
うち不熟練労働者	17.1	− 7.4	9.0	− 1.5
全　体	100.0		100.0	

では、約一七％（女性の約四分の一）を吸収し、増加してきた「直接対人サービス」とは何か。これは日本標準職業分類では、E・サービス職業従事者のほか（国家免許を要するものは除き）、D・販売、F・保安職業、H・運輸・通信の各従事者の一部にあたり、清掃、警備、運搬、配達、修理、家事労働、それにホテルやレストランやスーパーなどでのそれぞれベッドメーキング・調理下働き・レジなどが主なものである。一言でいえば、下級サービス職といってもよい。近年具体的に目にふれる光景でいうと、たとえば、大都市のタクシー運転手にアフリカ系、アジア系がめっきり増え、スーパー店員にポルトガル系、アフリカ系女性を多く見、レストランやカフェでアフリカ系青年がギャルソンとして立ち働く姿が散見されるようになった。だが、この変化は職位の向上というより、むしろ不安定化の面が強い。給与は高くなく、パート、期限付、臨時労働などの比率が高く、労組組織率も低い。M・グロードとC・ボレルによれば、職業資格からみると依然として移民の四分の三のもつ職業資格は、“ouvrier”のそれに相応しているという（Glaude et Borrel, 2002 : 117）。

3　不安定性と貧しさ

筆者は別の機会に強調したが、移民の雇用の現状で、ヨーロッパ系と非ヨーロッパ系の移民の条件の間の大きな懸隔を見逃すことはできない（宮島、二〇〇六a：一〇七―一〇八）。その一つは、失業率における明らかな格差であり、これについては後段で触れる。いま一つは、非正規者（irréguliers）の存否である。正規化を要求する昨今の「サン・パピエ」の街頭デモに、建設現場に働くアフリカ系が多数含まれるといった光景を目にする。それにひきかえ、イタリア、スペイン、ポルトガル出身移民は、外国人であれEU市民にほかならず、そこには正規・非正規の問題は存在しない。つまり、「非正規」労働者の圧倒的部分は非ヨーロッパ系なのである。

ついでにいうと、**表3‐1**でわかるように、移民中に「カードル」も少なくない。その一つの説明は、ヨーロッパ系滞仏者（南欧系を除く）の約三〇%がカードルの地位にあるためとされている（*ibid.*：115）。ただし、アルジェリア系やアフリカ系でもカードルは七―八%に達し、しかも増えている。これも後述するが、彼らが必ずしも均質的集団でないことを物語っている。

ここではしばし、マグレブ、アフリカ、トルコという非ヨーロッパ系移民に注目したい。

CSP上の位置からみると、「労働者」率は、アルジェリア四一%、モロッコ五一%、トルコ六四%、アフリカ三八%と、ヨーロッパ系におけるイタリア三二%、スペイン三二%をかなり上回っている。ポルトガル系だけは、五〇%と例外的に高い。不熟練労働者率でも、トルコ三〇%、モロッコ二七%と、低いとはいえない（INSEE, 2005：155）。

以下のことも知っておきたい。BTP（建設土木）は、移民の担う「古典的」就労分野であるが、そこには統計にじゅうぶん表れない労働者が多く吸収されている（日本でも同様だが）。この分野では二重、三重の下請け、孫請けの関係があって、大手企業の支配下にある労働者の三〇―五〇%はいわゆる外部労働者であり、そこに「サン・パピエ」、「フォー・パピエ」（偽造書類所持者）が少なからず含まれている。報じられたある事例では、マリ人の一労働者は非正規のまま、これまで八年以上もイル・ド・フランス地方のさまざまな建設土木現場で求められ、働いてきて、

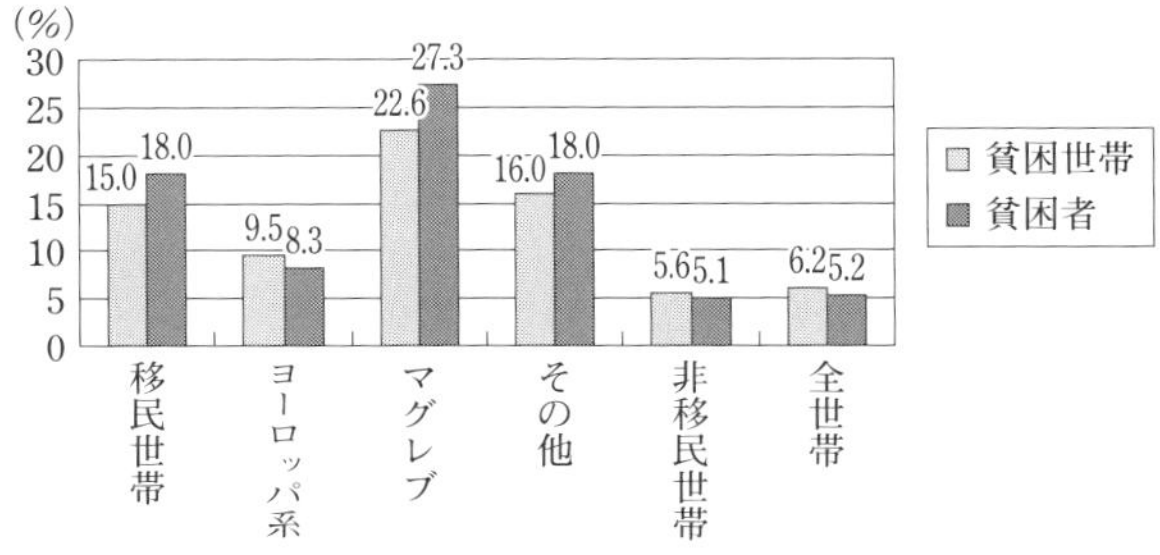

図 3-1　貧困世帯・貧困者（移民集団別，2001 年）

複数の現場の入構許可証ももっている。そして仲間と共に、デファンス地区にある大手建設企業本社前で「われわれサン・パピエを正規化せよ」というスローガンを掲げ、デモを行なった[2]。建設グループを統括する経営者は、彼らに頼っていることを認めるが、正規化への協力を求められても言を左右にし、現状維持を図ろうとする（*Le Monde*, 2008/9/6）。これは賃金コストを抑え、かつ景気の調節弁を確保しておく必要からにほかならない。非正規者は五〇万人とも七〇万人とも推測で数がはじかれるが[3]、その半数程度は就労し、雇用統計に現れない労働者の底辺層をかたちづくる。

ここで、操作的手続によるが、「貧困」（金銭的貧困 pauvreté monétaire）という角度からとらえられる状況をも一瞥しておこう。ＩＮＳＥＥの提示するデータでは、この観点から移民と他集団との比較が試みられている（INSEE, 2005 : 137）。これは年間収入がある閾値に達しない世帯を「貧困世帯」とするもので、その値は、全世帯の収入の中央値の五〇％と定義されている。その貧困世帯に属する成員個々人が「貧困者」と呼ばれる。**図３－１**にみるように、貧困世帯率はマグレブ系で目だって高く、ヨーロッパ系の二倍以上になる。これは前記の労働者率、失業率などとの相関を予想させるものである。正規雇用の場合でも移民の平均賃金は、フランス人男子のそれの九〇％、女子のそれの八七％となっており（Glaude et Borrel, 2002 : 115–116）、パートの場合、いっそう差が開く。「貧困者」をとってみると、マグレブのそれはヨーロッパ系の三倍以上へ跳ね上がるが、これはなぜか。おそらく平均して前者の世帯人員数が多く、さらに若年者のウェイトが高いことの現れであろう。貧困世帯割合は、移民たちの地位を総合的に表示する一指標であり、このパーセンテージはマグレブ系を際立たせており、次節でみる失業率の移民集団ごとの数値ともほぼ符合をみせている。

なお、地域別の状況に一言すると、移民の失業は都市化のなかの問題地域（たとえばＺＵＳ）で高くなるが、地域圏でみるともっとも高率なのは南仏のラングドク＝ルシヨン（九九年国勢調査で二九％）であり、これにプロヴァンス＝コート・ダジュールなどが続く。大きく弧を描いた地中海沿岸ベルトの一帯がそうなのである（Dumont, 2008：18）。これはアフリカ大陸からの移民たちが、産業的には相対的に低開発な、雇用創出力の高くない地域に定着しているというフランス的特徴、かつ問題を表している。同時に、ここがゼノファオビア（異邦人恐怖）の感情の作動しやすい地域であることも忘れてはならない。

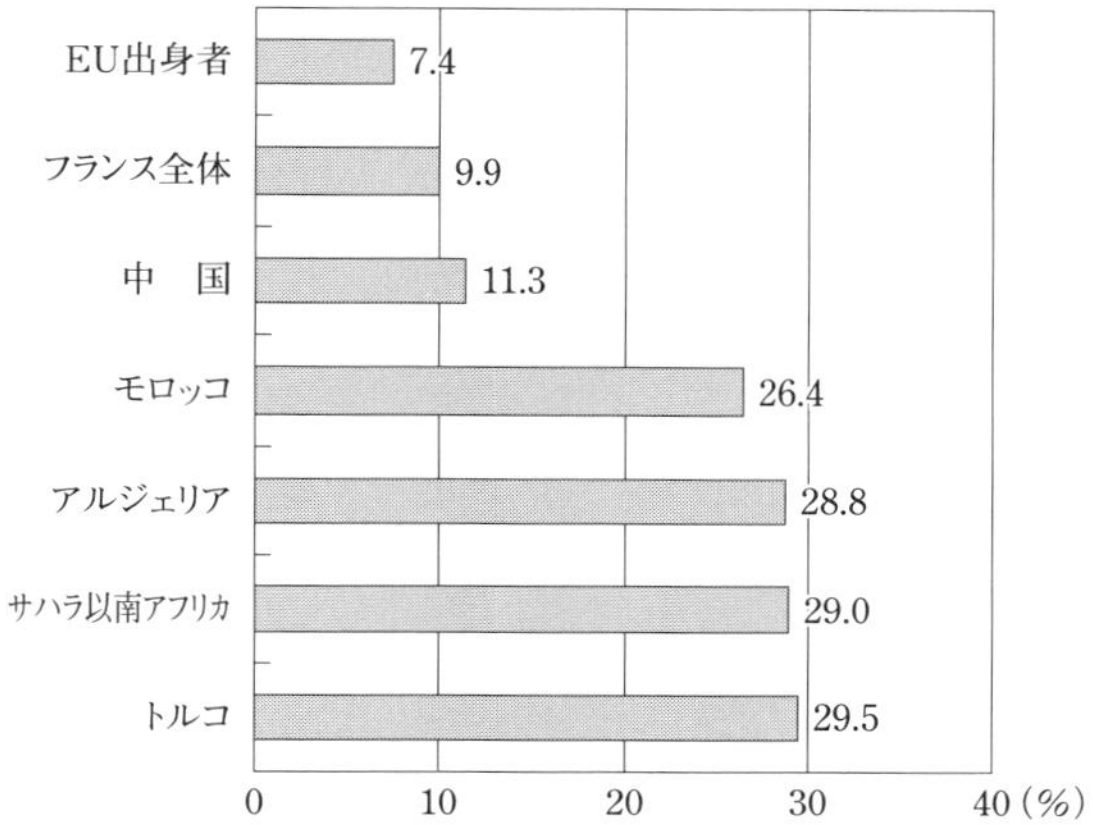

図 3-2　移民集団別の失業率（2003-05 年平均）

4　高失業とディプロマ水準

グロードとボレルは移民の雇用状況を総合的に検討し、彼らの労働市場内の劣位は、その労働条件、特に低いその賃金よりも、むしろ雇用へのアクセス困難、つまり「入職バリアー」の存在によるところが大きいと推定する（Glaude et Borrel, 2002：116）。これに同調する見方は多い。

図３－２は、二〇〇三―〇五年平均の失業率を、移民集団ごとに示したものであって（Dumont, 2008：14）、その格差の大きさにはあらためて驚かされる。フランスの失業は他のＥＵ諸国に比べても高率で、若年者の率が「異常に」高いこと、六カ月以上の長期の失業者の占める割合が高いこと、がかねて特徴としてあげられてきた（岡、一九九

九：一八一―一八二）。移民の場合、それらの特徴を共有しながらも、さらにその率が高く、なかでも明瞭な事実は、マグレブ系、アフリカ系、トルコ系のそれがきわだって高率であり、かつ失業が長期にわたることである。同じ移民でも、公共職業紹介所（ＡＮＰＥ）に登録してから一八カ月後に雇用に戻れる率は、非ヨーロッパ系では一五％も低いとされる。この高失業は、何らかの程度主観的要因（後に触れる）によるとしても、構造的諸条件による説明を必要とする。

では、職業資格と結びつくディプロマ（教育修了証）の有無についてはどうか（第5章も参照）。

トルコ系の場合、低ディプロマと高失業との関係はかなり直接的だといえる。彼らは、マグレブ、アフリカ系とも異なり、仏語圏出身でないうえ、一九六九年発効の二国間協定で初めてフランスの土を踏んだいわば新参移民であって、その出国の遅さは、トルコ東部の農村部出身者が多いことを物語る。なお、トルコ系のうち、難民として受け入れられたクルド系が推定五％程度を占める。第一世代はもちろん、第二世代でも教育レベル、言語能力にハンディがあり、求職に制約を負っていることは諸種の調査に表れている。

マグレブ、アフリカでもディプロマが低位なのだろうか。筆者は別の機会に、マグレブ、アフリカ系移民のディプロマ取得状況の「分極化」について論じたが（宮島、二〇〇六ａ：一一〇―一一二）、それは、彼らが押しなべて低水準にあるのではなく、バカロレアさらに高等教育修了者も一定程度は含んでいるという点にある（一般に植民地出身移民にはこうした分極化がよくみられる）。それゆえ階層分化の兆候もうかがわれ、学校的・社会的成功者でＣＳＰ上でカードルに属する者も、たとえばマグレブ系第二世代「ブァール」のなかに見いだされ、すでにその事例研究もある（Geisser, 1997）。それが前記の傾向も説明してくれる。他方、フランス平均よりかなり高い、四―七割の「ディプロマなし、またはＣＥＰ（職業教育証書）」層（日本でいう義務教育修了程度に当たる）を含んでいるという事実も、ほかならぬ分極化の意味するところである。第一世代移民をとると、職業資格に結びつく学校教育を経験していない者が実に七〇%程度を占める。

もっとも、それは文化資本のみに還元できる問題ではない。ＦＡＳＩＬＤのような重要な機関[4]が移民の若者の雇用アクセスの困難の実態を問おうと、パリ郊外サン・ドニ市の職業リセを調査の対象としたことは注目される。それによれば、移民の生徒たちの側、そして指導にあたる学校・教師側にさえ、彼らの将来の雇用アクセスの困難が予測のなかに入りこみ、学習の努力を動機づけることができず、挫折する生徒が多いと報告している（FASILD, 2003 : 86）。つまり「入職バリアー」の存在が動機づけに影響するという悪循環なのである。

「ディプロマなし、またはＣＥＰ」層は、今日の労働市場では、新規に正規雇用に就くことはまず困難といわれる。他方、バカロレア以上のディプロマ取得者は、アフリカ系で四〇%以上、アルジェリア、モロッコでも二〇%台半ばには達している（トルコ系ではあきらかに低い）が、それは彼らの雇用へのアクセスを容易にするだろうか。ことは単純ではなく、二〇〇〇年のある調査によれば、フランスにおける非ヨーロッパ系外国人の失業者の内の約二〇%は、バカロレア以上のディプロマの保有者だった（Deneuve, 2002 : 379）。

5　人種・民族差別のバリアー

低学歴者はもとより、相対的に高学歴・高ディプロマである者でも、雇用へのアクセスが容易ではないこと、これが特にマグレブ、アフリカ系にみられることは経験的にも知られ、指摘されてきた。かつてマグレブ系労働者については、その底辺的位置を、フランス内の「差別のメカニズム」以上に、彼らの教育・技術水準の圧倒的低さに帰する見解があったが（福田、一九八〇：九五）、はたして世代交代も進んでいる今日、この論は妥当するだろうか。

同じレベルのディプロマをもっていても、フランス人、ヨーロッパ系移民にくらべ、相応の職への採用が阻まれやすいという事実は、ほかならぬ差別の存在を意味しよう。ＦＡＳＩＬＤが特にマグレブ系若者に焦点をあて、二〇〇

表3-2　雇用差別は何によると思うか（対象者の判断，複数回答）

（%）

	姓名	肌の色	アクセント	住所	性	かっこよさ	身体状況	年齢	家族状況	教育レベル	民族宗教出自
南　欧	11.3	3.4	2.0	18.4	33.3	8.7	13.9	12.4	3.9	4.7	6.5
フランス	4.9	6.7	3.8	10.3	40.1	10.1	8.8	16.5	3.9	8.6	1.0
マグレブ	71.8	37.5	3.3	12.8	12.6	7.6	7.3	2.0	0.4	1.1	16.2

一年から数年にわたり、職業的編入と差別の関係を問う調査を実施したのも、事態の重大さの認識にもとづいている。

その調査結果は、個人面接のケースについて一部をすでに紹介しているが（宮島、二〇〇六a：一一九―一二三）、大量のサンプルを扱った定量的質問紙調査でも、差別経験が表明されている。すなわち「一九九八年以降の職業経験のなかで、少なくとも一度は雇用差別の犠牲者になったと思うか」という設問に対し、マグレブ系青年の三三・七％は「ウィ」と回答している（比較のために尋ねた南欧系の移民青年では九・六％）。そして、「その差別は、次のどれによるものと思うか」というサブ質問には、表3－2のように答えている（FASLID, 2005 : 196）。

ここには、実際の経験に対する青年たちの主観的なウェイトづけが反映している。マグレブ系にとっては、性や年齢や教育レベルを理由とする採用拒否があったにしても、それよりも姓名、肌の色、住所、民族・宗教による差別がはるかに重く受け止められ、エッセンシャルなものと感じられている。「年齢」や「教育レベル」という理由づけは、しばしば間接差別の一形式と感じられているのかもしれない。じっさい、同調査がケーススタディで捉えている当事者の声も、自分たちがアラブ系の名前をもち、よく知られた移民多住街の住所（たとえばマルセイユ市の「ノール地区」内）をもつため、いわば門前払い的に面接から排除されたのではないか、とこもごもに語っている。事例面接で、アルジェリア生まれで、情報学の専門ディプロマをもつアキム（三〇歳）は訴えている。自分は最近パリでようやく職を得たが、かつて南フランスのニース市一円で職を探した時には、二〇〇通もの履歴書を書き、送ったにもかかわらず、企業の肯定的反応は皆無だった。「電話をかけて相手とよい感じの接触ができても、姓名を名乗ると、早々に切られてしまった」（FASILD, 2005：95）。先に述べた地中海沿岸ベルト地帯の移民の高失業率の背景を示す一つの例証といえる。

二〇〇五年秋のパリ郊外の「暴動」の直後にも、若い移民たちから応募の履歴書に記された姓名、住所によるとみられる企業によるア・プリオリな排除（面接拒否）があることが、さまざまに訴えられていた。〇二年三月四日法（包括的な差別禁止法）は、「姓」（patronyme）を理由とする差別もはっきり禁じていたにもかかわらず、である。そのはるか以前のある研究で、改姓の希望者がもっとも多いのは、求職の問題に直面するマグレブ系の個人であることが指摘されていたこと（Lapierre, 1995）も、思い出しておきたい。

6　第二世代、そしてジェンダーと労働市場

一九九九年の国勢調査から移民の人口ピラミッドをみてみると、フランス全体の人口に比べ、あきらかに青壮年人口がふくらみ、かつ五〇代前半と三〇代という二つの山がみられる。後者の山には出身国生まれ第二世代（幼児期に来仏）が相当割合を占めているとみられる。これに人口ピラミッドに現われない第二世代、つまりフランス生まれの移民子弟を加えると、二〇—三〇代の山はもっと突出すると考えられる。これまで述べてきた失業あるいは雇用差別の矢面に立たされるのは、いまでは主に彼ら第二世代である。

一般に若年者の労働市場参入が困難であることはヨーロッパ、とくにフランスの特徴として強調される。要因としては、企業側が採用において就労経験を重視する傾向が強いこと、また、「労働市場の硬直性」（長部、二〇〇六：一三三）ともいわれるように、先任権が厚く保護され、解雇や配置転換が容易に行なわれがたいことなどが指摘され、青年がその犠牲者だといわれる。そのなかで、移民の青年たちはさらに独特の条件を負っている。

事実としては、一六―二九歳という年齢幅では、失業率はたとえばアルジェリア系では一九八二年の三八％から九〇年の四五％へと上昇の途をたどっている（Silberman, 2002 : 302）。これは、製造業雇用が削減されるなか、ディプロマなしで離学し、雇用に就けない者、バカロレア取得者で低熟練労働市場を避け、しかし結果的に適切な職に就けない者、などの増加を反映していよう。

彼らは幼児期に来仏したか、またはフランスで生まれ、この国で主たる学校教育を受けている。それだけに親に比べ仏語能力、フランス社会の知識、そして価値や権利の内面化では進んでいるが、学業的成功となると困難は大きい（5章も参照されたい）。第二世代の社会的統合に懸念をいだく国民教育省は、移民家族に属する生徒たち一万六―七〇〇〇人規模の、パネル法を導入した調査を九五年、〇二年と実施した。その結果をみてみると（Caille, 2005 : 11-22）、進学への抱負は積極的に語られるものの、中等教育に進む場合、多くは職業リセであり、普通課程修了者（普通バカロレア取得）は〇二年の数字では二七％にすぎない。その他、親、係累にフランスの中高等教育経験者がいないなど、社会的資源もめぐまれてはいない。その出身階層の八〇％が（母国でも十分な教育機会をもてなかった）労働者であるとき、文化的再生産の仮説によるまでもなく、一般にホスト国の学校での成功は容易ではない。

一方、次のような意識の特徴も指摘される。親の従事した不熟練労働には就きたくない、親世代が忍従した職場やシテでの屈辱的扱いには甘んじたくない、という意志が表明される（Y・ベンギギ監督の映画『移民の記憶』[5]の中の第二世代の語りの印象的シーン）。これは、特にアルジェリア系を中心とした旧植民地出身の若者に強い。そしてそれは、彼らの労働市場への参加行動に矛盾した交叉圧力をおよぼしがちである。学校内の観察では、移民子弟の生徒たちは、父と同じような「労働者的条件」での労働市場への参加をはじめから「絶対に」拒絶する者が半数以上に達する（表3-3）。そして事務、技術などを希望するが、しかし彼らの学業達成がそれに対応していないことが少なくない。このため、「労働者」職の拒否の意志と、学歴・資格の不十分という理由による他からの拒否の狭間に立

表 3-3　親の就いている（就いていた）仕事をどう思うか（2002 年）　（%）

	興味がある		同じことを絶対したくない	
	非移民家族	移民家族	非移民家族	移民家族
男　子	19	8	28	48
父は不熟練労働者	15	2	44	54
父は熟練労働者	16	6	32	50
その他の職業	21	17	24	36
女　子	14	6	34	52
母はサービス従事者	15	9	33	53
母は労働者	7	2	46	62
その他の職業	15	9	32	43

注：回答者は生徒たち.
出典：INSEE（2005：21）より作成.

たされることが多くなる。

以上は第二世代が失業にいたる過程の一部を説明するだろうが、といって過大視すべきではない。むしろ多くの指摘、証言があるのは、若者たちの求職行動への企業側の差別的対応であって、それを抜きに高失業は説明できない。彼らが出会っているのは、メディアやポピュリズム政治勢力などがつくる「イスラーム」や「アラブ」の否定的なイメージと、それを共有する企業側の対応であろう。その場合、どんな理由づけがとられるかはすでに前節で触れた。雇用アクセスのバリアーがおそらく最大であるマグレブ系に向けられるフランス社会側の否定的反応については、4 章でも触れるように、歴史的文脈、社会学的事実、そして独特のイデオロギー構築などによる説明が欠かせない。

女性の労働市場上の位置は、失業率でみると、しばしば男性以上に厳しい。アルジェリア系、アフリカ系の女性のそれは各々三〇%、二三%を記録し、男性を五―八%も上回っている（INSEE, 2005：111）。移民の有業女性の約二割が労働者、約五割が事務およびサービスという配置になるが、もともと女性のブルーカラー職種に限定があるうえ、事務、サービスも十分に門戸が開かれていないことによる。家事労働、清掃、ホテル・レストラン・病院などのサービス労働などを除き、事務・サービスのより上位の職が開かれていないとすれば、若い世代では不満感がつのるだろう。

男性に劣らず中等教育以上の学歴資格をめざし、志望を尋ねられれば男性以上にカードル・専門職・準専門職志向の高い彼女ら（Caille, 2005 : 19）は、不本意な失業者となっていよう。マグレブ系やアフリカ系では、家事をもっぱらにし職をもたないという母親像があるが、これに反発し、自立のために職をもつという心組みが一〇代、二〇代の女性では一般化している。労働市場の狭さ、女性ゆえの困難、民族差別の複雑な絡まりあいを感じている女性は少なくない。

7　社会統合の危機という観点から

安定した雇用に継続的に就き、かつそれが社会移動への可能性も開くこと、それは定住移民の社会的統合の基本的な条件の一つである。行為者としてみれば、彼らが経済的に自立し、社会的所属感と自己実現感をもてることを意味する。しかし、フランスで九〇年代に押し出された「統合」の理念は、文化的統合に傾斜し、この社会的統合を二の次にしてこなかっただろうか。これは、近年、G・ノワリエルらが正面から批判する点である（Noiriel *et al.*, 2005 : 6)。じっさい、高等統合審議会（ＨＣＩ）の見解は、「統合」とは最終的には「文化の問題」（affaire de culture）であろうと述べているが（HCI, 1992 : 33)、これに対して、「文化的には統合されているのに、社会的に統合されていない、それこそが問題ではないか」という反論が彼ら当事者からも聞かれる。

望む正規雇用に就けないことが繰り返し経験されたあげく、大学に登録し、年に数カ月の臨時雇用《アンテリメール》に就くといった適応戦略をとる者も多い。この場合、失業は一見潜在化するが、問題は先送りされているにすぎない。三〇％から五〇％の移民出自の若者がそうなのだが、失業あるいはそれに近い状態にあり、しかも長期化しているとき、それは被社会的排除状態をもたらす。パリに拠点をもつ一支援団体への筆者の聞き取りでは、マグレブ系を中心に、定職に就けず、部屋を借りることもできず、二〇代後半になっても親許に同居をつづける青年が多いこと（これに対し南欧移

写真 3-1　パリ市 18 区の裏通りにて

民の青年たちはフランス人と同様でほとんど親許を離れる）、学校を出て以来一度も正規雇用に就けず、企業、労組、職場仲間などの社会的繋がりがもてず、孤立している者が少なくないこと、が語られた。

　では、どのような社会統合政策を、か。これは現状分析を旨とする本章の課題を超えている。一般に若年者失業が深刻な問題であるとの認識は、国家、社会に広くもたれ、さまざまな失業者対策、雇用促進政策は行なわれている。企業、それも大企業のなかに、政府によって打ち出された「希望の郊外」（Espoir banlieues）計画（終章参照）に協力を表明し、ＺＵＳの郊外の移民青少年のなかにこそ有能な人材が隠されているとし、数字を挙げてＺＵＳからの採用計画を語るものもある（*Le Monde*, 2008/6/20）。しかし、それはごく一部の動きで、その成果はあきらかではない。

　移民、わけても非ヨーロッパ系移民グループ（マグレブ系、アフリカ系、トルコ系）が犠牲となってきたという、四半世紀以来の変わらざる事実（Fitoussi *et al.*, 2004 : 236）があるかぎり、機会均等の強調や、差別禁止の立法だけではなく、「平等の衡平化された形式」（forme équitable de l'égalité）といわれるポジティヴ・アクションが効果的に作動されなければならない、と考えるのは妥当だろう。たしかに職業訓練、ディプロマ取得のための再教育などが、国や社会行動基金（ＦＡＳ）によって実施されてきた。移民の就職をバックアップする保証人を設ける〝後見親〟制度（parrainage）も一部自治体で行なわれ、ジョスパン政権時代には政府レベルでもこれを進めることが検討されている（Batail, 1997 : 113–114）。

だが、これらの政策を行なうにせよ、これまで行なわれたことのない企業の雇用の監視、義務づけへと進むにせよ、優先処遇を行なう対象集団を具体的に指定することへの抵抗が、この国では大きい。ポジティヴ・アクションの一九八〇年代以来のフランス的定型は、「領域化」、すなわち、集団指定ならぬ地域指定の形式なのである。(6) だが、こと雇用が問題となるかぎり、地域指定では、雇用者としての事業所を的確に対象とすることができず、不十分なものとなる。後者の雇用状況の監視にまで進むには、視野の転換が必要であるが、それには多くの抵抗があるようである。だが、現在の社会的統合の危機に照らせば、時間的猶予はあまりないはずである。

なお、非正規外国人移民の正規化の条件が厳しさを増していることにも注意したい（10章参照）。この状態がつづけば、劣悪かつ不安定な条件で働く外国人労働者のアンダークラスが固定的に形成されかねない。

（1）　ouvrier には本来、熟練技能も含めてマニュアル作業に携わる者という意味があり、同時にやや別の文脈で労働運動の担い手という積極的意味も込められていたが、二〇世紀後半には従来的な熟練の解体が進み、工場のラインや建設現場で働く特段の技能をもたない賃金稼得者を指すことが多くなる。

（2）　雇用関係を結び継続的に就労している非正規者は、申請があれば正規化するという伝統がフランスにはある。この申請のためには雇用主の証明や推薦が必要であり、その協力がしばしば不可欠となる。

（3）　長い陸続きの国境をもち、かつシェンゲン領域内にあるフランスでは入国外国人数の把握はほとんど不可能であり、かつ出国者統計をもたないため、不正規滞在者の推計値は発表されたことがない。

（4）　ＦＡＳＬＩＤのフル名称は「統合および差別との闘いの支援のための行動基金」。前身は「社会行動基金」（ＦＡＳ）であり、さらにたどれば、アルジェリア戦争時に設立された移民支援基金である。国の全面的な出資により、年間活動は議会の承認を要する。なお、同基金は現在さらに名称をＡＣＣＥに変えている。

（5）　一九九七年製作（日本語字幕版、パスレル）。アルジェリア系移民および関係者の言説を記録、編集したルポルタージュ作品。「父」、「母」、「子ども」の三部からなる。この第三部で子どもの眼に映じた労働者父親の姿が語られる。

（6）　「都市政策」の名称をもつ種々のポジティヴ・アクションは、高失業率などの指標にもとづき優先「地域」（zone）を指定し、そのなかで雇用の創出に努める企業に減税措置を認めるといったことを行なうが、これは特定集団にたいする優先処遇という点では不十分な措置であることは明らかである。

4章 宗教・参加・排除

ムスリム系移民の社会的位置とその行動

浪岡新太郎

1　ムスリム系移民はフランス市民になれないのか

ムスリム系（イスラーム国からの）移民はフランス市民（政治共同体のメンバー＝フランス国民）になれないのだろうか。現在、フランスにはマグレブ諸国（アルジェリア、チュニジア、モロッコ）出身者を中心に、ヨーロッパで最多の約三七〇万人のムスリム系移民が定住している(1)。彼らの多くは低所得者向け団地ともいわれる適正家賃住宅の集中する「郊外」に居住し、長期的な失業、学歴の低さなどから社会的経済的に周縁化されているだけではなく、礼拝などの宗教実践の有無にかかわらず名前や肌の色からムスリム（ムスリムとしてのアイデンティティを表明する）と見なされ差別され、そのシティズンシップが疑われている。

しかしながら、彼らのなかにはすでに第二世代になっている者も多く、国籍法で出生地主義を認めるフランスにおいては、国籍を取得している者も少なくない。つまり、「ムスリム系移民はフランス市民になれないのだろうか」という問いは国籍の有無を問うているわけではない。国籍上はフランス市民である第二世代は、何を理由として「移民」と一般に呼ばれ続け、「フランス市民になれない」といわれるのだろうか。

政治共同体と市民との関係がシティズンシップと呼ばれる。シティズンシップには「自由で独立した個人による国民国家との契約的側面（権利義務関係）」と「国民国家への帰属意識」という場合によっては矛盾する二つの側面があり、後者は前者の前提条件となっている（岡野、二〇〇三：四一—四九）。ムスリム系移民の特に第二世代は国籍を取得していることで前者、すなわち公民権、政治権、社会権といった権利を法的に保障されている場合でも、後者を欠いているのではないかと疑われている。つまり、国籍の有無にかかわらず、彼らは帰属意識に関して、「フランスという政治共同体への帰属意識（本章では市民アイデンティティと呼ぶ）」と「イスラームへの帰属意識（本章ではムスリムアイデンティティと呼ぶ）」が対立する際には市民アイデンティティをムスリムアイデンティティより下位においているのではないか、と疑われているのである。

両アイデンティティの対立が特に論じられるのは、フランス共和国の基本的価値である、公的領域の非宗教性（政教分離：ライシテ）をムスリムアイデンティティをもつ者は認めないのではないか、という点についてである。一九八九年にパリ郊外で生じた「イスラームのスカーフ事件」はこの対立を象徴している（林、二〇〇四）。

これは、第二世代の女子生徒がイスラームのスカーフ（ヒジャブと呼ばれる）を着用して公立中学校の授業に参加することが、教師によってライシテに反すると判断され、拒否されたという事件である。この事件は〈公立中学校という公的領域の非宗教性を維持しようとした教師〉と〈ヒジャブの着用によって非宗教性を侵害しようとした女子生徒〉との対立として全国メディアなどで紹介され、一部の哲学者は共和国の基本的価値を損なうことになると強く主張し、ヒジャブ着用を認めることに反対した。

ムスリム系移民の排斥を明確に主張する極右政党の勢力拡大を背景に、八〇年代半ばから、第二世代はムスリムであるがゆえにフランスの基本的価値を受け入れられないにもかかわらず、国籍だけをもつ「ペーパーフランス人」になっているのではないかと政界、メディアで議論されるようになっていた。この議論は出生地主義の維持の正当性をめぐる国籍法論議につながる。そしてスカーフ事件をきっかけに、八九年には統合モデル（シティズンシップのあり方）について論じる公式機関である「高等統合審議会（ＨＣＩ）」が成立した。

ＨＣＩは統合モデルを次のように定義している（HCI, 1992：18–19）。モデルは法的枠組みに基礎を置くので、国籍取得をシティズンシップの獲得と見なす。また、市民とは単一で不可分の非宗教的な共和国のメンバーを意味するので、さまざまな属性をもつ諸個人は「市民」としては、共通の価値に従い、法の下で平等に、その出自と無関係に扱われる。このモデルの定義から市民アイデンティティの特徴として、①〈法の下の平等〉、②〈エスニックな属性の法的非認知〉を見出すことができる。

このモデルは私的領域と公的領域を区別し、個人の多様な出自の表明を私的領域にとどめようとする（中野、一九九六）。そのことで公的領域は出自から自由な市民が共通の価値に従って平等に扱われる「市民」としての領域となる。このモデルは国籍法における出生地主義の擁護にも役立った。なぜなら、公教育による社会化が機能し、このモデルを個人が受け入れさえすれば、だれでもその出自と結びついた属性にかかわりなく市民になり得ることになるからである。

九〇年代以降、ムスリムアイデンティティを統合モデルに沿って規定するためにさまざまな施策が行われた。そして、二〇〇三年にはついに宗教儀式の実践に関する政府との交渉においてムスリムを代表する組織である「フランスムスリム宗教実践評議会（ＣＦＣＭ）」が成立し、二〇〇四年には「公立学校において宗教的標章の着用を禁じる法」、いわゆるスカーフ禁止法が成立している。しかしながら、第二世代を中心とした「ムスリム結社（ムスリムアイデンティティを対外的に明らかにした結社）」はこうした施策を批判している。

本章では、第二世代のムスリム結社がＣＦＣＭとスカーフ禁止法のどの点を批判するのかを明らかにすることで、第二世代におけるムスリムアイデンティティと市民アイデンティティとの関係を考察したい。その際、市民アイデンティティの二つの特徴、〈法の下の平等〉と〈エスニックな属性の法的非認知〉に注目し、まず、この二特徴の下での第二世代の社会的経済的排除、差別の様相を明らかにする。つぎに、この二特徴と第二世代の表明するムスリムアイデンティティがどの点で対立するのかを明らかにする。最後に、どのようにＣＦＣＭとスカーフ禁止法が二特徴の下でムスリムアイデンティティを規定し、これがどのように第二世代のムスリム結社に批判されたのかを考察する。

2　マグレブ諸国からの移民第二世代の排除と差別

第二世代の社会的経済的排除

一九七四年七月に新規外国人労働者の受け入れが停止された。それまでに入国した移民第一世代の存在は、何よりも低賃金の労働者として見なされることが多かった（Wihtol de Wenden et Leveau, 2001）。そして、彼らのムスリムアイデンティティと市民アイデンティティとの対立が特に警戒されることはなかった。むしろ、工場などではそのムスリムアイデンティティが労働の効率性を上げるものと考えられ、祈禱所の設置などを工場側が提供する場合すらあった（Kepel, 1989 : 154）。彼らは工場周辺の低所得者向け団地が集中する郊外に家族を呼び寄せて居住するようになる。

社会党が政権に就く一九八一年から、郊外における第二世代が問題として論じられるようになる。同年、リヨン東部郊外において、第二世代の若者が盗んだ車を乗り回し、火をつける行為（「ロデオ」と呼ばれた）が全国メディアで大きく取り上げられた。この事件をきっかけに、学歴が低く、長期の失業状態にある暴力的な第二世代の姿が政治的社会的に注目された。

フランスにおいてはもともとフランス国民に比べて外国人、特にマグレブ諸国出身者の失業率がきわめて高い。一九九九年の国勢調査によると、一五歳から二四歳のフランス国民の失業率は一八％であるのに対しＥＵ加盟国外の国籍者の失業率は三七％に上る（Conseil économique et social, 2001 : 63）。スペイン、イタリア、ポルトガル国籍者と比べてマグレブ諸国の国籍者では四倍以上の失業率を記録している（INSEE, 2005 : 111）。たしかに彼らの学歴はフランス国民平均よりも低い傾向がある（*ibid.* : 94）。しかし、この差は学歴の低さのみに還元できるものではない。「国立統計経済研究所（ＩＮＳＥＥ）」の一五歳以上を対象としたデータによれば、フランス国民平均と同等、もしくは優位の学歴をもっている場合にも、就職においてより多くの困難を抱えている（Conseil économique et social, 2001 : 66–67）。低所得のために彼らは郊外から移動することが困難であり、そのために郊外は、多くの移民を含む貧困層が集中する地域になっている（*ibid.* : 87–88）。

　これらのデータにはフランス国籍を取得した第二世代は含まれないが、以下のデータからは同じような傾向が第二世代にも想定される。第二世代を含んだ一九九二年の調査結果によれば、二〇歳から二九歳までのアルジェリアで生まれたか、もしくは両親の一方がアルジェリアで生まれている人々が最も高い失業率を示している（FASILD, 2003 : 32）。また、二〇〇五年に反人種差別団体ＳＯＳラシスムが就職斡旋会社において行った調査によれば、非ヨーロッパ系の名前をもつ者は平均して一・五倍ほど雇用されない確率が高い（SOS Racisme, 2005）。そのためにこの調査報告で、ＳＯＳラシスムは履歴書を匿名にすべきであると主張している。そして、二〇〇七年の人権調査機関の調査によれば、フランスで最も人種差別的な脅迫や行為を経験するのは（脅迫や行為の六八％と六〇％がそれぞれ該当する）マグレブ諸国出身者である（CNCDH, 2008 : 13）。

　彼らの社会的経済的排除は、低学歴などのハンディキャップに加え、肌の色や名前からマグレブ諸国出身であると見なされることなどからの差別によって生み出されている。さらに、八〇年代後半以降、実際に彼ら自身がムスリムアイデンティティを表明しているかどうかということとは無関係に、ムスリムと見なされることによる差別が多くなっている（CNCDH, 2005 : 136）。そしてマグレブ諸国出身であることを理由とする差別に比べて、ムスリムアイデンティティを理由とする差別は、市民アイデンティティとの対立性が主張されているだけに、正当化されやすい。

イスラモフォビア

八〇年代後半からイスラモフォビア（イスラームに対する恐怖、嫌悪）、またこれを理由とした差別が拡大している。「全国人権諮問委員会（ＣＮＣＤＨ）」の調査によれば、五〇％の人がカトリックを肯定的なものと考えているのに対し、二八％の人しかムスリムの宗教を何らかの肯定的なものと考えていない（CNCDH, 2008 : 76）。さらに、四八％の人がムスリムはフランス社会の中で他と区別された集団を形成していると考えている。宗教儀式の実践に関しても、たとえば、七七％の人がフランス社会での共同生活の観点から、ヒジャブの着用には問題があると考えている（*ibid.* : 88）。

ＥＵの差別監視機関である「ヨーロッパ人種差別・外国人排斥監視センター（ＥＵＭＣ）」の報告書『ＥＵの中のムスリムたち』（EUMC, 2006 : 85）によれば、フランスにおいて、ムスリムと見なされる人々に対する暴力行為、彼らに帰属する建物・財産に対する暴力行為、脅迫的な発言・態度、イスラモフォビアを表明するような書籍などが目立つようになっている。二〇〇五年には三五二件の北アフリカ出身者やムスリムに対する暴力や脅迫行為があったとされる。

では、イスラモフォビアはどのような特徴をもつのだろうか。ＥＵＭＣは英国の人権団体によって定義されたイスラモフォビアの八つの特徴的なイスラームの見方を引用している（*ibid.* : 72-73）。第一に、イスラームは変化しない一枚岩のものである。第二に、イスラームは明らかな「他者」である。そしてイスラームは他の文化と共通する価値をもたず、他の文化から影響を受けることも、逆に影響を与えることもない。第三に、イスラームは「西洋文明」よりも劣っている。原始的で野蛮なものである。第四に、イスラームは暴力的、攻撃的、脅威的なものである。テロリズムに走りやすく、文明間の衝突に向かいやすい。第五に、イスラームは政治的、軍事的な利益を引き出すための政治イデオロギーである。第六に、イスラームの名の下での「西洋文明」批判はまるごと否定されるべきである。第七に、イスラームに対する敵意によってムスリムに対する差別、ホスト社会からのムスリムの排除は正当化されるとみる。第八に、ムスリムに対する敵意は自然で正常なものである。

イスラモフォビアは、ムスリムアイデンティティを一方的、一面的に否定的に認識することで、ムスリムと共に生活することは不可能であるとして自分たちから分離し、彼らに対する差別を正当化しているといえる。

ムスリム系移民は社会的経済的条件、および地理的条件において、フランス人の大多数から分離されているだけではなく、差別、特にイスラモフォビアによって市民アイデンティティをもつことが不可能な存在として他の市民から分離されている。そのために、フランス共和制が主張する市民の〈法の下の平等〉は、社会的経済的分離による実質的不平等の経験と、〈エスニックな属性の法的非認知〉は、被差別の経験とそれぞれ対応しないので、移民（特に郊外に居住する第二世代）の目にはこの二つの特徴は形式的なものにしか見えない。

社会的経済的分離と差別に対する政策――都市政策、ブァール運動と反差別政策

フランス政府は第二世代の問題解決を念頭に、八〇年初頭から「都市政策（politique de la ville）」と呼ばれる一連の郊外向け政策を行った。都市政策は移民の多くが居住する郊外とそれ以外の地域との分離状況（失業率や外国人率などの格差）を解消することで第二世代の問題を解決しようという意図の下で実施された。そのために都市政策は二つのことを目的とした。適正家賃住宅団地の建て替え、企業の誘致などの「都市インフラの整備」および教育重点校の設置、結社活動への補助金などを通じた「市民の政治参加、デモクラシー、シティズンシップの実現」（Chabanet,

1999）である。

後者を実現するために都市政策は第二世代が中心となって行う非宗教的で反差別、平等を訴える結社活動（ブァール（アラブの意味）運動と呼ばれる）に莫大な補助金を支出した（Wihtol de Wenden et Leveau, 2001）。八〇年代初頭から半ばまで、反差別、「差異への権利」を特に訴えたSOSラシスム、移民の政治参加を訴えたフランス・プリュスはメディアで大きく注目され、そのメンバーの一部は政界へも進出した。

しかしながら、都市政策、ブァール運動も第二世代の差別の問題を解決することはできなかった。都市政策によって社会的経済的分離が大きく改善されることはなかった。特に差別に関して、都市政策は第二世代の被る差別問題をその地域に居住していることによる差別の問題と読み替えて、彼らのエスニックな属性を認知しなかった。そのために、そもそも、エスニックな属性に基づく差別に対して政策的に対応することはできなかった。

また、八〇年代半ばから第二世代が「ペーパーフランス人」として疑われるようになると、ブァール運動は自分たちが他のフランス市民と違わないことを強調するようになり、「差異への権利」に代えて〈法の下の平等〉、〈エスニックな属性の法的非認知〉を強調するようになる。

こうした二特徴ゆえに、フランスにおいて差別の禁止は一般的な注意喚起にとどまり、エスニックな属性を法的に認知し、特定のエスニシティを対象に反差別政策をとることは困難である。とはいえ、フランスにおいてエスニックな属性による差別が行政によってまったく認知されないわけではない（Berossi, 2007）。一九九六年にはフランスの法の下の平等の形式性がコンセイユ・デタ（国務院）によって問題視され、実質的平等の重要性が強調された（Conseil d'Etat, 1998）。さらに一九九七年のアムステルダム条約一三条は雇用、労働の場における差別を禁じており、フランスも反差別法を国内法化することになった。

一九九八年には移民をめぐる政策において「差別との闘い」がオーブリー労働連帯大臣（当時）の宣言のなかで強

調される。宣言は、第二世代の問題は彼らに実質的平等を十分に保障できない統合モデルの問題であり、それゆえにこれまでのモデルの見直し、さらなる寛容が必要であると主張した。この宣言は実質的な不平等の拡大を前に〈法の下の平等〉、〈エスニックな属性の法的非認知〉が形骸化していることを公的に認めたという意味で画期的であった。以降、さまざまな反差別の機関が設置され、二〇〇四年にはついに英国の「人種平等委員会」にならって「反差別及び平等のための高等機関（HALDE）」が設立されている。

しかし、二〇〇一年の九・一一事件、二〇〇二年四月の大統領選で移民排斥を主張する極右政党党首ジャン＝マリー・ル・ペンが二位になったことなどから移民に対する風当たりが強くなるにつれ、反差別への志向性はニュアンスを変えていく。「ナショナルな結合（cohésion nationale）」の重要性を主張した二〇〇二年一〇月一四日演説において、シラク大統領（当時）は「差別との闘い」を課題として維持してはいるものの、演説の焦点は第二世代を主として対象とした治安対策にあてられた（*ibid.*）。この中で大統領は市民と共和国との直接的関係、ナショナルな結合の重要性を強調することで、従来の〈法の下の平等〉、〈エスニックな属性の法的非認知〉を軸にした統合モデルの強化を主張している。

結局、イスラモフォビアに関して特に行政は対策を立てることはなかった。たとえば、〈イスラモフォビア〉はEUMCでもすでに広く使用されている概念であるが、この概念はムスリムというエスニックな属性を認知する概念であるために、内務省の差別に関する統計にも使用されていない。

都市政策、ヴァール運動、反差別政策も郊外の第二世代の社会的経済的分離、差別の問題を解決することはできなかった。こうした状況のなか、第二世代はどのようなムスリムアイデンティティを表明しているのだろうか。

3　ムスリムアイデンティティの意味と機能

ムスリムアイデンティティの多様性

二〇〇五年の調査によれば、約三七〇万人のムスリム系移民のなかで七〇％がマグレブ諸国出身であり、そのなかで二〇％前後が自分はムスリムではない、と主張している（Brouard et Tiberj, 2006：22-27）。また、アルジェリアからの移民第一世代の男性の三二％、女性の三五％、両親がアルジェリア生まれの第二世代の男性の一〇％、女性の一八％が規則的な宗教実践を行っている（Tribalat, 1995：96-97）。

移民第一世代は、出身国で実践されていた信仰形態を慣習としてフランスにおいて継続しようとする傾向がある。したがって、第一世代にとってムスリムアイデンティティは出身国とのつながりを確認させてくれる意味をもつ（Babès, 1997）。

第二世代の多くは社会的経済的排除、差別といった点で大多数のフランス人から分離されている。しかし、言語運用能力などの文化面ではフランスの文化に同化しており、出身国の文化を失いつつある（Tribalat, 1995）。第二世代の多くはイスラーム国で社会化されていない。八〇年代後半からヒジャブの着用や礼拝など、彼らのムスリムアイデンティティの表明が目立つようになる（Kepel, 1989）。彼らは出身国で社会化された第一世代のように慣習としてというよりは、自分の日常生活経験から個人の選択としてムスリムアイデンティティを表明する傾向がある（Babès, 1997）。

社会学者のF・コスロカヴァールは第二世代の行動がムスリムアイデンティティの表明によってどのように変化するのかに注目し、第二世代のムスリムアイデンティティを〈郊外の排除された男性ムスリム〉、〈中間階層の男性ムスリム〉、〈若い女性のムスリム〉に区別している（Khosrokavar, 1998, 2000）。〈郊外の排除された男性ムスリム〉の大多数にとってムスリムアイデンティティは経験する差別や社会的経済的排除から生じる否定的なイメージに抗して自分に肯定的なイメージをもつことを可能にし、暴力によって問題は解決しないことを理解しながら社会で生活していくことを可能にさせる。さらに少数の者にとっては、完全に世俗の世界と関係を絶ち、服装から食習慣にいたるまで預言者をまねて生活するなどしてイスラームの信仰に没頭することによって肯定的なイメージを自分に対してもつことが可能になっている(2)。

〈若い女性のムスリム〉の場合、男性に比べて家族からの拘束が強いので、暴力、逸脱行動に出ることは少ない。そのために、就職などを通じて社会的経済的に排除されにくい。彼女らのムスリムアイデンティティの表明は、ムスリムとして生活を規律するよう要求されがちな家庭内での自分の地位、家庭内でのこうした規律から自由な行動を期待される社会における地位との間の緊張関係との関連で考えられている。たとえば、学校におけるヒジャブの着用は、両親に着用を押しつけられているというよりは、個人の意思による着用によって両親から要求されるムスリムとしての生活規律に従いつつ、フランス社会で期待される学歴、専門知識の習得による自己実現を可能にするという戦略として考えることができる。そしてこのことによって家庭に閉じ込められているムスリム女性といったイスラームに関するフランス社会の否定的なイメージに対抗することができる。

つまり、〈郊外の排除された男性ムスリム〉とは異なって、彼女たちにとってムスリムアイデンティティの表明は社会的経済的排除というよりはむしろ差別への反応という側面をもっている。〈中間階層の男性ムスリム〉も彼女らと同じように差別への反応としてムスリムアイデンティティを表明する傾向がある。

第二世代のムスリムアイデンティティの表明には、社会的経済的排除や差別という実質的不平等の経験によって〈法の下の平等〉、〈エスニックな属性の法的非認知〉という市民アイデンティティの特徴が実感できないなかで、市民アイデンティティを保ち、生活していくことを可能にするという機能を見ることができる(3)。

どのようなムスリム団体があるのか

移民たちは、ムスリムとしてのどのような要求をフランス社会に対して行っているのだろうか。規則的に宗教実践を行うムスリムたちは、自分のムスリムアイデンティティを対外的に明らかにしながら、届出非営利社団もしくは宗教社団（ここでは共に「ムスリム結社」と呼ぶ）を結成している。(4) その活動は祈禱所の運営からオルタグローバリズム運動への参加まで幅広い。世代およびムスリム結社のイスラームについての意味づけから各結社を区別することができる。

ムスリム結社は第一世代が中心の場合、出身国ごとに構成されることが多く、祈禱所などの運営を活動の中心とする（HCI, 2001：28-32）。そのためにフランス全土に支部（もしくは関係の深い結社）を持つ全国結社であることが多い。出身国政府との関係を深くもっているムスリム結社も少なくない。アルジェリア移民を中心として影響力を持つパリモスク、モロッコ移民を中心に影響力を持つ「フランスムスリム全国連盟（ＦＮＭＦ）」、第二世代にも影響を与えているもののチュニジア移民が中心になっている「フランスイスラーム組織連合（ＵＯＩＦ）」がＣＦＣＭにおいて三大勢力となっている。

イスラームについての意味づけから、パリモスク、ＦＮＭＦを〈アイデンティティ団体〉と呼ぶことができる（Frégosi, 2006）。これらの団体は出身国政府の支持するイスラーム解釈の普及を行っている。ＵＯＩＦは〈宗教団体〉と呼ばれる（*ibid.*）。ここで〈宗教〉とは出身国の慣習、政府などと切り離されたものとしてムスリムアイデンティティの表明を考えるという意味で使われている。ＵＯＩＦは、現代のイスラーム復興運動で大きな役割を果たしているムスリム同胞団の影響を受けて、民族や学派の違いを超えてイスラームの普及活動を行っている。また、ＵＯＩＦは一九八九年のスカーフ事件以降、第二世代のヒジャブの着用を促すようなメッセージを発信してきたために、郊外で第二世代のムスリムアイデンティティの生成に大きな影響力をもっていると見なされ、政界、メディアなどで激しく批判されている。

第二世代は、出身国ごとにまとまらず、第一世代とは別に活動する傾向がある。多くの場合、活動の中心は自分の居住する地域（多くの場合郊外）での青少年向けのスポーツ活動など社会教育活動にある。そのために全国結社の支部という形式をとらずに、地域ごとに独立した結社（ムスリム地域結社）を構成し、ほかの結社とネットワークを組む傾向がある（浪岡、二〇〇七）。代表的なものとして「ムスリム青年連合（ＵＪＭ）」、ＵＪＭのようなムスリム地域結社のネットワークとして「フランスムスリムネットワーク（ＣＭＦ）」などが存在する。他に例外的であり、規模は小さいが全国結社としてＵＯＩＦ系の「フランス青年ムスリム（ＪＭＦ）」「フランス学生ムスリム（ＥＭＦ）」も存在する。したがって、一般のイメージとは異なり、その多くが地域単位で活動する第二世代のムスリム結社とＵＯＩＦは本部―支部の上下関係にはない。ＥＭＦ、ＪＭＦも創設時はＵＯＩＦ主導だったものの、現在は第二世代のムスリム地域結社と協働し、ＵＯＩＦと対立する方針を示すことが少なくない。

イスラームについての意味づけから、ＵＪＭらは〈社会政治団体〉と呼ばれる（Frégosi, 2006）。活動の中心は、国境を越えた、もしくはフランス国内での政治的社会的異議申し立てを行う運動である。この団体にとって「ムスリムであること」は街（特に郊外）において、〈社会正義〉というイスラームの倫理に基づいて社会的政治的に運動をすることを意味する（*ibid.*）。特に問題となる郊外の第二世代のムスリムアイデンティティの生成に大きな役割を果たしているのがこの団体である（Cesari, 1998 : 91-130）。

第二世代のムスリム結社

ＵＪＭらはそのムスリムアイデンティティの主張において、ムスリム同胞団創始者のハサン＝アル・バンナーの孫である、タリク・ラマダン（スイス国籍）をはじめとする知識人に依拠している。彼らのムスリムアイデンティティは、社会正義の名の下にフランス社会の変革を目指すメッセージを含むために、治安の観点から強く警戒されている。彼らは単にそのメッセージによって警戒されるのみならず、実際にメッセージに従って運動を行うために、〈宗教団体〉、〈アイデンティティ団体〉と異なり、郊外で頻繁に行政と衝突する。

その活動目的として主に次の三つが主張されている（浪岡、二〇〇七）。第一に、スポーツ活動などによる自己規律や学習補助などを通じて、失業や貧困、暴力行為、学業不振、差別などの郊外の第二世代が直面する問題の解決をはかること。第二に、講演会の開催や出版事業などを通して、彼らが考えるイスラームをフランス社会に普及しようとすること。第三に、第二世代の起業を応援するなどしてフランス社会の中で彼らの社会的上昇を促すこと、である。近年では郊外問題は経済的自由化のグローバル化に一因があると考えることから、世界社会フォーラムなどにも参加している。多くの場合、第二世代に限られず、地域の住民一般に活動は開かれている。彼らの活動は社会的経済的排除、イスラモフォビアなどによる差別といった実質的不平等に苦しむ第二世代がフランス市民として生活することを支援することを目的としている。

行政と第二世代のムスリム結社

フランスには中央集権の伝統があり、結社（アソシアシオン）はそもそも統合モデルの共通の価値に反しないように行政によって管理される傾向があった。そのために地方分権化、都市政策の内で地域住民の結社活動が奨励されてはいても、結社の役割は行政の計画遂行の補完的な役割にとどまることが多い（Ion, 1999）。第二世代のムスリム結社の行うスポーツ活動、学習補助などは非宗教的活動であり、公的補助金の支出対象となる。しかし、これらの活動は多くの場合イスラームの名の下に行われているために、彼らの公的補助金の申請はライシテを理由として拒否されることが多い（Cesari, 1998 : 117-120）。他方で、その考え方を政界やメディアから警戒されるＵＯＩＦなど第一世代のムスリム結社は、祈禱所の運営など宗教実践のための環境整備を活動の中心としているため、行政にそもそも補助金の申請をすることもなく、〈社会政治団体〉ほど実際に行政と衝突することはない。

フランス政府はこのような移民の側からのムスリムアイデンティティの表明に対してどのように対応したのだろうか。

4　CFCMとスカーフ禁止法

CFCM――宗教儀式の実践におけるムスリムアイデンティティの規定

(a)　ライシテとイスラーム

国家と宗教団体との関係におけるライシテの法律上の法源として、政教分離法が存在する。政教分離法、正確には「教会と国家の分離に関する一九〇五年一二月九日の法律」は、その一条において良心の自由と礼拝の自由を、二条において宗教の公認の禁止および宗教活動への公的補助金の禁止などを定めている。

同法によれば、政府が特定の宗教団体に対して特別な政策を行うことは原則的にはない[5]。しかし、ライシテは実際には政治を宗教の影響力から擁護するものというよりは、政治が市民の良心、礼拝の自由を保障するものとして考えられるようになってきており、行政は宗教社団に対して様々な対応を行っている。たとえば、行政は宗教社団に対して間接的に、宗教施設をもつ届出非営利社団に対して直接的に補助金を支出することが可能である（小泉、一九九八：一四一―一七四）。HCIは二〇〇一年に公刊した報告書『フランスにおけるイスラーム』（HCI, 2001）の中で行政が個人の宗教的自由の保障のために取り組むべき課題として、監獄における教戒師の雇用、墓地の確保、ハラール（イスラーム的に正しく用意された）精肉の確保、学校など公的機関における宗教的自由の範囲の設定などを挙げている。ムスリムのフランス本国への定住は近年であるために他の宗教宗派に比べて宗教実践を行うためのインフラを欠いている。そのために行政の補助が一層重要になっている。

しかし、一般的に行政はカトリック教徒に対しては信徒の宗教的自由の保障という観点から補助を積極的に行うのに対し、ムスリムに対しては政教分離の側面を強調し補助に消極的な傾向があった。たとえばパリ郊外エブリー市での大聖堂の建築に関して公的補助金が支出されているのに、リヨン大モスクの建築には公的補助金の支出は認められないのである（Ferjani, 1999）。そのために資金不足のムスリムは、祈禱所の建設のための資金供与をはじめ、イスラームの教導師（イマーム）の派遣など宗教実践において外国政府、イスラーム普及を目指す外国の団体に強く依存する傾向があった（HCI, 2001）。さらにムスリムはカトリック教徒、プロテスタント、ユダヤ教徒などと異なり、代表機関をもたなかったために行政と交渉自体が困難であった（*ibid.*）。

(b)　CFCMの成立[6]

八〇年代、移民のムスリムアイデンティティの表明は出身国が管理すべき問題と考えられ、外交問題の一部をなしていた。一九九〇年から宗教的自由の保障という観点から政府と対応を協議するムスリムの代表機関を設定しようとする動きが出てくる。しかし同時に、一九九五年のアルジェリアのイスラーム過激派によるフランス国内でのテロ行為に第二世代が関与していたことなどから、治安の観点から移民、特に第二世代のムスリムアイデンティティの表明を管理すべきだという考え方も強まる。

こうした状況を背景に、一九九七年からＣＦＣＭの設立が開始され、二〇〇三年五月に成立した。ＣＦＣＭは、外交関係への配慮をなくし、治安というよりはむしろ、国内に居住するムスリムの宗教儀式の実践に関してのみ宗教的自由の保障の観点からムスリムが行政と交渉するための代表機関としてシュベーヌマン内務大臣（一九九七年当時）によって構想された。設立過程は行政に強く主導されたものの、ＣＦＣＭのメンバーは原則として各祈禱所の代表者による選挙によって選ばれることになった。

〈法の下の平等〉をＣＦＣＭは実際の平等と結び付けようとした。すなわちＣＦＣＭ設立は、社会的経済的分離、イスラモフォビアのためにムスリムが経験する宗教儀式の実践に関する実質的不平等を是正し、ライシテの枠内で他の宗教宗派の信徒に実際に保障されている公的補助をムスリムにも等しく保障する試みである。

しかし、イスラームとの関係を宗教儀式の実践に特化したため、そのムスリムアイデンティティの表明が宗教儀式の実践に限られない、そして祈禱所の維持運営に積極的にかかわらない第二世代のムスリム結社を排除し、〈ライックな（ライシテを尊重する）ムスリム（musulman laïque）〉を生み出すことになった（浪岡、二〇〇五）。

(c)　第二世代のムスリム結社からの批判

第二世代のムスリム結社は〈エスニックな属性の法的非認知〉の形骸化に関して、行政主導のＣＦＣＭ設立を次の三点において批判した（同書）。第一に、カトリックにはそのようなものは要求されないのに、設立過程においてＣＦＣＭ設立にかかわる結社が人権の尊重、ライシテの遵守などについてあらかじめシュヴェーヌマン内務大臣（一九九七年当時）によって用意された文書に署名させられた点である。第二に、ＣＦＣＭの主要ポストは予めサルコジ内務大臣（二〇〇三年当時）によって指名されていた点である。第三に、出身国間の利害対立を乗り越えたとはいえ、ＣＦＣＭの選挙人の数は祈禱所の面積によって計算され、その運営者が代表者を選出することができるために、結果として出身国ごとに形成される傾向の強い第一世代中心の結社を中心としている、すなわち相変わらずムスリムアイデンティティを出身国との関係で把握し、第二世代のムスリムアイデンティティの表明に見られるような個人の自由な選択として考えていない点である。

また、ＣＦＣＭをめぐって、少数ではあるが、第二世代のうちに宗教実践の有無にかかわらず自らをライックなムスリムと主張する者が増えて、第二世代のムスリム結社と対立する（Frégosi, 2008 : 381-416）。彼らは、ムスリムアイデンティティを宗教的自由、宗教実践によってではなく、出自によって規定されるものと考え、市民アイデンティティとの対立の恐れから行政がより積極的にムスリムアイデンティティの規定にかかわるべきであると主張した。彼らは、行政がＣＦＣＭ設立においてＵＯＩＦを参加させたことを批判し、ＣＦＣＭはフランスの価値と対立し、ムスリムの宗教的自由の保障の観点からしても過剰なほどの譲歩をしているので、自分たちがムスリムと行政とが関係をもつ際に関与することでムスリムアイデンティティを監視する必要があると主張した(7)。

こうしたなか、スカーフ事件が対立を象徴する問題として再び注目され、公立学校におけるヒジャブ着用を禁止する法案作成の必要性が主張されるようになっていく(8)。

スカーフ禁止法——公立学校におけるムスリムアイデンティティの規定

(a)　スカーフ禁止法の成立

一九八九年以降スカーフ事件は法的にどのように解決されてきたのだろうか。公立学校におけるライシテの適用に関して、一九八九年一〇月、ジョスパン国民教育大臣（当時）はコンセイユ・デタに意見を求めている（林、二〇〇四）。コンセイユ・デタの意見は次の三点にまとめられる。①教育する側にライシテの原則が要求されるのであって、生徒には要求されない。②ただし、宗教的帰属の説明・表示は公役務である教科の実施、出席義務に支障を与えるもの（たとえば宣教的 prosélyte）であってはならない。③どのような宗教的標章が宣教的であるのかの判断は各校長にゆだねられ、学校間の不一致に関しては国民教育大臣が指針を示す。つまり、宗教的標章が意味するものを行政が問うことはなく、それが宣教的である場合にのみライシテの原則に反するとされる。ただし、事件における生徒の処遇に関する明確な法的根拠はなく、ケースバイケースでの対応が学校に求められていた。

そこで二〇〇三年にシラク大統領（当時）は法的根拠を与えるための法案作成の必要性について諮問するために「共和国におけるライシテの原則の適用に関する考察委員会」、いわゆるスタジ委員会を設立した。二〇〇三年一二月一一日に委員会は法案作成を提言し、二〇〇四年三月一五日に「公立学校におけるこれ見よがしな宗教的標章着用を禁止する法」が成立した。この法はその成立経緯からもヒジャブを明確に対象としており、「スカーフ禁止法」と一般に呼ばれている。スタジ委員会の報告書では、ムスリムアイデンティティと市民アイデンティティとの関係を念頭に次のようにライシテが規定された。

報告書は、ライシテの問題はナショナルアイデンティティの問題であると主張する（Commission de Réflexion sur L'application du Principe de Laïcite dans la République, 2003 : 6）。そのうえで、現在の社会、都市の状況はナショナルアイデンティティに対立する「共同体主義の論理」を促していると述べる（*ibid.* : 3-3）。そしてこの共同体主義の論理を「共和国への忠誠よりもある特定の集団への忠誠を優先させること」（*ibid.* : 45）と定義する。こうした共同体主義の論理を郊外で広めているのは「政治—宗教的共同体主義者集団」（*ibid.* : 46）であり、彼らは郊外の社会的経済的排除の状況を利用して「諸個人をこの集団が勧める共同体主義的な規範に従わせるために、諸個人に対する攻撃を戦略的にすすめている……」（*ibid.*）。

彼らの活動は中東などの国際環境の影響を受けて活発化している（*ibid.*）。ヒジャブはこうした危機を象徴するものである。「彼女たち（少女や女性）が決められた服装を身につけ、この集団（政治—宗教的共同体主義者集団）が解釈するような、宗教的教えを守るように圧力をかけられている」（*ibid.*）。

「少女たちは、さまざまな圧力、言葉の、精神的な、さらには肉体的な暴力などとして表現される性差別主義の登場によって被害を受けるだろう。男の子たちは少女たちに体を覆い、その性別をわからなくするような服装を身につけるよう、男性を見たら、目線を下げるように強制する」（*ibid.*）。

報告書によれば、公立学校はナショナルアイデンティティの危機、すなわちライシテの危機と闘うべき最前線である。「今日、問題となるのはもはや良心の自由ではなくて公共の秩序である。……未成年の少女に圧力がかかっており、少女たちは宗教的標章を身につけるように強制されている。学校空間は、彼女たちにとって、自由と開放の場であり続けなければならない」(*ibid.*：58)。

したがって、ライシテは危機にさらされており、この危機に政府は介入するべきである。この立場から、報告書は一九八九年のコンセイユ・デタのライシテ解釈を「宗教的標章の意味の解釈に入ることができなかった」と批判する(*ibid.*：223)。こうして、委員会は法案の作成を提言した。この委員会提案は、委員会メンバー一人を除く全員の一致で採択された。

報告書は、郊外でのムスリム結社の活動の拡大を〈共同体主義の拡大〉すなわち「ムスリムアイデンティティを市民アイデンティティよりも優先させること」と解釈し、〈法の下の平等〉、〈エスニックな属性の法的非認知〉を郊外住民に実感させるために、特にムスリムアイデンティティを念頭にヒジャブを規制した。

(b) 第二世代のムスリム結社からの批判

第二世代のムスリム結社はまさに〈法の下の平等〉の形骸化に関して、ヒジャブの着用が意味する属性のためにヒジャブ着用の生徒は教育を受ける権利を制限されるという、他の市民とは異なった扱いを受けることになる点を批判した(Bouzar, 2004：149-163)。

また、〈エスニックな属性の法的非認知〉の形骸化に関して、「スカーフ禁止法」という呼び名の通り、この法は特定のエスニックな属性を対象にしていることが明らかな点を批判した(*ibid.*)。そして、特に女性が中心となって構成する第二世代のムスリム結社は、スカーフをめぐる議論においてヒジャブの意味づけを当事者ではなく、行政が一方的に行う点を批判した（*ibid.*：145–147）。

5　第二世代のムスリムアイデンティティとムスリムに関する施策の間の一致とずれ

〈法の下の平等〉、〈エスニックな属性の法的非認知〉という市民アイデンティティの特徴は、ムスリム系移民の社会的経済的排除、差別という実質的不平等の経験に対応しなかった。そしてこの特徴ゆえに雇用における差別などエスニックな属性による差別と結びついた社会的経済的分離を是正することが困難であった。

ＣＦＣＭの設立はフランスにおいて反差別という概念が認められ、形式的平等から実質的平等の保障へと関心が移りつつある一九九七年に開始された。ＣＦＣＭの設立は〈法の下の平等〉を実質的平等と結びつけるために、イスラームを政府が他の宗教宗派と実質的に平等に扱うという点で成功を収めた。ここでは〈エスニックな属性の法的非認知〉を形骸化してまで、政府がＣＦＣＭの設立に関与した。

ただし、第二世代のムスリムアイデンティティの表明には、なによりもフランスにおける社会的経済的分離、差別に対する抵抗という側面があった。しかし、この側面はＣＦＣＭが宗教儀式の実践上の実質的平等に注目した形で設立されたために見落とされ、問題として取り上げられなかった。そして行政の介入において、治安の観点からの見方が多少継続し、第一世代のムスリム結社をＣＦＣＭの中心としたことで、フランスのムスリムアイデンティティを出身国という出自と結びつけてしまった。

二〇〇四年のスカーフ禁止法成立は海外の「政治―宗教的共同体主義者集団」、いわゆるイスラーム過激派と第二世代のムスリムアイデンティティとを一方的に結びつけた。そして、この結びつきを理由としてムスリムの宗教的自由を制限した。これはヒジャブ着用生徒を他の生徒とは同様に扱わないということであり、〈法の下の平等〉を、さらに、ムスリムアイデンティティという特定の出自との対立関係において市民アイデンティティを定義したという点で〈エスニックな属性の法的非認知〉を形骸化した。

「ムスリム系移民はフランス市民になれないのか」という問いはムスリムアイデンティティと市民アイデンティティとの両立可能性をめぐる問いであった。実際には、CFCM、スカーフ禁止法に対する第二世代のムスリム結社の批判はイスラームの価値ではなく市民アイデンティティの特徴の形骸化に対する批判であった。

第二世代のムスリムアイデンティティの表明は、市民アイデンティティの特徴と対立するものではなく、むしろ、社会的経済的分離、差別に抗してフランス市民として生活していくことを可能にしていた。そして、第二世代のムスリム結社の要求はシティズンシップの契約的側面、すなわち権利保障の実質化であった。ここで問われているのは国籍取得による権利保障は市民＝国民が社会的経済的に分離、差別されることなく生活することを意味しないという事実が示す、第二世代に限られない問題である。

シティズンシップの帰属意識の側面を強調した問いは、第二世代の分離、差別を第二世代の特殊性の問題にすることで満足し、国民国家という政治共同体全体の問題として扱わないことで、結果的に彼らの社会的経済的分離、差別を悪化させることになるだろう。問われるべきは第二世代のアイデンティティのあり方ではなく、国民国家を排他的な保障主体とするシティズンシップの危機である。

(1)　フランスにおいては公的に市民のエスニックな属性を調べることはできないために、公的な統計は存在しないが、研究者らによって行われた調査から概数を知ることができる（Brouard et Tiberj, 2006 : 22-27）。本章では特に問題視されるマグレブ諸国出身者を扱う。

(2)　さらにきわめて少数ではあるがテロリズムと関係をもつ者もいる。

(3)　強い関連性があるとしても、彼らのムスリムアイデンティティの表明を社会的経済的排除、差別に対する反応に還元することはできない。宗教的アイデンティティの広がり、個人化はムスリムに限られない（Willaime, 2004）。

（4）フランス法上は非営利社団として届出非営利社団、宗教社団、公益社団の三つが存在する。移民の結社はその活動が宗教的なものであっても、設立の容易な一九〇一年法による届け出非営利社団の形をとることが多く、一九〇五年法による宗教社団の形をとらない（HCI, 2001）。

（5）ここでは一九八〇年代以降のフランス本国に限定しているが、植民地下アルジェリアで、ライシテはイスラームには適用されなかった。

（6）設立過程については浪岡（二〇〇五）を参照。

（7）たとえば「売女でも服従する女でもなく（NPNS）」といった運動は、UOIFのCFCMにおける存在はライシテに反するとして強く批判した。ライックなムスリムは第二世代のムスリムアイデンティティのあり方にほとんど影響を与えないが、メディア、政界で歓迎された（Frégosi, 2008）。

（8）スカーフ事件の件数はむしろ減少していたが、ムスリム、市民両アイデンティティの両立不可能性が主張されるなかで、スカーフ事件に再び注目が集まった（Lorcerie, 2005）。

5章　学校教育による平等・統合とその挫折

移民の子どもの教育の現在

鳥羽　美鈴

1　移民をめぐる学校教育の推移

フランスでは一九七〇年代、政府の方針は、移民の子どもたちの出身言語・文化に関する教育を学校のなかで保証し、諸文化の共存を重視する傾向にあった。しかしそれは、多言語・多文化主義が奨励されていたことを意味するわけではない。「外国人の子どもが彼らの言語・文化を維持していることは、彼らがフランスの学校に適応していく際の積極的な要素を構成しうる」（一九七五年四月九日付通達）と示されるように、異文化背景をもつ子どもたちの出身言語・文化をフランス語の指導、ひいてはフランス社会への適応に活用しようとの意図がうかがえる。また、出身言語・文化教育は帰国奨励策の一環でもあった。

八〇年代には非ヨーロッパ諸国、なかでもマグレブ諸国出身の労働者の子どもたちの増加をみるが、移民の子どもたちの特殊性に配慮する政策が結果的に彼らを孤立させ、また学習の負担増からフランス語の学習時間の減少を招いたとして、子どもたちのもつ言語的、文化的特殊性を、それ自体で尊重するよりも、「フランスへの適応」に向けた手段と位置づけ、現実的な学業成功を目指すという政策に転じる。その後、移民の定住化に伴い、九〇年代には、より現実的な社会への統合を実現するための施策が模索されてきた（池田、二〇〇一：二五―一五四）。

近年、移民の子どもたちの学校教育による統合の行方を危惧させる出来事が発生した。一つは、序章でも触れた二〇〇五年秋の「暴動」であり、もう一つは、翌二〇〇六年初めのＣＰＥ（初期雇用契約）に対する学生中心に広がった抗議行動である。これは、「暴動」のあった地域に劣悪な生活環境と若者の高い失業率を残した都市政策と、フランス的統合モデルの失敗を世界に印象づけた。二つの出来事の性質は多くの点で異なるが、前者では、若者たちの抱く不平等感と被差別意識が、後者では、さらに広い層を含んでもはや学校教育が必ずしも保証してくれることのない将来に対する不安が示された。

したがって、ここで問い直されるべきは、公式上、就学年齢にあるすべての若者に開かれ、家族、学校、社会という三者の要に置かれる学校教育のあり方である。「近代性と国家統合の道具であるフランス語によって文化を受容させるもので、フランス人としてのアイデンティティの確立に不可欠」（Baubérot, 2004：138）と位置づけられる公立学校現場で、いま何が問題となっているのか。教育関係者に向けて教育目標を提示した二〇〇七年一月九日付通達で、四本柱のうちの一つに挙げられた「フランスのすべての子どもたちへの機会の平等の保証」の実現はなるのか。本章では、筆者がパリ北東部の郊外に位置するサン・ドニ(1)で実施した調査結果をも含めながら、これらの問題を明らかにしていく。

2　教育の普及と不平等の拡大

歴史を遡って就学率を知る有効な資料はないが、一八八二年の義務教育制の実施により就学率が増加したのは確かである。今日では、六歳に始まる義務教育の下、早くも二歳になると三人に一人以上（三七％）が幼稚園に入り、三歳になると大半が入園している。就学者数が著しく増加したのは、一九八〇年代から九〇年代半ばであるが、多くの生徒が中等教育にアクセスして、少なくとも五年は就学するようになった。その結果、中等教育は、社会・経済的に恵まれない、そして文化的・宗教的に異なるアイデンティティをもつ外国人や移民の子どもも多く受け入れている。バカロレア取得者は、一九五〇年には該当年齢者の四％であったのが、二〇〇五年には六二％と増加した。しかしながら、一九九六年以降、就学率の上昇には停滞が見られ、毎年一六万人もの若者がディプロマを取得せずに学校を去っている。さらに家族の社会・経済的格差が子どもの進学率の差として現れ、労働者の子どもの四〇％に対し、カードルの子どもは八〇％近くが高等教育を受けている（二〇〇四年）(Mermet, 2006 : 69, 73, 129)。移民の子どもと非移民の子どもを比べても、ここ一〇年で前者の学歴が上がったものの、両者の差は開いたままである。高等教育に進んだ移民の子どもは、一九九二年に彼らのうちの一四％だったが、二〇〇二年には二一％に増加した。だが、同年に移民の子どもの四八％は何のディプロマももたないか、もっとすれば初等教育修了証のみである（*Sciences Humaines* n°4, sep-oct-nov. 2006 : 56, 57)。

社会・経済的に恵まれない階層に属する家族は、「フランス人」より移民に多いが、親の就学歴が浅い、あるいは発展途上国出身であることが少なくないなど、移民の子どもは、同階層の「フランス人」とも異なる状況に置かれている。「恵まれた」家族の子どもがたいてい個別指導や語学留学、書籍やコンピュータといった学業支援と文化資本を享受するのに対して、移民の子どもたちは就学前に知的刺激を受ける機会が少なく、身につける知識や語彙が不十分で、小学校に入るやいなや学習上で困難をきたすことが多い。その結果、学校からの排除、ひいては社会的排除の対象となりうる。学業成績上、移民の子どもと「フランス人」の差がめだつ科目はフランス語と数学であるが、両科目における点数の差は、さらに後述するＺＥＰ（教育優先地域）に属する学校の子どもの間で大きくなっている。「フランス語と数学の基礎の習得は、他のあらゆる学校活動に不可欠である」（二〇〇七年一月九日付通達）とされるように、両科目の習得が危ういことの意味は深刻である。

教育機関にアクセスする機会がより多くの子どもに開かれるのに伴い、多様な個性を育むために選択授業やコースも設けられてきたが、これがまた生徒の「差別化」を促進するものとして機能し、子どもの社会的出自は進路を左右する重要な要素となってきている。一例を挙げると、公立のコレージュに創設が広がっているヨーロッパクラスや音楽、造形美術クラスといった特別授業は、多くの生徒や保護者を魅了するが、定員が限られるために、学業成績や関連する課外活動を基準に生徒の選別が行われる。ここで音楽クラスには、音楽学校に通っている生徒が選抜されるなど、社会的に恵まれた階層の子どもたちが有利となる。同時に、彼らが特殊な選択授業の設置を理由に学区外の公立学校へ進学する特例を求めることを可能にし、それは、「不良コレージュ」、「アラブ人のコレージュ」などとスティグマ化される学校を回避することを正当化する手段として利用されている。こうして、生徒や学校間の格差が際立つようになって、すべての子どもたちに平等であろうとするフランスの公立学校の民主化は頓挫しているといえる。

筆者が訪問したコレージュの校長たちは、フランスの共和国理念の核ともなるライシテ（政教分離、非宗教性）原則に基づいた「ライックな学校」とは、「出自や信仰の如何を問わず、多様なすべての子どもを受け入れるところである」と口を揃えるが、以上のように格差の問題を抱える学校がそれをいかに解消し、受け入れた多様な子どもたちに対処していけるのだろうか。

3　ライックな学校と移民

では、近年の学校現場で、生徒の文化的な多様性、とりわけ宗教的な多様性はどのように受容されているのだろうか。公立のコレージュを対象に実施した筆者の調査からは、とりわけ食堂のメニューへの配慮や、宗教的祝日に欠席を許可するという形で生徒の多様性が尊重されていることが確認された。聞き取りに応じた三人の校長がほぼ異口同音に、「豚肉があれば食堂ではつねにそれに印を付け、同時に他の食べ物を用意する」と答えているが、なかには「豚肉を使わないようにしている」という声もあった。したがって、学校は生徒の宗教に配慮し、豚肉を食することを望まない者たちを容認していることになる。この他に見受けられたのは、「味覚週間」と名づけて「アフリカ、アジア、ヨーロッパ」のメニューを提供するといった試みである。フランスの宗教的祝日に関しては、校長の言葉に従えば、生徒は「宗教に応じて、年間三日または四日欠席する権利を有する」が、これは条件付で、「国のカレンダーに定められた公式な祭日である」必要がある。他方、生徒たちは祭日でなくとも休暇願を個人的に申請できる。現に筆者も学校訪問中に、女生徒がイスラームの祝日イード・アル・アドハー（犠牲祭）に伴う休暇願を提出し、それを教育アドバイザー（CPE）の一人が受領するのを目にした。申請用紙は学校内部で作成されたもので、生徒の名前、欠席理由、そして保護者の署名の欄がある。

この点で生徒と学校に交渉の余地があるという意味においては、フランスのライックな学校は、校長の一人が口にしたように「柔軟」といえるかもしれない。だが祭日でない場合、生徒たちは申請の手続を自主的に取らなければならない。それは公的に自分がユダヤ教徒やイスラーム教徒であると宣言することになるため、自分の帰属を人に知られたくない生徒は、申請をはばかることもある。また、豚肉を使用しない特別メニューの提供の措置は、しばしば校内の子どもたちに、移民の子どもばかりが特別待遇を享受しているといった否定的な印象を与えている。すなわち、これら特別措置は民族的・文化的背景を異にする子どもたちへの配慮でありながら、逆に彼らの特殊性を際立たせて民族的分離をうながす危険性をつねに秘めている。そのため、措置をほどこしてよしとするのではなく、教育関係者には経過を注意深く見守るとともに、時には、さらなる心配りをみせる姿勢が求められるといえる。

ここでライシテ原則に立ち返るとき、想起されるのはこの原則に基づいて制定された二〇〇四年三月一五日の法律（n° 2004-228）である。これによってフランスの公立学校における「これ見よがし」の宗教的シンボルの着用が禁じられ、ムスリムの女性が着用するスカーフをめぐる議論が加熱したことはすでに前章でもふれている。ライシテ原則の適用を検討する通称スタジ委員会のメンバーであったP・ヴェイユ（Weil, 2005b : 66）は、「この法は、各自の良心の自由、政教分離、信仰の自由という三つの原則を保証する。したがって、反宗教的な規制ではない」と明言する。

教育機関での受け止め方も概して肯定的であった。筆者の調査からは、明快さという点がとりわけ歓迎されていることが分かった。それは生徒のみならず、保護者、管理者、同僚にもつねに気を配りながら解決すべき問題を多く抱える教育者たちにとって、ライシテという問題への対応がしやすくなったためと考えられる。こうしてスカーフをかぶった女生徒に対する教員間の対処の仕方の違いは小さくなった。他方、校長の一人が「一定のグループから絶えず行使されてきた抑圧からの回避」に触れていたのは、注目に値する。法律を盾にして、教育機関は今やスカーフをめぐる議論の場を他へ移すことが可能になったともいえる。なぜなら、スカーフを脱ぐようにと指示するとき、それは彼ら自身の決定ではなく、国家の決定であると言えるからである。

これに対して、法案が成立する以前から様々な批判があり、「ライックな学校には賛成、排除の法律には反対」（Balibar, 2004 : 16）と謳って嘆願書を提出した知識人たちもいた(2)。二〇〇四年法の問題は、主に次のような点にある。第一に、着用に際して「これ見よがし」にならざるをえないスカーフが禁令の対象の一つであることは、イスラーム信仰の自由を制限し、統合の場であるべき公立学校からムスリムを排除しかねない点である。第二に、教員ではなく生徒を対象としたことで、義務教育の段階から子どもたちの教育を受ける権利を奪いかねない点である。

教育法に挿入されたのは、以下一四一条―五―一、「公立の学校、コレージュとリセにおいて、生徒がこれ見よがしに宗教的帰属を示すシンボルを着用することを禁ずる。内部規定によって、懲戒手順の施行に当たっては、まず生徒との対話がなされるよう喚起する」との文言である。ここに明記されるように生徒たちとの「対話」の可能性は残されている。しかし、校長が家族を交えて話し合いを重ねても合意にいたらず、退学処分や授業参加禁止処分となる生徒もいる。同時に、「公立」という限定語が私立を除外することで、ムスリムの親の一人が「娘たちを公立学校から退学させてカトリックの私立学校に入れた。そこではスカーフをかぶっても圧力を受けることがなかった」(Weil, 2005b : 67) と証言するように、公立学校より開かれたものとして私立学校へと向かう人の流れが生じている。なお、私学の選択は、宗教的帰属の問題によるのみならず、むしろ学区制を回避する特例の申請許可が下りなかった場合になされることが増えている。それは、移民や外国人の子どもの多い学校が、その他の子どもや親の間で「落伍者の場」(Felouzis, Liot et Perroton, 2005 : 80) として避けられる風潮と無縁ではない。

4　教育優先地域（ZEP）政策の成果と評価

次に、困難地域にある学校での学習効果の向上と学校運営の改善を図るために実施されているZEPと呼ばれる特別措置の効果を見ておきたい。ZEPとは、失業問題などを抱える移民の若者たちが、一九八一年にリヨンの郊外都市で車を焼くなどして抗議した事件をきっかけに、当時の左翼政権が翌年から始動させた制度で、「持たざる者によりよい物をより多く与える」という理念に基づいている。指定された地域の対象校では、教員の特別手当、そして増員や備品の購入などに充てる予算が約二〇％上乗せされる。

筆者の聞き取りでは、ZEPの学校に勤務した経験のある職員から、「とりわけ人材の補塡というZEPの施策が各教員の負担を軽減して、困難な状況にある子どもに対処する時間を創出した」として制度の有効性を証言する声が得られた。それは、「学業的失敗（l'échec scolaire）の割合が最も高い社会階層や地域で、教育活動の選択的強化によって社会的不平等の是正に貢献すること」（一九八一年七月一日付通達）と定めたZEPの目標に適う。

また、ZEPは困難な地域に住む生徒の成績と全国平均との格差拡大を食い止めると同時に、学校を周囲に開放し、特に「学業的失敗」という問題への対応において学校外のアクターとの連携を可能にした。

しかしながら、ZEP制度は、対象校や対象地域に対して人々が抱く否定的なイメージを打破するにはいたっていない。反対にZEPとそれ以外の地域が往々にして比較されることで、ZEPの学校や地域は暴力的である、治安が悪い、といった偏見に基づくスティグマ化と地域の分離を招く事態が生じている。

ZEPの対象地域の選定に当たって、通達では地域ごとに「地勢、家族の社会的・経済的構成、外国籍の子どもや非フランス語圏の子どもの存在、留年、……（中略）……コレージュでの中退」（一九八一年七月一日付通達）を考慮に入れて制度の適用に当たるよう指示される。ここで「移民」とは明記されていないが、「外国籍の子どもや非フランス語圏の子ども」とほぼ意味の重なり合う「移民の子ども」の割合が高いことは重要な指標となってきた。世上の解釈は、移民の子どもの学習困難などに理解を示すよりは、恵まれない社会階級とのつながりが統計的に示されることをもって、学校が困難な状況に陥る可能性を示す指標とみがちである。

そこから制度の意図に反して、ZEPは学校を選択する際の避けるべきレッテルとなり、保護者たちの回避ストラテジーの運用を加速させて、ZEPの小学校やコレージュの社会的・エスニック的な分極化をも後押ししている。言い換えれば、移民の子どもと学校の挫折の相関性を認め、諸問題をエスニックな論理に結びつけるものとして機能しているといえる。

さらに、学校の問題が社会問題として公的シーンに現れて皆に共有される問題となる一方で、ZEPが学校システムの民主化の道具としてよりも困難な地域の社会的産物に対応する措置の一つと見られるようになっている。そこでは、学校の諸問題が学校内の問題ではなく、もっぱら社会環境に起因するものととらえられる。

左翼急進党（PRG）のティエリー・ジャンテが「ZEPという政策は対象となる子どものために機会の平等原則を打ち立てることができず、普遍主義といっても多くの場合は、ヨーロッパの白人に限定されるかのような共和国モデルを前に、最も弱い立場にある者たちの絶望感を引き起こしている」（Jeantet, 2006 : 37）と言えば、現政権を担うサルコジもまた、「社会的な不平等を解決するのではなく都市の分離を進めて、逆に不平等を拡大させた」(*Le Monde*, 17 mai 2007) として現ZEPのあり方に批判的である。他方、郊外の「暴動」を経験したサルコジは、予算の強化を図るなどZEPの是正にも取り組む。そこには、予算の割当てが少ないためにZEPでは職歴の浅い教員を採用するなどして、教育を犠牲にして経済面を補っているという現状がある。教育内容や教育方法の見直しは、「フランス人」とは異なる文化環境で育った移民の子どもの学習状況を改善するためには、とりわけ不可欠である。しかし、単一不可分の原則を重んじる共和国理念に基づいて、ZEPは移民や外国人の子どもではなく、その名が示すように領域を対象とした優遇政策の形をとる。そのため、問題を抱える子どもをひとくくりにして学習支援にあたるが、そこに多く含まれるであろう移民の子どもの文化的なハンディキャップの克服には、十分に対応できていない。

なお、ZEPの制度に関連した試みとして、9章でも触れられるが、高等教育機関として率先してその門戸を開いたパリ政治学院では、二〇〇一年に「教育優先協定」を結んで、ZEPのリセから受け入れた生徒の統合が進み、二〇〇一年から二〇〇四年までに入学した一三二名の学業成績は良好と言われる (*Le Monde*, 22 septembre 2004, 17 janvier 2005)。二〇〇四年の入学者が四五人、二〇〇三年が三七人であるが、後者の内訳をみるとその三分の二は親の一人がフランス国外生まれで、五五%は両親が外国生まれであり (Weil, 2005b : 91)、つまり彼らの半数以上が移民の子どもということになる。こうして、ひとにぎりの生徒とはいえ、ZEP内のリセのトップになれば移民出自でも、それまで無縁と思われたパリのグランド・ゼコールに進学できるという希望を与え、「エリートの自動再生産システムの崩壊」(Keslassy, 2004 : 79) に寄与しうるとの議論も生まれている。

5　移民の子どもたちのハンディキャップ

移民の子どもたちの就学状況を知るために、国民教育省評価予測部（DEP）が公立・私立のコレージュの学生を対象に実施した調査の結果を見てみたい。一九九五年度入学者（一万七八三〇名）を対象に二〇〇二年まで七年の歳月をかけて実施された調査と、一九八九―一九九三年調査（一万八六五七名）は、ともに規模もさることながら外国人および移民出自の生徒（以下、移民の子どもたち）を社会・経済的状況からのみではなく、家庭環境まで視野に入れてフランス国籍の子どもと比較調査していることに大きな意義がある。なお調査には、「両親のフランス居住年数」や「家庭でフランス語以外の言語が使用されるか否か」といった項目が含まれるが、本章では紙面の都合から一部を取り上げるにとどめる。また、「移民家族」とは両親ともにフランス国外で国籍上の外国人として生まれた移民である場合、それに対して「混成家族」は親の一人が移民であり、「非移民家族」は両親ともに移民ではない場合を指す。

以下、「移民家族」と「非移民家族」に焦点を当てて見ていく。調査対象となった一九九五年度コレージュ入学者の大半は二〇〇二年の時点でまだ就学中であるが、すでに進学を断念した生徒の割合は、移民の子どもの一二％、非移民の子どもの九％である。他方、進学者は全体の九一％であるが、リセに進学した生徒（八三％）と職業実習に就いた生徒（八％）に二分できる。ここで移民の子どものうち普通リセへ進学する割合（二七％、非移民の子どもは四〇％）は技術・職業リセに進学する割合（五五％、非移民の子どもは四三％）を大きく下回る。また、非移民の子どもより無就学率の三％高かった移民の子どもは、逆に職業実習に進む割合（六％）において非移民の子ども（九％）を三％下回る（表5－1）。

その要因の一つとして進路指導の影響を挙げられる。概して、移民の子どもたちが最終年度にバカロレア取得に通じる普通科や技術科の長期課程のリセに進むよう指導を受ける割合は、フランス国籍の子どもより低く、技術・職業リセに進み、ＢＥＰ（職業教育修了証書）やＣＡＰ（職業適性証）という職業ディプロマの取得準備をするよう勧められることが多い。さもなければ、リセ進学にはつながらないコースに変更して職業実習に進むか退学するといった

表 5-1　1995 年第 6 学年入学生の就学状況（2002 年 5 月時点）（%）

	非移民家族	混成家族	移民家族
普通リセ	40	48	27
技術リセ	18	17	20
職業リセ	25	22	35
職業実習	9	5	6
無就学	9	8	12
合　計	100	100	100

出所：国民教育省評価予測部（DEP）による 1995-2002 年パネル調査．Caille（2005 : 12）より筆者作成．

正規コースからいわば外れた道を歩むことになる。

だが、移民の子どもが就学で苦労する最大の要因は、彼らが置かれた家庭・社会環境にある。家族の社会的階級と学業支援や文化資本との関連についてはすでに言及したが、移民の親の四分の三が労働者、サービス従業員、あるいは無職であるのに対して、「非移民家族」の場合、同等の状況にあるのはその三分の一に過ぎない。移民の親はディプロマをもっていても低学歴者が多く、移民の父親の一二%、母親では一四%がバカロレア以上のディプロマをもつにとどまる（Caille, 2005 : 11, 12）。こうした両親の低学歴や父親が失業中である状況が作り出す経済的に不安定な家庭環境は、家族の文化資本と教育システムとの乖離を招き、移民の子どもたちの小学校での高い留年率やコレージュ入学時に際立つ成績不振、コレージュ修了時の思わしくない進路指導へとつながっていく。

逆に、社会・家庭的状況が同等である場合、「移民家族」と「非移民家族」の子どもの就学状況の差は、消失するのみならず優位が逆転することがある。一九八九―一九九三年調査（Vallet et Caille, 1996 : 75）では、移民の子どもたちとフランス国籍の子どもたちにコレージュ入学時の学力差はあっても、社会・家庭的条件が両極にある生徒間の差より小さいことが指摘されるが、その傾向は今も変わらない。たとえば、コレージュ入学年度に実施されたフランス語と数学の評価テストのスコア（表5－2、B、C列）を見ると、移民の子どもたちのスコアは不均質ながら、フランス国籍の子どもより低く、その差は数学よりフランス語で大きいことが分か

写真 5-1　求人情報を見る学生たち
（パリの就職フェア会場にて）

る。他方、両者の差は、両科目で社会・家庭的状況を異にする子どもの間の差より小さいことが見て取れる。フランス語を例にとると、フランス国籍の子どもと移民の子どもたちの平均値（六三・五）に最も近い値をとるマグレブ系の子どもの差は一〇ポイント、フランスとトルコ系で一一・五ポイントであるのに対して、家長がカードルや企業主である子どもと無職である子どもの差は一五・一ポイントに広がる。

　では、社会・家庭的状況が同等であっても、とりわけ初等教育の段階で両者に差が出ることがあるのはなぜか。それはフランス国外で一年かそれ以上就学し、小学校高学年になってフランスにやって来たといった経験をもつこと、幼稚園の通園年数の少なさ、あるいは日常的にフランス語以外の言語を話している親がいる、フランスで一生涯を過ごす親をもたない、といった外国的特徴をもつことが子どもたちのフランス語の使用能力を下げ、語学そのものの成績のみならず初等教育での「成功」を困難にしているためと考えられる。

　ところで、移民の子どもの間の出自による差異にも注意を払わなければならない。東南アジア系は普通リセへの進学率の高さや中退率の低さにおいて非移民の子どもと似た値を示すのに対して、トルコ系、アフリカ系においては職業リセへの進学や中退がめだつ。詳細を示すと、トルコ系の生徒の三分の二が職業リセに進学か中退し、一一％のみが普通バカロレアの取得を目指し、マグレブ系とサハラ以南アフリカ系では彼らの三分の二近くが職業リセに在籍する。ただし、男女間に差があり、それが顕著なマグレブ系では女子の半数以上が普通か技術バカロレアの準備をするのに対して、男子の場合はかろうじて三分の一にとどまる。さらに女子の中退率は男子の半分である。ではポルトガ

表 5-2　移民の子どもたちとフランス国籍の子どもの就学状況（1989-93 年）

		A：留年せず小学校を修了の生徒（%）	B：評価テスト結果・仏語（100 点）	C：評価テスト結果・数学（100 点）
生徒の国籍	フランス	76.3	72.3	79.0
	マグレブ	51.2	62.3	71.8
	その他アフリカ	[52.3]	[60.9]	[64.3]
	南　欧	56.1	66.2	74.3
	東南アジア	[68.4]	[58.3]	[75.1]
	トルコ	44.9	60.8	72.8
	その他	67.9	70.8	77.4
家長の職業	カードル，企業主	—	78.8	83.6
	有資格労働者	—	68.0	75.9
	無　職	—	63.7	71.9
母親の学歴	バカロレア取得以上	—	78.8	84.0
	初等教育修了	—	68.6	76.2
	ディプロマなし	—	64.8	73.7

注：A（コレージュ第 6 学年，18,657 人），B・C（コレージュ第 6 学年，10,635 人）．
　　[　] 内の数値は 100 人に満たない生徒を対象としたもので注意を要する．
出所：Vallet et Caille（1996 : 57, 72, 74）から筆者作成．

ルやスペイン出自の子どもの状況はどのようなものか。彼らにおいても、男女間に差が見られるが、女子では四〇%が普通バカロレアの取得を目指すのに対して、男子の多くは職業リセに進んでいる。他の移民の子どもたちとの違いとして挙げられるのは職業実習に進む生徒が多い点であり、彼らの約四分の一を占める（Caille, 2005 : 11-12）。

また、留年せずに小学校を修了した生徒の割合が移民の子どもたちは押しなべてフランス国籍の子どもより低い。そのなかでもトルコ系は際立っており、就学初期から「成功」率より留年率の多いことがおよそ一〇年前の調査でも示された（表5-2、A列）。彼らは、今なお移民の就学を不利にしている社会・家庭的状況を同等にしても非移民の数値に並ぶことはない。普通リセの進学者に対する進路希望調査からは、トルコ系の子どもは普通バカロレアの取得に消極的なことも分かっており、彼らの統合の難しさを物語る。

6　学校が抱える問題

移民の子どもたちの就学状況を不利にする要因には客観的な条件ばかりではなく、移民をスティグマ化する社会環境が挙げられる。学校におけるエスニックな変数に基づく分離と差別の論理を明らかにするために主にザンタン（Van Zanten, 2001）の現地調査に拠りながら分析を進めたブルノー（Bruneaud, 2004 : 103-108）に従えば、「フランス人」やアジア系の生徒に比べてマグレブ系の特に男生徒は、不利益をこうむりやすい。たとえば、成績に加えて「振る舞い」という教員の主観が入る基準によって「最も悪い」クラスに彼らの多くが振り分けられる、注意や罰を受けやすい、第五学年末に学校外の技術・職業学校に進むことを他の生徒たちより盛んに勧められて第四学年に上がるマグレブ系の生徒数は減少するといった事態が観察された。それは、教員が彼らについて「暴力的」で「秩序を乱す者」といった否定的イメージを抱いているためであり、その観念は校内の暴力や集団窃盗といった事件の多発やメディアによって強化される。

むろん、この事例に反して、社会的および民族的カテゴリー化より学業到達度が重要な指標となっている学校は少なくない。移民の子どもの進路指導における差別について、ジロッティ（Zirotti, 2006）が「移民の娘や息子であることは、彼らの成績が平均かそれを上回っていても、進路を変えられないハンディキャップとしてすべてが進行している」と断言する。これに対して異論も多い(3)。進路指導では、家族が一つか二つ進路希望を出した後、学級担当からも二つほど提案がなされて、そこで家族が同意すれば進路が決定されるが、拒否すれば親との面談の後で校長が最終決定を下す。そこには家族と学校の間で生徒の進路について話し合う機会が設けられている、と。

しかし、子どもが多く一人ひとりに目が行き届かない、あるいは両親がフランス語を自由に使いこなせないといった状況にあることが移民家族では「フランス人」より多いことを考えると、そこで生じる不平等は看過できない。何よりも、学校関係者がマイノリティの親やその居住地に対してしばしば疑いや侮蔑の感情を抱き、こうした場所と家族に対する日常的な無視があることが多くの先行研究から明らかになっている（ロルスリー、二〇〇八：二三八—二四一）ことを見逃すわけにはいかない。学校は社会モデルの発信地として、民族の融合をリードすべき場所である。しかるに、定員を確保するために学区外の生徒を受け入れるという特例措置があることで家族の回避ストラテジーを促進させ、目指すべき民族的・社会的混合を減じて、逆にゲットー化した学校の生産に加担しているといえる側面もある。

また、コレージュ進学に代えて小学校修了後の進路として用意される特別学級（ＳＥＳ）には移民の子どもが多いが、彼らのなかには、学力そのものではなくフランス語に問題を抱えるのみでありながら、非フランス語話者のクラスがあるコレージュが限られるために、そこに入れられた者もいる。このように、非フランス語圏の子どものためのクラスの配慮の不備と早期の進路指導が、移民の子どもの就学状況を不利にしていることは否めない。

学校は、生徒たちの暴力、不登校の問題、教育内容に関してなど多くの問題を抱えている。だが、本章のテーマとなった移民の子どもの統合問題に対処するにあたって改善すべき余地は多くある。今のところ、「フランスのすべての子どもたちへの機会の平等の保証」は実現されておらず、それを阻む要因として、移民家族と非移民家族の子どもの間に見られる社会・経済的格差、学校選択において社会的に恵まれた階層の子どもたちを優位に置く特殊な選択授業の設置や特例措置のあり方、保護者の回避ストラテジーを助長することによる移民の子どもの集中校の誕生、そして移民家族に対する偏見が挙げられることを本章では指摘した。ヴェイユ（Weil, 2005b : 79–109）は、学校システムそのものに「社会的・領域的な差別」があるとみるが、現状打開のために、植民の歴史を教えると同時に他者の歴史を学ばせるという措置を取るのも一案である。

学校教育の大衆化に伴って、就職の際にディプロマが以前よりも重視されるようになった。そのため、意欲のある移民の子どもにとっては、教育システムがフランス社会における社会昇進を実現する重要な手段とみなされている。彼らは、非移民の子どもより一般に恵まれない物質的状況にあるため、その改善を願って稼ぎのある職を希望するが、彼らのこうした志向をうまく取り込んで統合を進めるには、何よりも実質的に平等な教育体制の整備が求められる。

（1）フランスで第二の人口と生徒数を抱えるクレテイユ大学区が管轄する、イル・ド・フランスの三つの県のうちの一つセーヌ・サン・ドニに位置するが、「困難」で「恵まれない」地域とのレッテルがある。本調査は、当初、サン・ドニにある公立のコレージュ八校を対象としたが、協力を得られたのは三校に留まった。そこで校長の選択に応じてインタビューか調査票による回答記入を二〇〇六年一—四月に実施した。校長の証言による三校の移民の子どもの割合は、三〇％以上から約九〇％と開きはあるが総体的に多いといえる。

（2）嘆願書は二〇〇三年五月二〇日付の『リベラシオン』誌（*Libération*）に「ライックな学校でのスカーフにウィ（Oui au foulard à l'école laïque）」という見出しのもと掲載されたが、そこにはバリバール（Balibar, E.）、ブアママ（Bouamama, S.）、ガスパール（Gaspard, F.）、レヴィ（Lévy, C.）、テヴァニアン（Tévanian, P.）、以上五名の署名がある。

（3）Duru et Mingat（1985）, Boulot et Boyzon-Fradet（1992）など参照。

III

都市問題のなかの移民

6章　都市内部の居住問題にみる政策と移民

パリ、シャトー・ルージュ地区を例として

荒又　美陽

1　居住と住宅の問題のなかの移民

問題に接近するにあたり、比較的最近のニュースからはじめたい。

二〇〇五年、パリ市内で合わせて五〇人近くの死者を出す三件の火災があった。最初は四月一四日から一五日にかけての夜にパリ九区の「家具つきホテル」（後に詳述）で起き、子ども一一人を含む二三人が死亡した。続く二件は、八月末に一三区と三区のアパルトマンで立て続けに起き、子ども一七人を含む二四人が死亡した。いずれも建物が老朽化しており、また一つの家に複数の家族が住むなど、過密居住となっていた。地価が上昇するなかで、社会住宅が不足していることが原因の一つと考えられたため、行政の無力に批判の矛先が向けられた。[1]

これに対し、ドラノエ・パリ市長は、『ル・モンド』紙に稿を寄せ、以下のように反論した。[2] 社会党が市政を担うようになってから一〇〇〇以上の建造物を修復中であるのに対し、前任の保守政権では一九九五年から二〇〇一年までの間に一七件しか修復しなかった。また、パリ市が「不衛生（insalubrité）」対策に一億五二〇〇万ユーロの予算

を計上しているのに対し、国は七〇〇万ユーロの予算しか割いていない。さらに、SRU法[3]では、社会住宅はコミューンごとに二〇％保持することになっているのに、パリ西部の豊かなコミューンでは、これが実現されていない。そして、投機的資金の流れを批判することで締めくくりながら、かれはパリ市の努力を強調したのである。

実際に二〇〇二年から、パリ市は集中的に住宅問題に取り組んでいる。古い建造物の多いパリならではの深刻な課題として、一九四八年まで広く用いられていた鉛入りのペンキによる鉛中毒被害がある。市が国と協力しながら強く推し進めている「不適格住宅解消事業」では、その対策も主要な目的の一つとし、全市から一〇二〇の建造物、合わせて二万二二六二件の住居を選び出し、大々的な収用と整備を行っている[4]。これらの点で市の住宅対策の積極性は評価できよう。

他方で、市長の反論は、二〇〇五年の火災のもうひとつの特徴には触れていない。それは、火災の犠牲者、被害者に、サハラ以南アフリカからの移民（以下、限定なく「アフリカ系の移民」と書くときはサハラ以南アフリカからの移民を指す）が目立って多かったことである。新聞などでは、彼らの家族の規模が大きく、都市型の住居には適合しえないこと、また親戚や同郷者の同居も拒否しないために過密状態で暮らしていることが、被害を大きくした原因として報じられていた[5]。

アフリカ系の移民は、移住の時期が比較的遅く、移民全体に占める割合も一割に満たないが、現在、パリの住宅問題に関するさまざまな場面で焦点化されている。たとえば、移民労働者を受け入れる目的で一九六〇年代から七〇年代に多く建設された、単身移民用宿舎であるフォワイエ（foyer）では、現在、住民の五八％がアフリカ系であり、建物の老朽化とともに過密居住等が問題となっている（Préfecture de Paris, 2002）。

パリ九区の火災が起きた宿泊施設でも、アフリカ系の住民がかなりの割合を占めている。「家具つきホテル」（hôtel meublé）と呼ばれるこの施設は、観光用のホテルとは異なり、決まった家賃を支払うことができないか、賃貸契約を結べない人々に、一日、一週間、あるいは一カ月といった単位で部屋を貸し出す宿泊所である。都市に移入する多様な人々を受け入れており、特に一九世紀に発達した（Faure et Lévy-Vroelant, 2007）。現在の部屋数は最盛期の一〇分の一に満たないが、それでもパリ市内全体で六四八軒あり、部屋数は一万八〇〇〇に達する。利用者の半数はフランス国籍であるが、マグレブ系の外国人が利用者の二八％、アフリカ系が八％を占めている。

なお、「家具つきホテル」は純民間の宿泊施設というわけではない。住む場所を失った人々や難民申請中の人々を一時的に保護する受け入れ施設として、国や県によって一部が借り上げられている。先の火災にあった宿泊施設も、そのような形態で利用されていたことが問題となった。この形式の場合、利用者でみると、全体の九六％が外国籍であり、うち七五％がマグレブ系かアフリカ系となっている（APUR, 2007a）。

一方、火災が起きたパリの三区の建造物は、老朽化して使用が禁じられた住居を占拠するいわゆる「スクワット」と呼ばれる形態で使用されていた。「スクワット」をしている人々は、支払い可能な家賃の住居を見つけることができないか、賃貸契約を結べない社会状況にあることが多く、ここでもアフリカ系の移民は多い。また、住宅対策を行政に要求する目的で、社会運動としてこれが行われることもある。三区の火災の建造物には、特にコートジヴォワールからの移民の家族が多く居住していた(6)。

このように、パリのさまざまな住宅問題において対象化されるアフリカ系の移民は、パリ市が進めている住宅対策の恩恵に浴しているのだろうか。パリでアフリカ系移民の生活の場として知られる地区の一つに、一八区、都心のシテ島から三・五キロほどの地点に広がるシャトー・ルージュ（Château-Rouge）がある。すでに述べたパリ市の「不衛生」対策事業では、ここに最大規模の介入が行われている。本章では、公表されている資料とインタヴュー調査によって、その事業の内容と居住の実態を検討し、大都市内部の移民が住宅に関して抱えている問題を考察する。

写真 6-1　シャトー・ルージュ駅近辺（2008 年 8 月）

2　衛生性の認識と都市計画

コレラ禍と都市再開発

パリ市の不衛生住宅（logement insalubre）対策は、一九世紀にさかのぼる歴史をもつ。一八世紀から、健康を維持するには空気や水の循環を向上させることが必要だと考える衛生意識が、都市環境を少しずつ変化させるようになっていた。一八三二年および一八四八―四九年のコレラの流行は、その方向性を決定づけた。とりわけパリで一万八〇〇〇人もの死者を出した最初の大流行については、一八三四年に公式の調査報告書が編纂され、人口密集地、すなわち貧困地区でコレラ死が多かったことが統計的に示され、貧困者対策が公衆衛生の鍵とみなされるようになった。七月王政から第二帝政にかけて、パリでは中心部の貧困地区が大々的に取り壊されている。

一九世紀パリの貧困層を考察する際、工業化が進むにつれて地方から流入した労働者層を想起する必要がある。行政は、公衆衛生状態を悪化させながらも都市経済になくてはならない労働者を管理する必要に迫られていた。当時の衛生対策に関する法令は彼らの存在を明確に意識している。一八四八年一一月二〇日のパリ警視庁のオルドナンス（行政命令）では、「とりわけ労働者階級の住居」が課題であることが明示され、特に「家具つきホテル」の建設基準を設けて、基準を満たさない場合の賃貸の禁止が規定された（羽貝、一九八七）。さらに一八五〇年の「不衛生住宅の衛生化に関する法律」では、すべての賃貸住宅を対象として衛生状態が管理されることとなった。

これらの法令の展開から、それまで公道に面するファサードに限定されていた公的規制が、家具つきホテル、次に賃貸住宅を通じて、通りの内側の私的領域に及ぶようになった点に注目する見解もある（吉田、一九八八）。衛生意識は、公権力の介入の領域を広げるのに貢献したのである。実際のところ、それら法令で設置された衛生委員会は、家屋ごとに一三四項目に上る調査書を作ることが義務付けられていた（高木、一九九〇：一七四—一七六）。そこには、建造物の状態のみならず、居住者の氏名や職業、居住者数を問う項目も含まれている。こうして、衛生法規は、以後、移民、外国人も増えてくる都市住民を細部まで監視するものとなった。

結核と不衛生区画事業

コレラの脅威が薄れると、衛生対策の矛先は結核へと移った。一八九四年から一九〇五年にかけて、セーヌ県は、パリの七万三〇三一件の建造物の調査を行った。その成果をもとに、一九〇六年、結核による死亡率が平均の二倍になっている六つの区画が割り出され、「不衛生区画（îlot insalubre）」に指定された（Fijalkow, 1998）。不衛生区画は一九世紀に開発が進まなかった労働者居住区であった。

これらの「区画」の基本的な整備方針は、既存の建造物を取り壊し、街路と緑地を整備し、残りの土地に住宅を建設するというものだった(7)。財政的理由からほとんど進まなかったこの政策は、一九二一年に一七の区画の再指定という形で再開された。そのなかで特に大きな事業が展開された区画の一つに、パリ四区の第一六不衛生区画がある。ここには一九世紀末からロシアやポーランドからポグロムを逃れてきた東方ユダヤ移民が多く居住していた。他方、ちょうどこの時代には、地域の建物や著名人について研究する歴史協会がパリ市内各地に発足しており、四区についても「ラ・シテ」という団体が活動していた。彼らは、地区が歴史的建造物の豊かさにもかかわらず不衛生だとして取り壊しの対象となっているのは、東方ユダヤ人に原因があると考えていた。「この不潔で病気をもたらす外国人は、……厳重に監視されなければならないし、必要であれば、……彼らが公衆衛生に与える影響をなくすために、転居させるべきである」(Hartmann, 1920 : 149)。注目すべきことに、衛生を重視することは外国人排斥をも正当化しえたのである。

第一六区画については、ほぼ全面的な取り壊しの計画が一九四二年に撤回され、地区の歴史性を保存するための都市計画が推進されることとなった。しかし、その転換がなされたとき、東方ユダヤ移民は強制移送によって姿を消していた（荒又、二〇〇六）。このように、衛生に関する都市計画は、多かれ少なかれ移入民と関連し、その表象が影響をおよぼすという形で展開されてきたのである。

現在の「不適格住宅」

では、二〇〇二年から実施されている事業では、いかなる基準が適用されているのだろうか。いまや結核など伝染病の拡大防止は、事業の目的となっていない。事業の主な根拠法は一九七〇年に制定された通称ヴィヴィアン法（「不衛生住宅の解消を促進するための法律七〇―六一二号」）であり、それによると取り壊すか否かは個々の建造物の状態を評価することで決定される。「不衛生性」と関連づけられる病もあるが、古い建造物のペンキに含まれる鉛が血中に取り込まれて貧血や脳障害を引き起こす鉛中毒であり、あくまで住民個人の健康に問題を引き起こすか否かが重視されている。

この事業を実施するための調査は、二〇〇一年と二〇〇二年に行われた。〇一年の調査では、七三一件の建造物が対策が必要なものとして選び出された（Préfecture de Paris, 2001）。その内訳には、鉛中毒関連が二九二件含まれており、新たな「不衛生性」にかかわる病が確実に都市計画の中に取り込まれていることを見てとれる。だが、今までとは異なる新たな基準も入ってきている。まず、倒壊の危険があることによって居住が禁じられている建造物が三〇件ある。また、スクワットが行われていると行政が判断している建造物も、七二件を数える。「衛生性」という基準にはもはや収まりきらない建造物が事業の対象となっているのである。

二〇〇二年調査では、さらに、市会議員あるいは住民自身が衛生性や維持管理の悪さを通報している物件、住民以外の市民から五回以上通報があった物件、さらにパリ市がすでに先買権をもっている物件が調査の対象となっている（APUR, 2007b）。これらは、一連の法制度に基づいた手続きを経ずに事業の対象を拡大させるものである。そこには、市民の要望に応えようとする行政の姿勢もあったかもしれない。しかし、結果として、外部者も含む人々の「ものの見方」を安易に認め、法によらない恣意的な施策が行われる可能性を作り出したことになる。重要なことに、事業の名称も、「不衛生」だけではなく、「不適格（indigne）」な住居の解消という形に拡大されている。

〇一年と〇二年の調査を比較すると、一一区、一八区、一九区に明らかな対象件数の増加がみられる。これらの区はパリにおいて比較的家賃が安く、移民が多い地区である。行政の報告書の中でも、対象となる建造物が、低所得者、失業者、移民などが高い割合で居住する地区を指定し、優先処遇を行う、この国独特の呼称である「都市政策」（politique de la ville）の対象地区と重なっていると指摘されている。つまり新たな調査は、事実上、移民の多い地区に対策を集中させたのである(8)。

「不適格住宅解消事業」では、対象となる一〇二〇件の建造物が一様に扱われているわけではなく、公的機関が強く介入する事業と、住民との協調によって行われる事業に大きく分けられている。前者のなかでも、比較的大きなエリアでまとめて事業計画を立てている二箇所の地区があり、そのうち面積や件数がより大きいのがシャトー・ルージュである。同地区は、都心から北に向かう地下鉄四号線のシャトー・ルージュ駅の東側の一帯である。南部の地区とあわせてグット・ドール（Goutte d'or）と呼ばれることもあるが、南部にマグレブ系の店舗などが多く見られるのに対し、シャトー・ルージュはアフリカ系の生活の場となっている。ここでは、南部をグット・ドール、北部をシャトー・ルージュと呼び分けることとする(9)。

3　高失業、過密居住、社会住宅不足――シャトー・ルージュの特性

まず、地区の特徴を見よう。同地区を含む一八区は、パリで二番目に住居数が多い区である。そのなかで、衛生設備であるトイレかシャワーがない住居は一二％である。パリ平均の一〇％よりは高めであるが、一六％にも上る区もあることから、それほど深刻な設備不足とはいえない。人口密度でみると、パリの平均が一ヘクタールあたり五五三人なのに対し、一八区は七三八人とパリ全二〇区のなかでもっとも高い。その一八区のなかでも、グット・ドール、シャトー・ルージュ地区を含む七一カルティエ（quartier）（統計上、パリ一八区は四つのカルティエに分けられており、そのひとつである七一カルティエは一〇のＩＲＩＳ（îlots regroupés pour l'information statistique 統計情報区画）に分けられている）の人口密度は、一ヘクタールあたり八四五人と突出している（APUR, 2005）。

住民の属性はどうか（表6－1参照）。パリの人口における外国人の割合が平均で一四・五％なのに対し、一八区は一九・一％と高めである。それは、七一カルティエでは二八・六％、ＩＲＩＳのひとつでは三八・七％にも上っている。外国人と移民は重なりつつも同じ概念ではないが、いずれにせよ移住者が多い地区であることが示されている

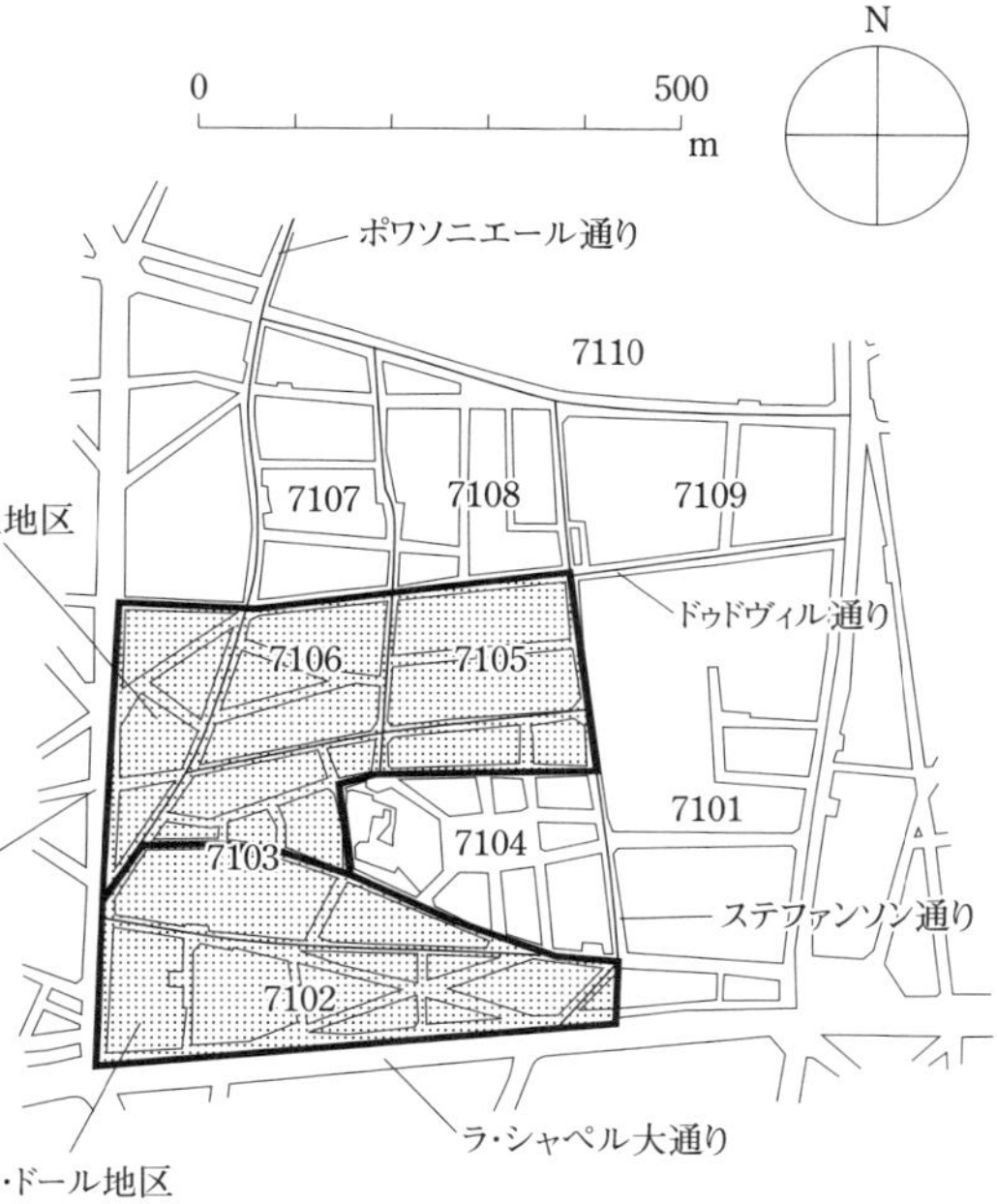

図 6-1　シャトー・ルージュ，グット・ドール地区

注：数字は表 6-1 に対応.

といえる。特徴的な指標として、四人以上の子どもがいる夫婦が家族数全体に占める率の高さがある。パリ平均二・二％に対し七一カルティエでは六・五％に達し、一五％を超えるＩＲＩＳもある。実際のところ、〇歳から一四歳までの子どもの数は、二つのＩＲＩＳで人口の四分の一を超えている。職業では、労働者世帯人口の割合が高く、パリ全市の平均一〇・四％に対して、七一カルティエで二六・一％、七一〇三ＩＲＩＳで三五・二％に達する。逆に、カードル世帯の人口は、パリの平均が二八・八％なのに対して、七一カルティエは一一・六％である。失業率は、パリ全体が一二％なのに対し、七一カルティエの平均で二一％であり、二七％を超えるＩＲＩＳもある。地区全体の所得水準は低く、かつ失業という形で困難を抱えている住民が多いといいえる。

建造環境としては、冒頭に述べた「家具つきホテル」が集中している点に特徴がある。一八

表 6-1　71 カルティエの住民の属性（1999 年）

（人，%）

IRIS	人口	外国人率	4 人以上の子どもがいる夫婦の率＊	0-14 歳の子どもが人口に占める率	カードル世帯人口の比率	労働者世帯人口の比率	失業率
7101	3,059	22.7	3.8	15.5	15.6	19.1	18.8
7102	3,236	33.7	15.2	25.6	8.0	33.6	22.5
7103	2,468	38.7	13.4	25.2	7.6	35.2	25.6
7104	2,882	35.5	6.2	19.0	13.8	27.2	24.0
7105	2,378	35.2	8.3	17.8	7.7	34.6	27.5
7106	2,412	30.8	4.1	14.7	10.3	18.7	21.5
7107	2,207	30.2	8.6	17.4	13.6	23.9	20.4
7108	2,351	29.3	2.5	18.0	10.7	25.7	22.9
7109	1,981	27.8	3.3	17.1	14.1	32.1	23.0
7110	5,550	16.3	3.4	17.8	12.8	19.5	13.8
71 カルティエ計	28,524	28.6	6.5	18.9	11.6	26.1	21.0
18　区	184,581	19.1	2.7	14.5	19.3	16.7	17.0
パ　リ	2,125,851	14.5	2.2	13.5	28.8	10.4	12.0

注：＊単親家族の子どもの数に関してはデータなし．
出典：INSEE（2001）より筆者作成．

区でパリ全体の「家具つきホテル」の一九%が営業しており、特にシャトー・ルージュ地区に多い。また、一八区は、社会住宅の入居申請数がパリでもっとも多いことから、所得水準もさることながら、建造物の老朽化、手狭さなどによって、住民が必要とする面積、部屋数の住居が提供されていない状況にあると考えられる。特に七一カルティエでは、複数のＩＲＩＳで全世帯の二〇%以上が申請している（APUR, 2007c）。パリの社会住宅申請者の二一%は他人の家に居住しており、この地区の人口密度の高さの背後には、独立した住居を得られずに知人の家に居住せざるを得ない人々の存在があることがうかがわれる。

ここで生活する移民の属性については、最近のデータはないが、南部のグット・ドールについて一九八四年に行われた住民の標本調査があり、地区の特性が一応表れている。当時、国籍では、住民全体の三五%がアルジェリア、モロッコ、チュニジアのマグレブ系であり、一一%がアフリカ系、宗教ではイスラームが四九%であった（Office public d'habitation de la Ville de Paris, 1988）。アフリカ系も多くのムスリムを含んでいるのである。現在でも、ポロンソー通りにあるモスクの周辺は、金曜日の礼拝に集まる信者たちを建物内に収容しきれないために、ビニールシートを広げて、ひざまずき祈る人々で埋め尽くされる。また、地区の中にあるサン・ベルナール教会は、一九九六年、正規化を要求する、アフリカ系を中心とした「サン・パピエ」の運動の拠点として占拠されたことで知られている（10章も参照）。

グット・ドール地区は、一九八三年から、いくつかの区画で「不衛生性率」が八二％から八四％にも達するとして、再開発事業の対象となった（*ibid.*）。この周辺では、もう二〇年以上も再開発が行われているのである。しかし、移民が多く住む地区での再開発とはいえ、それが移民一般を立ち退かせることを目的としていたと考えるのは性急である。住居の不衛生さに関する市民から行政への要望の内容を調べたE・カルフとL・ルメトルは、移民からの申し立ても一九八〇年代から見られ、それがグット・ドール周辺の住民であることを明らかにした（Kalff et Lemaitre, 2008）(10)。衛生状態の改善は、移民の要望でもあるのだ。また、レストラン、食料品店、衣料品店、一時帰国やメッカ巡礼を手配する旅行社、国際電話サービスを提供する店など、現在も移民に向けた店舗が多いことから、移民の多い特徴ある地区という状況は続いている。

4　再開発・取り壊し・転居の意味するもの――数字に表れない実態

シャトー・ルージュにおける再開発事業は、一九九三年に検討が始まった。グット・ドールの整備が進み、シャトー・ルージュの相対的な劣位が目立つようになったというのが理由である。非ヨーロッパ系、ことにアフリカ系の集住地区になりつつあることが、この時期に社会的に注目されるようになったと考えることもできよう。しかし、結果的には、パリ市は近年までこの地区に大きく介入することはなかった。ところが、二〇〇二年の「不適格住宅解消事業」は、シャトー・ルージュの五〇の建造物を一気に整備対象とした。市と契約した半官半民の開発会社であるＳＥ

ＭＡＶＩＰ（パリ市混合経済会社）は、二〇〇七年三月までに一五四世帯を転居させ、続いて二五〇世帯の転居を予定している。

この事業は地区の住民、ことに移民にどのような影響を及ぼしているのだろうか。「不適格住宅解消事業」は、全体として、建造物を基本的には修復し、取り壊さないという方針で行われている。しかし、建造物の維持状態が悪いことを理由に、実際には全体の三分の二が取り壊されている。その率は、シャトー・ルージュではさらに上がり、八四％に達している。シャトー・ルージュには社会住宅が四〇〇提供されることになっているが、現在のところ、地区を穴だらけにし、住民に生活の不安定さを強いているとの印象が強い。

転居先の確保は事業者の義務であり、シャトー・ルージュを含めた二〇〇二年からの事業で転居を強いられた住民全体の九七％がパリ市内に新たな住居を得ている。転居先がもとの住居と同じ地区内でないことは問題となりうるが、グット・ドールやシャトー・ルージュに住む人々は、必ずしもそこに住み続けたいとは考えていないという調査もある(11)。マグレブ系、アフリカ系の移民が多い地区となっているとはいえ、彼らも衛生状態に問題のある住居を好んで選択しているわけではなく、家賃の安さなどからそれを余儀なくされているのである。であるなら、転居を余儀なくされた住民も強い不満はいだかないはずと考えられるが、実際はどうか。

このような問いに対し、客観的なデータをあげるのはむずかしい。ここでは、公表された資料から読み取れない問題点を指摘することでよしとしたいが、事業について考察するきっかけにはなるだろう。

ステファンソン通りに、ＳＥＭＡＶＩＰの事業事務所があり、事業に関する質問の受付や転居が必要な人々の相談事務を行っている。〇八年八月、筆者はこの事務所に聞き取りに訪れた。インタヴューを待つ間に、三組の住民が相談に訪れ、帰っていった。そのうちの一組は、新しい住居の条件に関して、担当者と口論になっていた。それは、担当者の次のような言葉で締めくくられた。「いいですか、何人子どもがいるということは関係ないのです。あなたの収入では三部屋の住宅は借りられません。それでおしまいです」。

市が提供できる条件には制限はあるだろう。しかし、家賃ベースで入居先を決めるのであれば、新しい住居に移っても過密居住の状況は大きくは改善できない。公表されたデータには、事業対象となった住居の広さや、住民の家族構成は書かれているが、転居先が世帯の規模に適合した大きさをもっていたのかどうかは書かれていない。建造物全体を改築・解体するために、それほど劣化していない住居からあまり規模の違わない別の地区の住居へ転居を余儀なくされた世帯がある可能性がある。

このような世帯に対し、社会住宅が割り当てられさえすれば問題はないかといえば、そうともいえない。確かに、都市計画事業の対象となった建造物に住む世帯に対しては、社会住宅は比較的優先的に割り当てられる。しかし、結果として契約に至らない世帯もある。二〇〇六年の調査では、契約に至らなかった申請者側からの理由として、「条件に合わない」、「住居の規模が不十分」、「家賃が高い」が大きな割合（六四・五％）を占めている。逆に、社会住宅の管理者側から契約を断る理由としては、「収入が足りない」が最多で（四〇・六％）、「過密居住になる」も一三・九％を占めている（APUR, 2007c：42-48）。所得水準が低く、子どもの多いこの地区のアフリカ系移民たちが、条件に合う住宅を確保することは非常にむずかしい。

まして、非正規滞在であれば、社会住宅の申請をすることははじめから不可能である。そこで、インタヴューでは、スクワットをしている人々や非正規滞在者への対応についても尋ねたのであるが、担当者は、そのむずかしい状況について、非常に率直に答えてくれた。彼女によると、非正規滞在でも特定の住宅の賃貸契約を結んでいる人もいれば、滞在許可証をもっていても賃貸契約がない、つまりスクワットの状態の人もいて、状況はさまざまである。滞在許可証がなければ、正規化の申請を行うことになるが、もし許可が出なければ、単に立ち退かせるしかなく、「強制退去」といわれても仕方がない、それ以外の手段をもっていないのだ、という。

写真 6-2　不衛生住宅事業の看板と工事現場
（2007 年 2 月）

公表された資料には、非正規滞在の状態にある人々は困難であるが、ケース・バイ・ケースで対応している、としか書かれておらず、どのくらいの世帯が退去を余儀なくされたかは明らかでない。担当者は、シャトー・ルージュでは最終的にそうなった世帯は非常に少ない印象だと言っていたが、データには現れてこない彼・彼女らは確実に存在しており、より不安定な状況で別の場所へ移動したはずなのである。そう考えるなら、シャトー・ルージュで、平均を大きく超える割合で建造物が解体されたのは、彼らのような人々によるスクワットを防ぐためではなかっただろうか。

5　監視と選別

「不衛生住宅」を対象とする都市計画事業は、一九世紀から形を変えながら存続している。ある程度福祉的な性格をもっているため、広く支持を得られる政策でもある。実際のところ、本章冒頭のような火災による被害を防ぐのは、行政に求められている役割のひとつであろう。また、すでに見たように、マグレブ系やアフリカ系の移民も一方的に排除される存在ではない。彼らはよりよい住居を求めて、社会住宅入居を申請し、建造物の衛生状態について行政に申し立てを行っている。

しかし、それらの建造物に行政関係者が立ち入ることは、そこに住む人間を把握することを意味する。建造物を収用し移転手続きを進める過程で、住民について、収入や家族構成はもちろん国籍や滞在許可の有無などの詳細も行政の手元にわたる。行政は、それに基づき、住民それぞれの状況に見合った住居を配分することになる。結果として、この介入は、住民すべてに行政の目を行き届かせ、「望ましくない」住民が居住しないよう、選別を行うことを可能にする。

一九世紀に建造物のファサードを超えて私的領域に入り込んできた「不衛生住宅」対策が、つねに新規の移入民を監視してきたことを考慮に入れるなら、現在の政策が移民の多い地区、とりわけアフリカ系移民の生活の場を対象としていることを偶然と考えることはむずかしい。特に「不衛生」という概念ではくくれないスクワットの状況にある建造物などがこの事業の対象となっていることは、これを裏付けているのではないか。

住民の移転に関して、市当局が提供できるものに限界があることは理解しうる。しかし、住宅の問題として介入しながら、結果として人間を選別していることは、解決しがたい問題を残す。事業者は、内部を検査し、住宅を解体し再建するか、あるいは修復するのが役割であり、それを達成しさえすれば仕事を終える。しかし、退去させられた人々は消えるわけではない。住宅に問題を抱える人々が多い地区に介入しながら、行政は結局、より不安定な状況に置かれる人々を増やしてしまっているのではないだろうか。

（1）社会住宅（logement social）とは、国からの援助を受けて建設・整備された住宅であり、主にHLM（適正家賃住宅）を中心とする賃貸住宅をさす（藤井・塩野谷、一九九九）。本文および注（3）で示したSRU法で整備を進めている社会賃貸住宅には、HLMのほかに、国から何らかの援助を受けて入居者について収入条件などの制限を持つ住宅、高齢者・障がい者・若年労働者・移民労働者のフォワイエ、家具つきホテルのうち国や県によって借り上げられているものなども数に含まれている。

（2）『ル・モンド』二〇〇五年九月一日付。

（3）都市・連帯再生法（Loi no. 2000-1208 du 13 décembre 2000 relative à la solidarité et au renouvellement urbains）のこと。詳しい内容は、原田・大村（二〇〇四）を参照。

（4）APUR（2007b）。この事業は住宅を対象としており、商業施設とみなされる「家具つきホテル」は対象となっていない。

（5）たとえば、二〇〇五年八月三〇日付『ル・モンド』記事「西アフリカ出身の移民は最も住宅問題に身をさらしている」など。もちろん、住宅問題を移民特有の問題として強調するのは一面的である。

（6）火災にあった一三区の建造物には、住居を提供しない行政に対する抗議行動として、以前にケ・ド・ラ・ガールを占拠したアフリカ系の家族が多く入居していた。この抗議行動については、稲葉（二〇〇三：二〇六）を参照。

（7）レヴィ＝ヴロランは、病気の流行を物理的な街区そのものと対応させたことは、フランスに特徴的であったと述べている（Lévy-Vroeland, 1999）。フランスは、土壌を浄化することを重視し、予防接種の普及が遅れ、隣国のドイツやイギリスに比べ、結核の死亡率は結局高かったという。

（8）報告書の中では、二〇〇二年に増加した対象建造物が、住民自身の通報によるものか、その他の市民の通報によるものか、パリ市の先買権によるものかの区別はつけていない。調査の指標の変化と移民地区への焦点化の関連については、今後より詳しい調査を必要とする。

（9）本章では、基本的に行政による事業区画を二つの呼称で扱っていくが、日常的には、二つの地区を呼び分けるときにも、グット・ドールをミラ通りまでで見ることが多いため、必ずしも広く了解された区分ではない。

（10）また、カルフとルメトルは、パリにおける不衛生性の申し立てが非常に個人的なものになっていく傾向があるのに対し、グット・ドール周辺からの申し立ては、一九三〇年代には一般的であったように健康被害を訴える形式が多く、集合行為的なものであることも指摘している（Kalff et Lemaitre, 2008：244-245）。

（11）二〇〇六年のある調査では、住民の半数近くが転居を望んでいる（Associations Coordination Toxicomanies, 2006：45）。住居の狭さとともに、麻薬の取引が行われていること、麻薬中毒患者が多いことが理由として挙げられている。

（付記）本章は、文部科学省科学研究費補助金若手研究B「現代パリの景観形成をめぐる市民認識とその思想的背景」（研究代表者：荒又美陽）による研究成果を一部取り入れている。

アフリカ系移民とシャトー・ルージュの現状に関しては、アフリカ系移民の研究者である園部裕子氏との研究上の交流から多くの示唆を得た。ここに記して感謝したい。

7章

「郊外」コミュニティにおける「移民」の社会的排除と参加

政治参加をめぐる困難の背景

森　千香子

1　「郊外」とは何か

二〇〇五年秋の「暴動」をきっかけにフランスにおける「郊外」（banlieue）問題の存在が日本でも知られるようになった。一般に「移民が多く、貧しくて治安の悪い場所」とのイメージが定着しているが、実際の「郊外」問題とはいかなるものだろうか。まず留意したいのは「郊外」が必ずしも地理的概念でない点である。たとえばパリに関しては、サルコジ大統領が市長を務めたヌイイ市も、ルイ一四世の宮殿で知られるヴェルサイユ市も地理的には郊外に位置する。しかし政治空間やメディアにおいて「郊外」問題が取り沙汰されるとき、これらの裕福な都市はその対象にならない。以下では地理的郊外と区別し、問題になる郊外を「郊外」と括弧付きで表記する。

フランス社会で「郊外」がどのように見られているのかを示す例として、日刊紙『ル・パリジャン』の「郊外」特集号があげられる（一九九九年二月一七日付）。この号には「きわめて危険な八四の団地」と題された記事が掲載され、パリ郊外で「危険」という評判の八四団地がリストアップされた。

表7-1　全住宅数に占める適正家賃住宅（1999年）

	適正家賃住宅戸数	%
オー・ドゥ・セーヌ	165,600	26.5
セーヌ・サン・ドニ	188,100	35.9
ヴァル・ドゥ・マルヌ	144,800	29.0
パ　リ	185,300	16.7
フランス全国	3,804,800	16.0

ここで「危険地帯」とされる地域はパリの北部に最も集中し、東部、南部にも広がっており、「問題都市地域（ZUS）」の分布とほぼ重なっている。「問題都市地域」とは、一九九六年に可決された都市再活性化協定（Pacte de relance pour la ville）に関する法律のもとで、優先的に社会・経済的支援を行うべき場所に定められた地域であるが、これらの地域にはHLM公社が管理する低家賃の集合住宅（HLM、以下「適正家賃住宅」）が集中していることが多い。表7－1はパリ近郊三県における適正家賃住宅の比重を示しているが、フランス全国平均（一六％）、パリ市内（一六・七％）に比べ「郊外」におけるその比率は高く、特に北部のセーヌ・サン・ドニ県（三五・九％）は全国平均の二倍を超えている。県ごとの違いだけでなく、県内部でも地区ごとに適正家賃住宅の団地の分布は異なる（図7－1）。同県の内部でも、県西部に適正家賃住宅比率が五〇％以上の市が集中し、なかには八〇％を超えるところもある一方、東部には比率が一〇％に満たない市もある。

　これら適正家賃住宅の団地には、社会的・経済的困難を抱えた低所得層が多く、そこには「移民」[1]家庭も多く含まれる。フランスではこのような団地の集中する貧しい地区が「郊外」として理解されている。適正家賃住宅の団地が一部の県や地区に集中していることから、二〇〇〇年にはこれを分散させる目的で、各自治体に二〇％以上の適正家賃住宅を作ることを義務づける法律（都市の連帯と再生に関する法）が定められた。しかし、前述のヌイイ市（二一・八％）など富裕層の多い自治体のなかには、罰金を支払ってでも団地を建てないことが「利益になる」と判断するところが多く、法律の効力には疑問が呈されている。

　それでは、このような地区で暮らす住民の状況はどのようなものなのだろうか。「郊外」

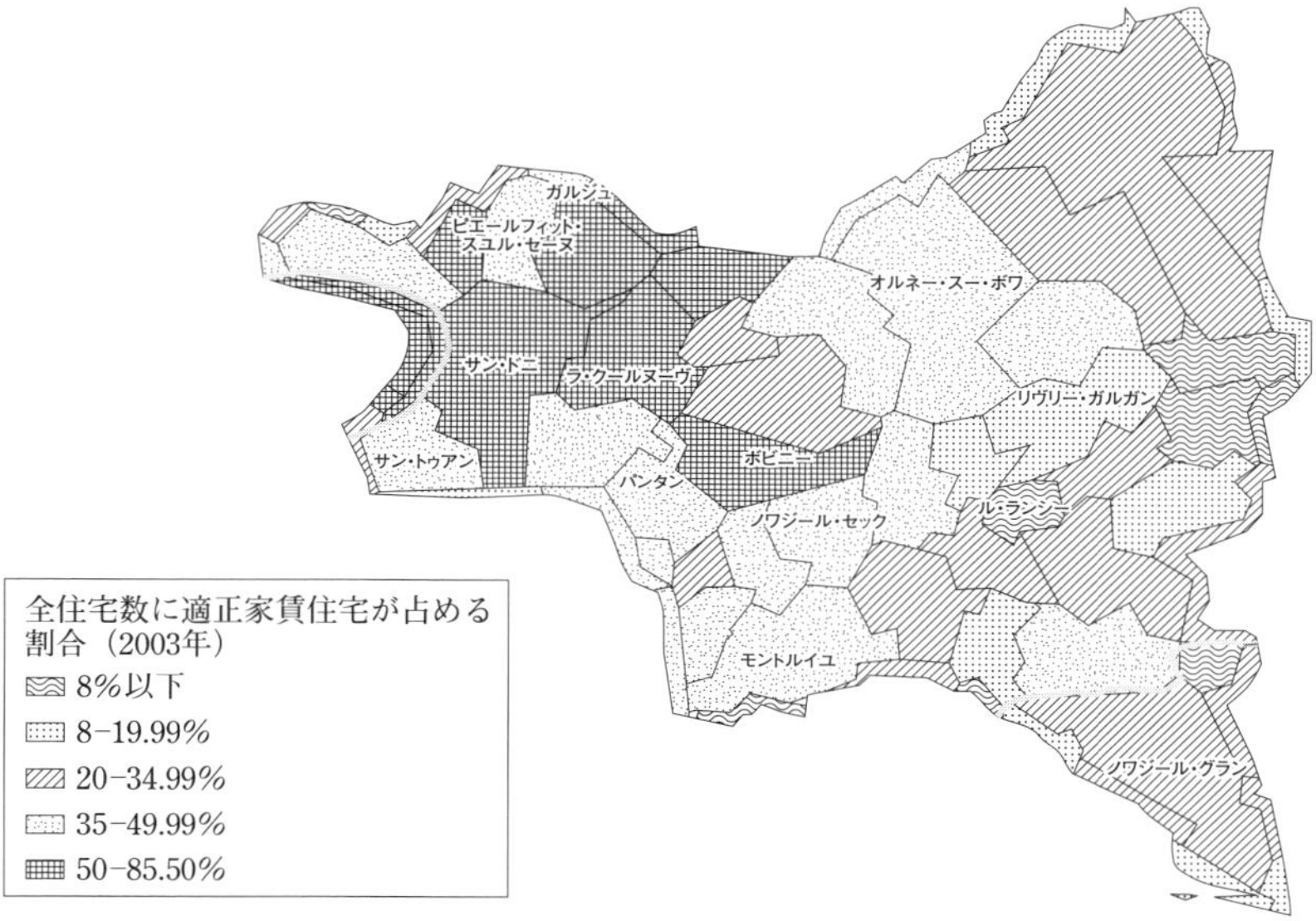

図 7-1　セーヌ・サン・ドニ県の適正家賃住宅の分布

の住民像を摑むために、パリ郊外に位置する「問題都市地域」に関するいくつかの統計をみると、住民の二七％が貧困ライン以下の収入（全国平均の三倍強）、二五％が失業（全国平均の二倍以上）、大家族世帯（子ども四人以上）が一三％（全国平均の三倍弱）、父子・母子家庭一五％（全国平均の二倍）、ディプロマなしの者一七％などとなっている（INSEE, 2002）。

それらに加えて大きな特徴としてあげられるのが、「移民」人口の割合の高さである。フランスの国勢調査では民族出自を問わないため、「外国籍者」に関する統計しかないが、たとえばセーヌ・サン・ドニ県のサン・ドニ市は外国籍の住民が二五％を占め、その内訳は**表7－2**のとおりとなっている。フランス国籍を取得した者や海外県・領土出身者などのエスニックマイノリティの存在は、「フランス国民」に分類されて明らかにならない（つまり、「外国籍住民」の割合と、実際の「エスニック」の割合には落差が存在する）。セーヌ・サン・ドニ県のある団地で行った調査に基づけば、住民の内訳は**表7－3**のようになる。

表 7-2 サン・ドニ市の外国人内訳 (2004 年) (%)

アルジェリア	52.0
モロッコ	4.2
チュニジア	3.7
ポルトガル	16.3
スペイン	6.9
イタリア	5.0
その他（トルコ，マリ，セネガル，ザイール，象牙海岸，コモロ，アジア）	11.0

表 7-3 フロレアル団地の住民構成 (2004 年) (%)

北アフリカ（アルジェリア，モロッコ，チュニジア）出身	45
サハラ以南アフリカ出身	17
生粋フランス	13
海外県（カリブ海，インド洋など）出身	10
東南アジア出身	7
東欧出身	5
インド・パキスタン出身	3

「移民」の多さに加えて、若年層の割合が高いことも「郊外」の特徴である。二〇〇五年「暴動」の勃発したクリシー・スー・ボワでは一八歳以下が四〇%、二五歳以下が五〇%を超える。このことからも、郊外の「移民」の抱える問題を考える際に「若者」に焦点を定めることの必要性は明らかになる。

「郊外」の若者の存在には一九八〇年以降、「失業」や「学業挫折」、「社会的排除」といった観点から関心が寄せられてきた。たしかに「郊外」に住む若者は均質的な集団を形成しているわけではなく、就業している者もいれば、学校に通う者も多く、バカロレアを取得する者も増えており[2]、またジェンダーやエスニシティ、フランスに移住した時期などの違いによっても様々な差異がみられ、「若者」はきわめて多様な人々によって構成されている (Mauger 2006, Beaud et Pialoux, 2006)。だがその一方で「失業」（若年失業率が五〇%に達する地区もある）や「学業挫折」（コレージュ修了前に学業を放棄した生徒の割合は一〇%弱）の割合が高いのも事実で、この層が「郊外」の若者すべてであるかのように見なされる傾向にある。

こうして「郊外」の若者の「学業挫折」や「失業」に注目が集まるのと並行して、このような若者たちが学校、職場といった社会との関係を一切失い、また地域社会にも関わろうとしなくなり、事実上「社会的孤立」という状況に置かれていることがフランス社会で問題視されるようになった。そして、社会的に排除され、孤立を深めた若者たちが社会に対して敵対的な態度をとるようになり (Dubet, 1988)、それが「暴動」や非行の増加につながっているのではないか、と懸念する声も強まっている。

このような状況がうまれた背景には、かつては一九世紀後半から工業地帯として発展してきた「郊外」の工業地帯において住民と地域を結び付けてきた労働運動が、一九七〇年代以降の脱工業化の進行と失業の増大によって、すっかり弱体化してしまったことがあげられよう。また「郊外」の住民の多様性や個人主義が浸透したことの影響なども考慮する必要があるだろう。

だが原因はそれだけなのだろうか? いったい、このような「若者」の「孤立」の現状とはどのようなものなのだろうか。また若者が社会に「参加」していないのだとすれば、なぜそのような事態が起きているのだろうか。これらが本章で検討する問いである。ただし「社会参加」には様々な形態が存在する。そこで本章では問題を具体的に把握するため、政治を通した参加に焦点を絞って考察をすすめることにする。まず、郊外の若者と社会の「乖離」に関する議論を整理し、その争点を浮かび上がらせる。次に、「暴動」後に現われた新しい政治化の流れに注目し、具体的な事例として「選挙リスト登録運動」を検討し、「郊外」における政治運動の形成を困難にする社会的背景について検討したい。

2　社会と政治からの「乖離」

政治性の不在をめぐる批判

二〇〇五年の都市暴動に関しては多くの議論がなされたが、なかでも頻繁に見られたのが「言葉なき『暴力』」という評価である。これは、暴動に加わった若者たちを「ただ暴力をふるうだけで、集団としての要求や主張をしない」と捉えるものである。たとえば週刊誌『ル・ヌーヴェル・オプセルヴァトゥール』編集長のJ・ダニエルは「暴徒たちが身を投じた、ある種の冷笑的な蛮行には、要求も言葉も一切なかった」[3]と述べた。

こうした反応は政治的位置に特化したものではなく、同様の主張は右派にも左派にもみられた。前述のダニエルと通常は全く異なる立場をとる「労働闘争党（La Lutte Ouvrière）」の党首A・ラギエも「郊外の若者が何の政治的目的も示さずに、ただ怒りを爆発させたことはきわめて嘆かわしい……これは若者の過激化ではなく、彼らが方向を見失っていることの表れであり、政治的に無自覚であることの徴だ」（『リベラシオン』二〇〇五年一一月一六日付）という見解を示した。暴動から半年経った二〇〇六年五月、筆者がインタビューしたパリ郊外の高校教員（男性、五六歳）も「当局との対立や暴力、破壊行為は昔の学生運動にもあったが、昨年の郊外の叛乱には、従来の社会運動にあったような明確に要求を訴える言葉がない。スローガンや要求がなく、代表者もいないため、政治家や当局はだれと何について交渉すればよいのかわからないのだ(4)」と述べている。

「従来の社会運動のような」メッセージの不在は、これが政治的な行為ではないことの根拠と見なされた。犯罪社会学のS・ロシェも、明確なメッセージの不在は「暴徒が政治的主張をもたない」ことの証であると強調した（Roché, 2006）。いくつかの例外を除き、暴動は、アノミー状態におかれ、自己形成する能力に欠け、政治的要求を表現する能力のない若者たちによる破壊的行為として解釈された。つまり「社会に対する意識が低く」、「政治に無関心で」、「既存の制度のなかで要求を表現できない」若者たちが「蛮行」に及んだのだと理解されたのである。

このような若者に対する批判は二〇〇五年に始まったわけではない。一九八〇年代から従来の政治や社会参加の枠組みと「郊外」の若者の「乖離」はたびたび問題にされてきた。失業の増大に伴い、労働運動という仕事の場を通した「参加」の道が閉ざされた。またアメリカの黒人公民権運動に影響を受けた「移民」の若者たちが一九八〇年代に発展させた反人種差別運動も「移民」の若者の置かれた状況を具体的に変えることができなかった。それ以降、若者の「政治への失望」は決定的になった（Masclet, 2003）。

このような流れと並行して、一九八〇年代以降の「郊外」で発達したのが、アソシアシオン活動である。その背景には、一九八一年大統領に選出されたミッテランが、公約どおりに結社法の改正を行い、外国人でもアソシアシオンを自由に結成ができるようになったことが挙げられる（8章も参照）。この法改正が「移民」の若者たちに「自分たちのアソシアシオン」を結成することを結果的に促し、「郊外」で結社活動が増加したのである。

また政治家も、社会と若者を仲介するものとしてアソシアシオンの活動に注目するようになる。欧州委員会の下で行われた「ヨーロッパの若者の政治参加（Political Participation of Young People in Europe）」に関する調査によれば、結社の活動にコミットする若者ほど政治意識が高い（EUYOUPART, 2005）。アソシアシオンを通じて「公的なもの」に参加することが、社会や政治への関心につながると考えられたのである。

アソシアシオン活動の担い手となったのは、多くの場合、一定の文化資本をそなえ、学校で「成功」した若者だった。「郊外」で育ち、「移民」の事情に通じる一方、学校を通じて「郊外」コミュニティ外の世界とも関わりをもつ彼／彼女らは、同年代のフランス人よりも政治への関心が強く、アソシアシオンなどを通じて地域社会にコミットする傾向がみられる。その活動を通して「郊外」コミュニティのリーダー的役割を担い、地域社会と周縁化された若者の仲介をすることが「成功した若者」たちに期待されたのである（Masclet, 2003）。こうして一九八〇年代に始まった都市政策（Politiques de la ville）では、教育や文化、スポーツなどのアソシアシオン活動への支援が重要な政策として位置づけられた（Vivier, 1991）。

投票に行かない若者たち

都市政策におけるアソシアシオン活動の支援は、文化活動などを通じた若者の地域社会への参加に一定の役割をはたしたと評価されている（Boucher et Vulbeau, 2003）。だが、これが政治参加にそのままつながったわけでは必ずしもなかった。多くのアソシアシオンの活動が都市政策の下請け的な性格を強くもっていたため、政治化の動きは起きなかったのである。事実、アソシアシオン活動が活性化した地区でも、若者と政治の乖離は都市政策の行われたあ

表 7-4　選挙リスト登録率（1995 年）

（%）

	19-25 歳選挙リスト登録者
両親がフランス人	81
外国出自のフランス人*	64
イタリア系フランス人	73
マグレブ系フランス人**	56

注：＊両親のどちらかが移民（外国生まれで，現在またはかつて外国籍だった者），＊＊両親のどちらかが現在またはかつてアルジェリア，モロッコ，チュニジア国籍だった者．

出典：Richard（1999）をもとに森が作成．

とも依然として高い割合でみられる。二〇〇四年の都市問題省庁間代表部の報告書によれば、「郊外」に集中するZUS住民の棄権率は全国平均に比べて七・六％高く（三六％）[5]、棄権者は若年層に多く、二〇〇二年大統領選の棄権者の八三％が三〇歳以下だった（Fauvelle-Aymar, François et Vornetti, 2004 : 4-5）。バッケとサントメールがパリ郊外で行った調査によれば、外国人も含めた全住民（成人）のうち投票に行く者は二五―三〇％にすぎない（Bacqué et Sintomer, 2001）。

また、「郊外」の「政治不参加」を棄権だけでは十分に測ることができない。フランスでは、国籍を持つ成人（一八歳）には全ての選挙への参政権が与えられるが[6]、実際に投票するにはあらかじめ居住する地区の「選挙リスト」に登録する必要がある。投票しない者の中には棄権者のほか、このリスト未登録者が多く含まれているのである[7]。二〇〇二年大統領選挙で極右のルペンが決選投票に進出した際[8]、選挙に参加しようとしたが、未登録で投票できなかった者も多く、なかにはそのときになって「初めて未登録であることに気づいた」者もいたという（Aït-Hamadouche, 2002）。

それでは、親がフランス人の若者と親が外国人の若者の選挙への参加率はどのように異なるのだろうか。まず一九九五年、国立統計経済研究所（ＩＮＳＥＥ）が全国の一九―二五歳二二四七人を対象に行った調査によると、親がフランス人の若者の選挙リスト登録率が八一％であるのに対し、親が外国人の若者は六四％で、なかでもマグレブ系の親をもつ若者の登録率は五六％と低い数値を記録している（表7－4）。また、外国人の親をもつ若者は、フランス人の親をもつ若者に比べ選挙リストに登録す

表 7-5　年齢・出自別の選挙リスト登録者率（1995 年）

（%）

1995 年時点での年齢	19	20	21	22	23	24	25
親がフランス人の者の登録率	75	79	81	82	82	83	85
外国出自の者の登録率	53	60	64	66	65	67	73

出典：Richard（1999）をもとに森が作成.

る年齢が高い。一九歳の時点で後者の七五%が登録完了したのに対し、前者は五三%にとどまっている（表7－5）。未登録者と棄権者をあわせて、外国人の親をもつ若年有権者の五二%が一九九五年の大統領選挙で投票しなかったことになる（図7－2）。この数字は「郊外」に多く住むマグレブ移民の子どもたちの場合、さらに高くなっている。

政治への不信感と「分裂」の論理

当事者である「郊外」の若者たちは政治についてどう考え、また自分たちが「政治に無関心である」と言われることについてどう考えているのだろうか。パリ郊外でのインタビューによれば、(9) 投票に行かない若者の多くが「どうせ何も変わらない」「支持したい人がいない」などを理由に挙げている。

「なぜ投票しないかって？　どうせ何も変わらないからさ」（オシン）。
「若者はまず政治に関わろうとしない。いったい、だれを支持すればいいんだい」（カリム）。

このような回答は「階層や教育水準が低いほど選挙を通した変革の可能性を信じない」という「ヨーロッパの若者の政治参加」の調査結果とも合致する（EUYOUPART, 2005）。だが、選挙に参加しないことが政治に無関心であることを必ずしも意味するわけではない。たとえば「投票に行かない」若者のなかには、次のように「政治家」に対して無関心というよりも批判的な態度をとる者も多い。

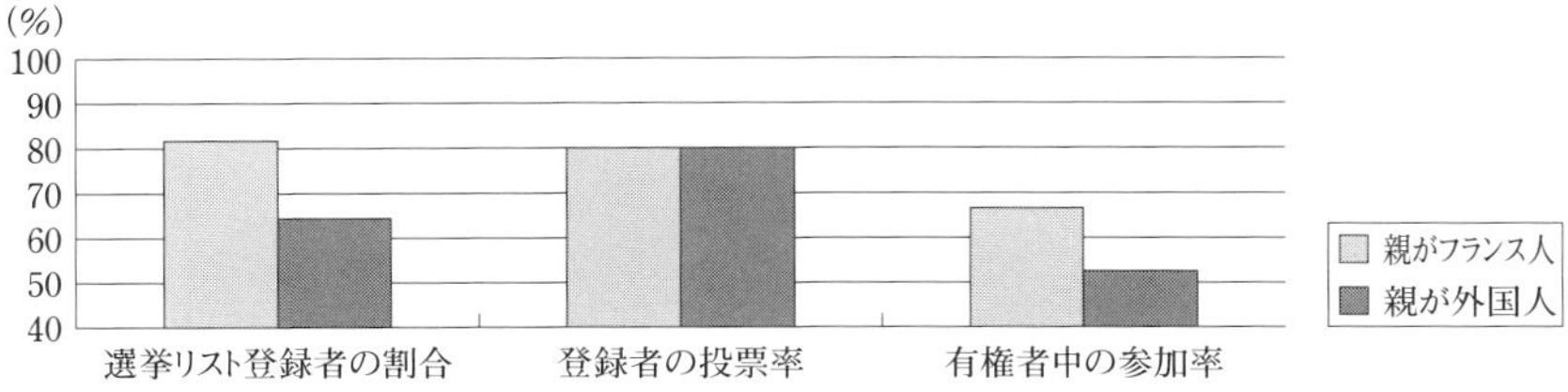

図 7-2　1995 年大統領選挙決選投票への 19-25 歳の参加状況

出典：Richard（1999）をもとに森が作成.

「政治家は俺たちがどんな暮らしをしているのか、知ろうともしない。ギリギリの生活が暴力を生み出していることを理解しようともしない。フランスは移民を受け入れていない。毎日、それを思い知らされているよ」(オシン)。

若者の政治への不信感が、一九七〇年代以降、どちらかといえば「移民」に対して弾圧的な政策をとってきた右派だけではなく、「左派」に対しても強く表明されることは注目に値する。というのも、従来から移民労働者の家庭では「国民」というナショナルな価値の下での結束を表明し、ゆえに「移民」などに排他的になることもあった右派ではなく、「階級」や「社会」的な価値の下に連帯を呼びかける左派を支持するのが一般的だったからである[10]。しかし労働運動が盛んだった「郊外」の工業地帯で長いこと行政を運営してきた左派が、自分たちの抱える社会的困難を改善できず、マイノリティにも十分な機会を与えてこなかったことなどを理由に、左派に不満をもつ若者は増えている[11]。

「選挙の時だけ声を掛けられ、利用されて、選挙が終わったら次の選挙まで忘れ去られるのは、まっぴらだ。長いこと政権に就きながら結局状況を変えようとしない左派の彼らに票を投じるのは、まっぴらだ」(ジュッド)。

「左派は何もしてくれなかった……社会運動を利用して、若者の移民運動を選挙に利用した以外は。だから『政治』と聞くだけで警戒するんだ。政党の言う甘い話を信じてはことごとく約束を破られた上の世代と同じように、俺たちも彼らにだまされるんじゃないかってね」(マイク)。

「郊外」の住民と左派政党の関係について研究するO・マスクレは、個人主義の浸透などによって政治への無関心が社会全体で高まるなか、「移民」の若者たちは同世代のマジョリティ・フランス人の若者に比べて、政治への関心が高いことを指摘している。マスクレによれば、「移民」の若者たちは差別を受けたり、自分たちやその家族が社会のなかで周縁化されていることを意識したり、また家庭と学校での価値観の違いを幼い頃から経験することを通じて、同世代のフランス人の若者よりも、既存の制度や社会のあり方に対する意識が高く、政治や市民運動などに関心を示す傾向がみられるという(Masclet, 2003)。

このような政治への関心は、先にあげた若者たちの言葉のなかにもはっきりと読み取ることができる。「郊外」の若者たちはたしかに投票には行かないが、それは必ずしも「無関心」からではない。それどころか「関心」が高いにもかかわらず、それが投票行動に結びつかないのである。この点こそを、問う必要があるだろう。

3　暴動後の新しい政治化の兆し?

ところが二〇〇五年「暴動」の後に、既存の政治の枠組みに働きかけるような、今までとは明らかに異なる傾向が「郊外」で見られるようになった(12)。以下では「暴動」の直後に始まり二〇〇七年四―五月の大統領選挙まで続けられた、若者に投票を呼びかける一連の活動を概観し、その争点を提示したい。

選挙リスト登録運動とその流れ

「われわれの声が聞き入れられるよう、団結しよう！　一二月二〇日に選挙リストに登録しに行こう！　……フランス共和国は皆のものだからこそ、その枠組みのなかで自分たちの代表者を出そう。特に今まで代表されてこなかった移民の代表者を……フランス社会にわれわれの声を響き渡らせよう」。

「選挙リストへの登録」を呼びかけるこの声明は、二〇〇五年一二月一五日付の『ル・ヌーヴェル・オプセルヴァトゥール』誌に掲載された。呼びかけ人にはカリブ海出身のサッカー選手、リリアン・チュラム、北アフリカ出身のコメディアン、ジャメル・ドゥブーズ、サハラ以南アフリカの血を引くラッパー、ジョエイ・スターなど、「郊外」の若者の間で一目置かれる「郊外」出身の有名人が名を連ねた。

声明発表から五日後には、「暴動」の始まったクリシー・スー・ボワで集会が開かれ、「存在するために投票しよう」「投票は反対勢力の形成を意味する。政治に参加しよう」などと前述の呼びかけ人が地元の若者に訴えた。集会の後、地元の若者たちは呼びかけ人に付き添われて、市役所で登録を行った。

これ以降、「郊外」の若者に選挙参加を呼びかける活動が様々なアクターによって始められた。まず、一九九〇年代から政治制度の外側で「政治的な」表現を行ってきたラッパーなどのアーティストの存在があげられる。自分の曲の中で選挙参加を訴えるなどの行動をとる者もいれば、アソシアシオン「アクティブな郊外」を結成して、全国大都市郊外の団地でコンサート集会を開いたり、若者の声を反映させるような提言を選挙の候補者に行ったりする者もいた。

また、若者に選挙への参加を促す目的で結成された多数のアソシアシオンも重要な役割を果たした。「郊外」におけるアソシアシオンの活動は、前節でもみたように、一九八〇年代から活発であったが、政治色のうすい、あるいは一切ないアソシアシオンが大半だった。しかし、ここにきて、政治性を前面に出した団体が結成されるようになった。たとえば「投票しよう、郊外！（Votez Banlieues!）」は、二〇〇一年に導入された優遇制度（9章参照）によってエリート校パリ政治学院に進学した若者の作った団体で[13]、独自の分析に基づいて「郊外」の若者に向けて選挙関連情報を発信した。全フランス市民の選挙リスト自動登録を目指した団体「さあフランス！（Allez France!）」も結成された。二〇〇五年暴動の「出発点」となったクリシー・スー・ボワでは、地元のソーシャルワーカー、失業者、高校生、教師、弁護士、住民らが集まり「二人の若者の死を無駄にしないため」という目的で「アッセ・ルフー（AC LEFEU 自由・平等・博愛を一丸となって目指すアソシアシオン）」を結成した。

こうした活動の担い手の多くが「郊外」出身の若者や「元若者」だった。彼／彼女らの大半は、必ずしも以前から政治に関与していたわけではなく、なかには今まで選挙リストに登録した経験が全くない者もいた。

「たしかに、今まで一度も投票したことがないのは認めるよ。社会問題への関心は強かったけど、政治家のやり取りは自分とは関係ないと思っていた。自分みたいな人間にとって、革新の政権だろうと、保守の政権だろうと、どうせ同じだってね。市民としての義務は、ラップを書くことで毎日果たしてると思ってたんだ」（ジョエイ）。
「政治には全然期待していなくて、はっきり言えば拒絶してた。選挙登録証なんか持ってなかった。少しでもマシな政治家なんて見あたらなかったし、いるわけないと思ってた」（レティシア）。

つまり、それまで政治に強い不信感を抱いていた若者たちが、他の若者たちに選挙に参加するように呼びかけ始めたのである。なぜ、このような変化が起きたのだろうか。このような問いに対し、多くのアクターは二〇〇五年の暴動を機に生まれた「危機感」に言及する。ここでいう「危機感」とは「暴動」に対するものだけでなく、「暴動」が大きく報道されたことによって「郊外」への眼差しが変化したことに対するものであった。

「暴動が起きる前、人々は『郊外』に対していいイメージは持っていなかったかもしれないが、はっきりしたイメージも持っていなかった。でも暴動のあとで、『郊外』のイメージはひどく悪いものに固定されてしまった」（オシン）。

「郊外」のネガティヴなイメージの定着と並行し、「郊外」住民に対するステレオタイプも強化され、それまでは口に出すのが憚られていたような偏見を露にする政治家やメディアも現れた。暴動の原因が「移民の重婚や偽装結婚にある」などと公言する政治家さえ出てきたのである（森、二〇〇六）。暴動に表れた若者の怒りと暴動後のフランス社会の「変化」を目の当たりにして、それまで政治とは距離を取っていた人々のなかに「事態を改善するには、政治に関与するしかない」と考える者が現れたのである。

「政治は自分でやるか、人がやるものを甘受するかのどちらかだ。自分たちが存在するんだと政治家に見せつけなければならないと思った」（モハメッド）。

「地元の若者たちが地元の施設、学校、体育館や車を破壊するのをみて、ここで何もしなかったら、彼らの絶望を理解しないのと同じだと思った。……サルコジは郊外の住民に対する誤った見解を広めるだけでなく、苦しい状況にある人々の不幸を選挙で票を集めるために利用した。許せないことだ。二〇〇五年一一月の社会的抵抗が、われわれの運動を生んだんだ」（サミール）。

「二〇〇二年のルペンの躍進があって、今度は二〇〇五年の暴動が起きて、このままでは悪くしかならないと、ようやく目が覚めた。自分と同じように若者の目を覚ますことができたらと思う」(ジョエイ)。

「政治家は移民を相手にせず、アソシアシオンの領域に閉じ込めてきたけど、やられてばかりじゃいられない。アソシアシオンを通して政治に介入するんだ。アソシアシオンが政治を動かすんだ」(ファリド)。

こうして選挙リスト登録運動は、二〇〇七年大統領選挙に投票するための登録最終期限である二〇〇六年一二月二〇日まで続けられ、メディアでも大きく取り上げられた[14]。その結果、「郊外」における選挙リスト新規登録者数は軒並み増加した。パリ郊外だけでもセーヌ・サン・ドニ県サン・ドニで二五%、ボンディーで一八%、ヴァル・ドゥ・マルヌ県フォントゥネー・スー・ボワで三六%増を記録したのである[15]。

「反サルコジ」か「市民教育」か

選挙リスト登録運動に取り組むアクターは、個別の活動のほか、二〇〇五年一二月のクリシー集会や二〇〇六年六月ラ・デファンスの「若者選挙登録デー」、二〇〇六年一〇月のパリでのデモなど多くのイベントや行動を共同で行った。また、運動を通じて知名度のあがったアソシアシオンやミュージシャンが、地域の団体に招待されて、集会やイベントが開かれることもあった。

ところが、このようにゆるやかな連携をしてきたアクターの間に大きな対立が起きた。それは二〇〇六年一二月下旬に選挙リスト登録期間が終了した後の活動の方向性をめぐっての対立であった。ひとたび登録が終われば「だれに投票するのか」という問いが必然的に立ち上がる。この点についてどのような態度をとるべきか、が問題となったのである。

この対立が明確に現れた例として、二〇〇七年三月パリ郊外パンタンで開かれた討論会の事例があげられる(16)。アソシアシオン「コレクティフ二〇〇七」が討論会「若者と選挙を考える」を開催し、そこには前述の「アッセ・ルフー」や「アクティブな郊外」、さらにラッパーのモクべが招かれた。「アクティブな郊外」と仲間のラッパーたちは「ストップ・サルコジ」と描かれたTシャツ姿で会場に現れた。そして「サルコジを何が何でも止めなければならない。サルコジはルペンより危険なんだ」と叫ぶと、会場の若者たちから大きな拍手が起こった。

だが、「市民教育」という普遍的理念を掲げて活動を行ってきた「アッセ・ルフー」のメンバーはこれに強く反発した。スポークスマン、ファティマ・ハニは「若者の頭に『ストップ・サルコジ』を詰め込むべきではない。若者は羊じゃないんだから、自分の意見を持たせるべきだ……わたしたちは非政治団体であり、若者に投票に行くことは薦めても、投票の内容を指示することはできない」と発言した。

これに対し、「ストップ・サルコジ」を主張するアクターたちは「ストップ・サルコジ」の何が悪いのかと首を傾げる。「コレクティフ二〇〇七」のナディアは「私たちが投票や選挙の定義以上のことを若者に説明していると非難する人がいるけど、投票や選挙の説明だけでは若者は聞きに来ない！　若者は具体的なものを求めている」と述べた。また会場のラッパーも「自分たちはだれかを支持するために投票する世代ではない。だれかに反対するために投票する世代なんだ」と発言した。物議をかもした「ストップ・サルコジ」のTシャツの発案者ゾラも言う。「『ストップ・サルコジ』というスローガンのどこがショッキングなのかわからないよ。民主主義なんだから、自由に表現するのを恐れる必要はない……『サルコジ頑張れ！』というTシャツやライターもあるのだから、『ストップ・サルコジ』だけを批判するのは変だ。そもそも僕たちにはサルコジのような資金も、メディア露出もない。僕たちのTシャツなんかだれも話題にしていない。完全に負けてるんだ」。

それでは活動の「非政治性」を強調する「アッセ・ルフー」は、どのような形で社会にコミットしているのだろうか。「郊外」の事情に精通するメンバーは「郊外で行われている政策は、われわれの現実とかけ離れている」ことを痛感し、住民の困難が政治に反映されるよう「政治家に忘れられた市民の抱える悩みを『陳述書』としてまとめて国会に提出する」企画をたてた。そして二〇〇六年夏、バスで二カ月かけて全国の公営団地や住宅地をまわり、二万人の悩みや苦情を集めて、(17)同年一〇月に国会に赴いた。ところが国会議長ジャン＝ルイ・ドゥブレは「渡したければ、入り口の守衛に預けてください」と返答したのみで、まともに相手にしなかった。(18)このような市民の働きかけへの体制側の侮蔑的な対応も「反サルコジ」のような若者の敵対的態度を強める結果になっている。

4　声を代表する回路の不在

選挙リスト登録運動のなかから「反サルコジ」を訴える流れが生まれた背景には、二つの社会学的な争点が浮び上がる。

一つめは「反サルコジ」運動を、政党や安定した運動体といった「加入（affiliation）」のインフラをもたない「郊外」の若者を結束させるためのひとつの軸として解釈できるという点である。かつて「郊外」の労働者たちは、中央国家のオルタナティブとして地域に根ざしていた共産党の活動に「対抗加入」（contre-affiliation）し、地元に「対抗社会」（contre-société）を築き、労働運動を発展させた。だが失業が増大した今日、「郊外」で暮らす「移民」の若者たちには、労働運動にあった価値観に代わるような「軸」や「インフラ」（Castel, 1995）がない。このような状況に置かれた「郊外」の若者たちがイスラームの価値観のもとに結束を強め、(19)フランスの支配的価値観に敵対的な「共同体主義」を発展させているとの批判もあるが、実際には「郊外」にはイスラーム教徒だけではなく、様々な文化をもった人々が暮らしている。また「郊外」のイスラーム研究者コスロカヴァールも指摘するように、フランスで「ムスリム」と一括りに呼ばれる人たちも、実際には均質な「共同体」を構成しているわけではない。出身国や民族、歴史的経緯の面でも多様で、時には対立するような価値観や記憶をもつ人たちが共存しており、またフランス的価値観に順応し、世俗化した人々も少なくない。彼／彼女らの意見が一致するのは「イスラエル＝パレスチナ問題」など、国外の状況をめぐってのみだとも言われる（Khosrokhavar, 2003）。アメリカの黒人ゲットーとフランスの「郊外」の比較研究を行ったヴァカンも、「郊外」の若者は、黒人ゲットーの若者と違い、文化面では均質な集団とはいえず、むしろ多様な人々が共存し、「多様性」「差異」「まとまりの欠如」に特徴づけられていることを指摘している（Wacquant, 2007）。このような状況において、二〇〇五年の暴動で「郊外」の若者に侮蔑的な発言を行い、強権的な「移民」政策でも知られるサルコジの存在は、文化的に多様な「郊外」の若者が日常的に経験する貧困や差別を「共通の経験」として浮び上がらせ、連帯するひとつの軸という役割を果たしている。

二つめは既存の政治制度において、「郊外」の若者の声を代表するような回路が事実上欠如している点である。フランス国籍を取得した「移民」たちが、政治を通じて自分たちの要求や主張を社会に発信するという試みは、すでに一九八〇年代前半に起きた「平等への行進」などの反人種差別運動にも表れていた。だが、こうした運動を社会党などの左派政党は「支持」したものの、「移民」の声を政党の内部に取り込むことは行われず、それが左派に政治参加への希望を見いだそうとしていた「移民」の若者の離反を招いたといわれる（Masclet, 2003）。また先に挙げた「移民」内部の多様性や差異なども手伝い、別のかたちでの組織化もうまく進まず、結果的に既存の政治制度への不信感や諦めの気持ちが強まり、政治に関心はあっても投票には行かない若者が増大した。そのような若者たちに対して、「投票を通して現状を変えよう」と訴えたのが選挙リスト登録運動だった。しかし投票しようにも、自分たちの声を代表する政治家はいない。このような状況において、投票を通じて表現できるのは、「最悪の選択肢に反対すること」しかないというのである。前節で引用したラッパーの言葉（「自分たちはだれかを支持するために投票するのではなく、だれかに反対するために投票する世代なんだ」）も、この代表回路の不在の問題を指摘するものである。

表 7-6　政治的参加の諸形態

1. 選挙で投票したことがある	14. 合法的な抗議行動に参加
2. 白票を投じたことがある	15. 違法な抗議行動に参加
3. 抗議するために棄権したことがある	16. ストライキに参加
4. 政治家に連絡をとったことがある	17. 政治的グループや組織に献金
5. 政治や社会問題がテーマの会合に出席	18. ネット上で政治的議論に参加
6. 署名したことがある	19. 学生新聞やネット上に政治関係の記事を書いた
7. 署名を集めたことがある	20. 政治的内容を含むメール・手紙を書いたり，転送
8. 政治に関して発言	21. 破壊行為を伴う政治行動に参加したことがある
9. 政治的内容を含んだ冊子などを配布	22. 警察との激しい衝突を伴う政治行動に参加
10. 政治，民族，環境的理由から製品ボイコット	23. 激しい衝突を伴う政治行動に参加
11. 政治，民族，環境的理由から製品を購入	24. 住宅，学校，職場，工場，公的機関の建物を占拠
12. 政治的メッセージや落書きをしたことがある	25. 道路や線路を封鎖
13. 政治的内容を含んだバッジを着用	

このような代表回路の不在の一因を、若者の組織化をめぐる困難に求めることもできるだろう。だが一方で、「移民」や「郊外」の住民による政治的表現に対して、既存の制度のなかにしかるべき場所を与えてこなかった社会の側に探ることも必要だろう。

「郊外」の若者の政治的表現に対するフランス社会の対応を検討するには、若者の「政治的表現」の意味自体を問い直すことも必要になるだろう。その際に、前述の「ヨーロッパにおける若者の政治参加」調査は貴重な示唆を与えてくれる。同調査は**表7−6**にあるような合法と非合法、暴力を伴うものと伴わないものをあわせた二五の行為を「政治行為」として捉え、より広い「政治参加」の定義を提示している。そして、一般に学歴が高いほど合法的行為を通じた政治行為が多く、学歴や社会階層の低い場合には非合法行為の割合が増加するという。そのように考えると、都市暴動や落書き、破壊行為などの行為や、また政治家や国家に対してきわめて批判的な音楽を作った「郊外」のアーティスト（森、二〇〇六）などの表現も、代表回路をもたない若者たちの「政治的表現」の可能性として検討することができるだろう。そして、そのような眼差しは、フランス社会における「移民」の統合ではなく、「マイノリティ」抑圧の構造を問うためのひとつの手がかりにもなるだろう。

5　政治における「多様性」の模索

二〇〇七年大統領選挙の投票率は第一回投票が八三・七七％、第二回投票が八三・九七％で、「郊外」の自治体でも高い数字を記録したが、結果はサルコジの圧勝に終わった。選挙直後の夜には、合計七三〇台の車が放火され、五九二人が逮捕された。騒動は数日のうちに沈静化したが、サルコジに反対した「郊外」の若者の間には失望や不安が拡がった。「郊外」の若者に挑発的な発言をしてきたサルコジの勝利を「フランス国民は『アンチ郊外の若者』の国民投票に賛成したのだ」と受けとめる若者もいた(20)。

選挙リスト登録運動をはじめとする、「暴動」後の郊外に見られた政治化の兆しは、サルコジ当選と共に消えてしまうのだろうか。実際に「全ての出来事はそのうち忘れ去られて、教訓は何一つ残らないだろう。唯一残るのは郊外の警備が強化されたことだけだ」（サミール）との声もきかれた。また「過去と現在の違いは……昔は不公正な事態がおきると、市民は集まって抗議したが、現在はきわめて深刻な事態がおきても、大半の人は黙って受身になり、諦めてしまう(21)」と人々の動員が年々難しくなっていることも指摘されている。

こうした悲観的な見方がある一方で、新しい試みも行われている。その一つにマイノリティの政界進出をめざす取り組みがあげられる。このような動きは、すでに二〇〇一年市町村選挙でトゥールーズの移民系ミュージシャンや若者が結成した選挙リスト「リスト・モチヴェ」や、二〇〇三年地方選挙の際にＭＲＡＰや人権同盟などの人権擁護団体が中心となって出した「多様な政治的代表制のための声明」などにもみられたが、このような動きがより広範囲でみられるようになっている。

たとえば二〇〇七年六月の国民議会選挙に「アッセ・ルフー」のメンバーだったサミール・ミヒがセーヌ・サン・ドニ県の第一二選挙区で出馬した。一年半にわたって選挙リスト登録運動にコミットした彼は、「選挙で投票しても、自分たちの声を代表する人がいなければ結局何も変わらない」と考えて出馬を決めたという。結果は他の候補に大きく水をあけられて敗退したが[22]、サミールは今後も政治活動を継続する意向を示した。同様の動きはパリ郊外の他の地域やリヨン郊外など各地でも生まれつつある[23]。

本章で見てきた「郊外」の若者の政治参加への希求は、フランスで生まれ育ち、教育を受け、フランス国籍ももち、家族を形成したいと願う彼／彼女らが、にもかかわらず「移民」として区別され、二級市民として扱われることへの異議申し立てであり、自分たちが「移民」ではなくフランス社会の十全な一員であることの主張でもある。研究領域においても、後から移動して来た者という「地位」に彼／彼女らを閉じ込めるような「移民」という表現よりも、さらに的確に彼／彼女らの状況を示すような表現の模索と発想の転換が求められるのではないだろうか。筆者の今後の課題としたい。

（1） フランス国立統計経済研究所（ＩＮＳＥＥ）の定義に従えば、移民（immigré）は外国で生まれフランスに移住した人を指す。この点で、本章で扱う「郊外」の若者は大半がフランス生まれのフランス育ちでフランス国籍保有者であり、移民ではないが、外見の違いなどから、社会において「移民」扱いされることが多い。彼／彼女らを社会学の領域でどう呼ぶかについては専門家の間でも意見がわかれるが（序章も参照）、本章では、「移民」という表現を括弧つきで用いる。

（2） だが「郊外」で高校に通う者の多くが「職業訓練高校」などの底辺校に通っているというように、深刻な進学格差が存在するのは事実であり、また大学を卒業してもなかなか安定した職につけないなどの就職格差も存在する。また社会全体の高学歴化によるバカロレア自体の価値低下が起きていることも指摘しておきたい。

（3） *Le Nouvel Observateur*, 1-7 décembre 2005.

（4） 二〇〇六年五月四日実施のインタビュー。

（5） この年、フランスの全国平均では二八・四％だった。日本と比較するとそれほど多くないように見えるが、フランスの大統領選においては史上最悪の数値であり、全国的な「政治離れ」として問題化された。

（6）　ＥＵのいくつかの国では地方選挙においてＥＵ域外出身外国人にも参政権が認められているが、フランスでは認められていない。ただしＥＵ域内出身者には市町村会議員選挙への参政権が認められている（憲法88条の3）。

（7）　一九九七年以降、毎年一八歳に達した者に関しては自動的に登録される制度に変わった。しかし引越しした場合などは、再度、登録しなおさねばならない。

（8）　二〇〇二年四月の大統領選挙第一回投票では二五歳以下の若者の棄権率は三七%を記録した。*Le Monde* 二〇〇二年四月二五日付。

（9）　ここでの議論は森（二〇〇四）で提示したデータに基づいている。

（10）　*Le Figaro* 二〇〇五年一二月三日付。

（11）　「移民」の若者が左派批判の際にあげる例のひとつが「外国人参政権」の公約が守られなかったことである。

（12）　政治性の表現はすでに暴動前から起きていた（例・ＭＩＢ 共和国の原住民）が、一部を除いて周縁化される傾向にあった。言い換えれば、暴動後に政治化が起きたように言うのは、こうしたメディア表象と現実を混同することにもなりかねない。とはいえ、暴動後に、こうした政治化の流れが拡大したことも事実である。

（13）　「郊外の若者」というと「学業挫折して、現在は失業中の若者」を想像しがちだが、モジェも指摘するように、実際に郊外で暮らす若者のなかには学歴や家庭環境などに多様性がみられる（Mauger, 2006 : 71-74）。

（14）　*Le Monde* 二〇〇五年一一月二九日付、*Libération* 二〇〇五年一一月二八日付など。

（15）　« Voter Registration Soars After '05 Suburban Riots» *Washington Post* 二〇〇七年二月二一日付。

（16）　以下の記述は、二〇〇七年三月一七日午後二時よりパンタン市庁舎にて行われた討論会の様子の記録である。

（17）　住宅、雇用、教育、職業訓練、治安など様々な陳述のなかでも一番多かったのは「失業」と「警察との関係」だった。

（18）　*Le Monde* 二〇〇六年一〇月二六日付。

（19）　イスラームを軸にしたアイデンティティ模索の状況に関しては本書第4章を参照されたい。

（20）　サルコジ選出に対する郊外の若者の不安については *Le Monde* 二〇〇七年三月三〇日付も参照。

（21）　くわしくは Le Goaziou er Mucchielli（2006 : 87-97）。

（22）　現職で保守ＵＭＰ候補 Eric Raoult の四六・九一%、社会党候補 Pascal Popelin の二八・四二%に対し、ミヒは二・八%だった。

（23）　たとえばパリ郊外のグリニーでも、地元の移民出自の若者たちによる「ブラック・ブラン・ブァール（黒人・白人・アラブ人)」リストが作られた。得票は〇・九%にとどまったものの、その後、同名のアソシアシオンが作られ、継続的な活動が模索されている。

(注記) 本稿は、科学研究費補助金若手研究B(研究代表者:森千香子)「フランス暴動後の移民集住地区における地域ネットワークの構築と機能」二〇〇八年度南山大学パッヘ奨励金I—A—2による研究成果にもよっている。

8章　結社活動と移民

アフリカ系を中心に

井形　和正

1　増加するアフリカ系移民

移民は、少なくともホスト社会の中では、都市的な存在である。地域別分布についてみると、フランス本土の移民約四三〇万人のうち、パリを含むイル・ド・フランスで約一六〇万人、リヨンを含むローヌ・アルプで約四七万人、マルセイユ、トゥーロン、ニースを含むプロヴァンス・アルプ・コートダジュールで約四三万人と、大都市圏に集中している。特にパリ都市圏（agglomération parisienne）には三五・一％が住み、以下で取り上げるアフリカ・サハラ以南出身の移民の実に五八％はこのパリ都市圏に居住している（INSEE, 2005 : 138-139）。彼らの居住の実態については、すでに6章と7章でふれており、本章では立ち入らないが、アフリカ系では、フォワイエ（単身移民用集合住宅）に住む割合が高く、また老朽または仮設建造物に住んでいる家族が多いことは、特に6章でみた通りである。アフリカ系移民の大都市への集中と居住状況の劣悪さがうかがえる。

フランスにおけるアフリカ出身移民は、マグレブ系出身者と同じく、失業や不安定な労働条件などの点で社会的統合の境界に置かれている。非正規滞在者の多さと関係するであろう住宅や社会保障における排除もそれで、たとえばパリ市内では、たびたびの老朽建築の火災で犠牲者を出すなど、ＨＬＭ（適正家賃住宅）入居を果たせない移民にアフリカ系は多い(1)。在仏アフリカ系移民の数は、一九九九年の国勢調査で約三九万人と示されているが、その後の増加は疑いようもなく、数字に表れない非正規滞在者（サン・パピエ）が多数含まれているのも特徴である。本章は、彼らの現状とその要求をいくつかの事例を通して考察するが、特にその社会的統合に果たすアソシアシオン(2)の役割に焦点を合わせる。

アフリカ系の移民は、同じ旧フランス植民地出身者といっても、マグレブ系に比べると来仏の時期は遅れ、一九七〇年代の移民数は一〇万人にも満たず、ようやく一九九〇年代に増加をみた。平均して年齢が若く、男子の比率が高く、フォワイエの居住率が高い（INSEE, 2001a : 90-91）といった点に特徴が表れている。しかし、滞在歴の長いグループもあり、また最近は、支援者にも支えられた「サン・パピエ」運動によってノウハウも獲得したためか、アソシアシオン活動は活発である。正規化や労働者の権利に力を入れるものから、アフリカ人の地位、認識全般を問うもの、さらに女性の権利、社会参加を推進するものまで多様な範囲にわたっている。なお、後半では、アフリカ系のなかで数の上でも大きい、筆者がかねて注目してきたソニンケ人（Soninké）移民に焦点をあてる。

フランスのアソシアシオンは、ほぼ日本でいうＮＰＯ（非営利団体）に相当する。それに対する制限の歴史は長かったが、ようやく結成と活動は活発化している。ミッテラン政権初期の一九八一年一〇月になされた外国人アソシアシオンの自由化もあって、移民中心の団体の活動（相互扶助、反差別、子どもへの補習、音楽、スポーツなど）も恒常化している。

2　フランスのアソシアシオン

歴史的にみると、フランス革命時に宗教団体や同業者団体などが解体され、中央集権的政治体制がとられたフランスでは、「団体の成立は個人の自由意思を拘束するもの」とみなされ、民間の非営利団体の自由な活動には規制が加えられてきた。一九〇一年の通称「アソシアシオン法」で、ようやく公的自由としての「結社結成の自由」と「結社加入の自由」が宣言・保障され、非営利団体に関する規定が設けられた。このような経緯の下に設置される「中間団体」、アソシアシオンは両義的なもので、一方で共和国理念との乖離が指摘されながら、他方で国家との相互補完的な関係が生じている。二〇〇〇年にはコンセイユ・デタによる国家とアソシアシオンとの「パートナーシップ憲章」の構想が打ち出されている。

近年、フランスのアソシアシオン活動は飛躍的に拡大し、創設の届出数をみても、一九七五年では年間二万件であったが、現在では年に六万件を超えるとされる。その種類は多種多様で、短命のものも多いが、なかには有名な「人権同盟」[(3)]のように一〇〇年以上の伝統をもつものもある。その数は七三〇万から八〇〇万といわれる。活動は、職業上の利益を守るものから公衆衛生、保健、スポーツ、文化、教育、職業訓練、自然保護、社会福祉、人権に至るまで多岐にわたる。活動領域の内訳は一九九〇年に国立統計経済研究所（ＩＮＳＥＥ）が行った調査では、スポーツ二四・五％、文化、観光、娯楽二三％、衛生・福祉一六・五％、社会生活九・五％、住いや環境九・五％、教育・訓練八・五％、企業へのサービス八・五％となっている（コバヤシ、二〇〇三：六〇―六一）。なお、移民支援アソシアシオンは、右のように分類できず、「社会生活」、「福祉」、「住宅」、「教育」など複数の領域に及んでいる。

時間をさかのぼるなら、六〇年から七〇年代にかけて原発事故、さらにはチェルノブイリ事故（一九八六年）をはじめとする環境問題がフランスでも関心を集めるようになり、環境保護団体の数が増加する。生活に直接つながる問題について政府や特定の行政組織に主導権を与えることへの危惧の念がうかがえる。そして一九六〇年代以降の移民の増大に伴い、移民支援団体だけでなく、移民や外国人への差別に抗し人権擁護を掲げる団体も多く現れている。

アソシアシオンの活動では、「国や自治体との関係のあり方」が大きなテーマとなる。これは、過去二〇年ほどさかんに議論され、そこでのキー概念として「パートナーシップ」が言われた。アソシアシオンが自立性を確保し、国や自治体と一定の距離を保ちながら最も効果的に活動を展開することを理想として、その活動の発展に対する国や自治体の経済面での支援が重要だという考え方が基盤となっている（同：五三）。

財政面をみると、国や自治体の補助金がアソシアシオンの年間予算の何割かを構成する場合もあれば、特定の行動プロジェクトごとに支援金を出す場合もある（補助にあたり基準に不透明な部分もあるとされる）。〇一年五月に政府が公表したデータでは、アソシアシオンの年間予算の平均四二％が公的補助金であり、以下会費が四〇％、企業メセナが三％、私的寄付金が一％で、残りの一四％が事業収益となっている（同：五四―五五）。アソシアシオンの三分の二は予算規模が七五〇〇ユーロ（日本円で約一〇〇万円）以下のもので、その一〇倍、すなわち七万五〇〇〇ユーロの予算規模をもつものは全体の八％である。専従スタッフが置かれている団体は全体の一六％である。

参加に関する数字をあげると、一四歳以上の人々のうち二〇〇〇万人はなにか一つのアソシアシオンのメンバーである。性別では、一五歳以上の男性の四九％は少なくとも一アソシアシオンのメンバーであり、女性の場合は四〇％である。(4) 六〇歳以上の者の五八％は少なくとも一アソシアシオンのメンバーであり、この数値は四三―四八歳のそれを超えている。このシニアの二五％は、月に二〇時間以上をアソシアシオン活動に費やす。(5) 社会階層的には、三八％が中レベル、三五％が高額所得者、三五％が高学歴である。

移民の関連では、法律の専門家集団であるＧＩＳＴＩ（Groupe de l'information et de soutien des immigrés 移民支援・情報グループ）の活動は、移民支援アソシアシオンの一つの代表的な姿を伝えている。その支援の範囲は、入国時のトラブルから、滞在許可書の取得、国外追放、就学支援、結婚問題（婚姻届の拒否など）、社会的保護（訴訟、医療保険、失業など）、難民庇護など、移民の直面する諸問題におよぶ。その他、ＭＲＡＰ（Mouvement contre le racisme et pour l'amitié entre les peuples 反人種差別・民族友好運動）や後述するＦＡＳＴＩなど、広範に支援を行うアソシアシオンがある。

二〇〇一年九・一一事件を経過し、グローバリゼーションの進行とともに、「もうひとつの世界」(6)を模索する動きが見られる。そうした問題意識のなかから、新しいタイプの、国境を越えた市民間の連携を前提とするアソシアシオンが現れる。「ダル」（ＤＡＬ住宅への権利）、「ドロワ・ドゥヴァン」（DROIT DEVANT!! 権利へ直進!!）などの移民、路上生活者支援団体や、「アッセー」（ＡＣ！失業に反対する連帯行動）、「ＮＯ－ＶＯＸ」（持たざる者）のような失業者が中心となった団体、人種差別やマイノリティ問題に取り組むＳＯＳラシスム、ＭＲＡＰ、地域通貨を通して新たな地域参加を考える「セル」(7)（ＳＥＬ地域交換システム）などがそれである。

近年のアフリカ系団体の動きも、当然このような文脈と関連している。

3　平等・反差別・アイデンティティ確立をめざして——アフリカ系アソシアシオン

以下、アフリカ系移民たちが主体となって活動している主な団体に注目する。

まず、ＦＡＳＴＩ（la Fédération des Associations de Solidarité avec les Travailleurs Immigrés 移民労働者との連帯のためのアソシアシオン連合）に注目しよう。その活動の趣旨は移民との連帯であり、移民とともに具体的な闘争も行うが、労働条件の改善、識字教育、住宅問題、衛生問題、行政上の手続の解決などを出発点としていた。現在ではそのほかに、学業支援、滞在および社会的権利への法的支援、住民票の設定支援、異文化間活動、女性移民への支援などを行っている。言語教育、女性問題、教育問題、青少年問題、滞在許可、南北連帯と、テーマごとに委員会を設け、これらの委員会の代表者は定期的に会合を行っている。以下、ＦＡＳＴＩの活動の重点をそのコミュニケからうかがうが、いずれもアフリカ系移民は重要な対象となっている。

・非正規滞在労働者のストライキ支援

二〇〇八年四月、アフリカ系が多くを占める数百人の「サン・パピエ」が、すべての「サン・パピエ」の正規化を要求してパリ地区で労働現場を占拠した。彼らは最低賃金レベルで働くことを余儀なくされ、しばしば残業代は支払われない。そのうえ、雇用者の恣意に委ねられ、解雇、検挙、国外追放の危険にさらされており、支援運動を拡大すべきだとする。

・移民のクォータ制反対

二〇〇七年九月、移民相（当時）ブリス・オルトフーはサルコジ大統領の目的を実施するために必要な憲法の修正についての「検討」委員会の設置を発表した。同委員会では毎年、フランスの受け入れの必要性と収容力に応じて認可する移民の数を決め、他方で、経済的移民は入国者の五〇％とするとした。これは、「有益」と認める移民を除いて他の移民受け入れに終止符を打つという政府の意思をあらためて示すものとされた。〇八年一月にオルトフーは、移民の全体的規制と、その多様な構成要員を選択するために移民のクォータ（割り当て）制を求める諮問を行う。ここで打ち出されたのはエスニシティによる選別に基づく移民の制限である。しかし、ＦＡＳＴＩは、共和国原理を侵すことなく数的に規定することは可能なのか、家族呼び寄せをクォータで規定することは許されるのか、人権に関してヨーロッパ憲章が保障している基本的な権利――往来の自由、正常な家庭生活を営む自由など――がこのクォータ設定により侵害される恐れがある、と反対を表明する。

次に、ＣＲＡＮ（Conseil Représentatif des Associations Noires 黒人アソシアシオン代表者会議）の活動がある。これは二〇〇五年設立の新しいアソシアシオンである。フランス全土の数百のアソシアシオンを再編成しており、移民、労働者に限らず、広くフランスの黒人（les Noirs）にかかわる差別と闘うとし、あらゆる出自、思想、信仰、あらゆる社会経済的環境にある人々を受け入れると趣意書にうたっている。CRANは共和主義的、普遍主義的な立場をとるとし、次の目的をかかげる。

・黒人に関する差別に対して具体的な行動を行う。
・政治的、経済的、社会的諸機関に対してはたらきかけ、黒人への注意の喚起をうながす。
・フランスの遺産となっている文化の豊かさと多様性を尊重する。

ここにはフランス共和制と調和しながら、アフリカ人の権利を擁護する姿勢（機会の平等の重視）がうかがえる。また、黒人アフリカを世界史から排除するのは恣意的であり、科学、発明、人文学的考察、とくに文明の誕生（ヌビア、エジプト）はアフリカに由来しているとし、アフリカの歴史を歪曲することは「人権宣言」に反する、とする。これは、アイデンティティ確認の要求ともいえる。CRANの使命は以下のようなものである。すなわち、シェイク・アンタ・ディオップ(8)の研究成果を普及させ、継承すること、および、組織化されたアフリカ史歪曲の根拠をただすことである。これらの使命を果たすためには、ヨーロッパ中心主義を非神話化し、告発するとともに、より人間的な友愛と連帯をともなう人間性を構築することが重要である、と。

写真 8-1　パリ 10 区，シャトー・ドー駅付近

パリ一〇区のアフリカ系多住街シャトー・ドーに事務所

をもち、筆者が聞き取りに訪れた時には、数名のスタッフがアフリカ系訪問者の対応に追われていた。地域との密接なかかわりもうかがわせた。

4　相互扶助と秩序の転換をめざして——女性たちの活動

以上に比べ小規模ではあるが、アフリカ系女性のアソシアシオンにも注目すべきである。それらの活動は一九八〇年代末から活発な展開をみせており、女性が家族内にとどまらず、受け入れ社会のなかで地位を獲得する試みが行われている。彼女たちは長年にわたり、日常的に直面する問題（住宅、子供の事故、書類作成、家族手当など）を、すでに経験した女性たちに問い合わせるかたちで対処してきた。現在では、このような経過の下に数多くの女性のアソシアシオンが設立されている。パリ地区では、一〇〇以上の女性アソシアシオンのうち、実に約七〇％はアフリカ系を対象としたものである。さまざまな求めに応え、多くの問題を解決に導く「女性仲介者」（femmes relais）は、彼女たちにとって必要不可欠な存在となっている（伊藤、二〇〇〇）。これらのアソシアシオンは連帯と相互扶助のネットワークを形成し、特に社会参加、教育、求職に関してネットワークは有益なものとなっている。

また、これらはステレオタイプの表現で流布しているアフリカ系女性のネガティヴなイメージ（教育程度の低さ、社会的地位の低さ、一夫多妻的婚姻状態など）を転換させるのを目的としている。この目的を達成するため、アソシアシオンは市役所、学校、病院、労働会館などで集会をもち、女性間のコミュニケーションの場で、女性たちのさまざまな恐怖（非正規滞在者が援助を受けられない恐怖、国外追放の恐怖、言語的困難をめぐる恐怖など）を一掃するよう努めている。

アフリカ系女性のアソシアシオンの使命として、二つの運動が挙げられる。移民、特に女性の移民に一定の位置を割り当て閉じ込める社会秩序の転換と、女性たちが属しているコミュニティでの内的「(ジェンダー) バランス」、つまり重要な地位、役割が男性に充てられることへの異議申し立てである。このように、アソシアシオンは「変革者の社会的紐帯を創出するもの」(Quminal, 1997 : 78-79) と考えることができる。

以下、いくつかのアソシアシオンの例を挙げたい。

「反逆する女性たちの声」(Voix d'Elles Rebelles)

目的：あらゆる出自の、特に移民女性の権利を擁護するために結成されたフェミニストのアソシアシオン。心理的支援と法律上の援助を行うとともに国際的連帯活動に携わる。

活動：

・電話による相談も受け付ける。対象は、自殺を図る、暴力的な被害を蒙《こうむ》るなどの困難な状況にある女性。
・五人の精神療法医が、自宅で仕事をする必要のある女性に週に四時間ずつ対応する。
・一冊の本をめぐって、参加者の表現力を高めるための討論会(最大一〇名)を行う。
・参加者が選んだ写真をもとに、写真言語(photolangage)によって表現の訓練と自分自身の意見の意識化を図る。
・参加者はコンピュータを使用して宿題への解答や履歴書作成を行なう。
・自殺、監禁、強制的結婚、非行、学業失敗、売春、麻薬、陰核切除などの予防を行う。
・作文のアトリエ、北アフリカの伝統的舞踏のアトリエ、絵画、彫刻、写真などの展示といった文化的活動を行う。
・避妊、中絶、エイズ、女性の権利、出身国の家族法などの情報を提供する集会を開催する。

このアソシアシオンには常時約二〇名のボランティアが専従職員の補助を務めている。事務局長(女性)は学校現場に赴いたり、写真言語の活性化を図るとともに、市民権、尊敬、忍耐などのテーマについての援助を行うよう多くの学校から要請されている。

「カメルーンの村落開発のための女性アソシアシオン」（Femmes pour le Développement Rural au Cameroun（ＡＦＤＲＣ））

目的：

・貧困と闘う。

・カメルーンの村落地帯の経済開発[9]をはたらきかける。[10]

・観光を媒介として人的交流、知識とノウハウの交流を促進させる。

・フランスとカメルーン間およびフランス人とカメルーン人の間の人的架け橋となる。

活動：

・女性の自立的経済活動を作り出すために支援を行う。

・カメルーンについての情報提供を行う。

・カメルーンへの旅行および投資を希望するフランス人に対する助成を行う。

・前記フランス人への旅行の手配を行い、受け入れ機関との連絡の便宜を図る。

・学校での開発教育に関与する。

ＡＦＤＲＣは教育を媒介に貧困、風土病との闘いを推進するとともに、カメルーンの村落に開発と交易の推進力を与えることを眼目としている。また、観光業を通して村落への投資を勧誘し、フランスとカメルーンとの多様な交流を図る試みを行っている。

右記に挙げたアソシアシオン以外にもアフリカ系女性のためのアソシアシオンは数多く存在している、以下、そのいくつかの概略をみることとする。

「女性の世代」（Génération Femmes）

設立：一九九二年
目的：多様なパートナーシップを促進し、異文化間の会合を通して女性の視野を広げる。
活動：識字教育、カフェでの講義、両親の集会、舞踏懇親会、非正規滞在者の正規化、正規の居住地の選定、仕事の斡旋、アフリカでの七つの学校建設など。
　七人の専従職員と一〇人のボランティアを配している。

「フランスとヨーロッパのアフリカ系女性イニシアティブ」（Initiative des Femmes Africaines de France et d'Europe（Comité d'Arcueil）（ＩＦＡＦＥ））
設立：一九九六年
目的：フランスとヨーロッパのアフリカ系女性の統合。
活動：
・フランス在住外国人の統合を行うためにアソシアシオンのネットワークの調整と活性化を行う。
・ＩＦＡＦＥのネットワークを発展させ、経験を共有して資本化する。
・情報機器が設置されていない小アソシアシオンを支援し、情報の入手の便宜を図る。
・移民の言語的、文化的特殊性に見合った検診（病気の早期発見）を奨励するために、アソシアシオンや衛生機関への情報の流布を行う。

「アフリカ女性行動」（African Women Actions（ＡＷＡ）（Actions des Femmes Africaines））
設立：二〇〇一年
目的：アフリカの貧困と闘うこと。女性のおかれた条件改善を促進すること。

「アルジェリア女性の法のもとの平等のために」（Pour l'Egalité devant la Loi des femmes algériennes（ＡＰＥＬ））
設立：一九九〇年
目的：アルジェリア家族法典を撤廃し、平等な民法を発効させる。

「ベナン女性の経済的発展とミクロな活動のために」（Association pour le Developpement Economique et de la Micro-Activité des Femmes au Bénin（ＡＤＥＭＡＦ－ＢＥＮＩＮ））
設立：二〇〇一年
目的：女性、とくにベナンの女性の日常的活動を創造し、支援し、促進させる。公式、非公式を問わず多様で小規模な企画の実現を支援し、財政的に永続した諸活動を支援する。

「レンヌ・アル・フッダ・イスラーム女性」（Al Houda Femmes musulmanes de Rennes）
設立：一九九六年
目的：フランス社会におけるイスラーム女性の活発な参加を促進する。

「ヴィルパリジアフリカ女性」（Femmes africaines de Villeparisis）
設立：一九九七年
目的：家族的、社会的なあらゆる問題の解決の援助。子どもたちに自分たちの慣習を提示。識字教育。自分たちのことを対内的に知り、かつ対外的に知らせるために団結すること。

5　ソニンケ人の新たなアソシアシオン活動

ソニンケ人（Soninké）とは、サハラ以南アフリカ出身アフリカ移民のなかで多数派を占める民族であり、主要な出身地はマリ、セネガル、モーリタニアにおよぶ。彼らは、敬虔なイスラーム教徒であること、父系制社会を構成していること、伝統的社会の構造をホスト社会の中でも変わりなく維持しつづけること（Amar et Milza, 1990：27）を特徴とした。移民した場合はこれらが問題となり、わけてもポリガミー（一夫多妻制）の実践、女性の地位の低さなどによってフランス社会にきわめて適応しにくい（受け入れられにくい）状況にあり、[11]「ソニンケ問題」（トッド、一九九九）なるかんばしからぬ定評を生んだのである。その特異な位置から、筆者はこのグループに注目する。

アフリカ系のなかではもっとも早く一九五〇年代後半から、ソニンケ人はフランスに出稼ぎ労働者として移住したが、多くの青年はフランス側の募集のふりまく夢に誘われ、パスポートも身分証明書もなしにフランスへの船に乗った（三島、二〇〇二：二〇〇）。ここからも推測されるように、彼らはフランスの労働市場での安価な労働力としての役割を果たす存在にすぎない。一般的言説として、ソニンケ人は、「アフリカのユダヤ人」と称せられるほど、商才に秀でているとされる。しかし、フランスに移住した以上、その特性を発揮することは困難で、主な職種は手工業労働者、道路清掃人、建築現場労働者、自動車製造工場労働者、料理人、皿洗いなどである。賃金については、フランス人男性の平均を一〇〇とすると、サハラ以南出身アフリカ人のそれは六八・二（INSEE, 1994：77）で、あきらかに低かった。

ソニンケ人は結束力が比較的強く、内向きの相互扶助的な結びつきをつくるといわれる。またアソシアシオンはセネガル人、マリ人といった国別につくられる傾向も強いが、それらを超えてソニンケ人アソシアシオンとして最大規模をもつものはＡＰＳ（Association pour la Promotion de la Langue et de la Culture Soninké ソニンケ言語・文化振興のためのアソシアシオン）である。ＡＰＳはパリ郊外サン・ドニにあるアソシアシオンである。[12] 一九八三年に設立され、フランスにおけるソニンケ人の家族と共同体の統合を援助し、ソニンケの言語と文化の振興を目的としている。語学教育（識字の授業、ソニンケ語の授業、主として成人を対象とするフランス語の授業など）のほかに、定期刊行物の発刊、週一回のＦＭ放送（La voix de l'A.P.S.）、コンピュータ教育、コンサートなどの文化事業、行政問題の仲介をはじめ、ソニンケ人の遭遇する多様な問題に対応している。財政面ではＤＰＭ（Direction de la Population et des Migrations 人口移住局）、ＦＡＳＩＬＤ、ＦＰＨ（Fonds de participation des Habitants 住民参加基金）などの公共機関や市の財政援助を受けている。ＡＰＳは大都市郊外にありながら、人のつながり方からしてアフリカ村落の再現の様相を呈しているといわれ、ソニンケ人の諸活動の根拠地となっている。

しかし、注目されるのは、あらたな変化への兆しであり、内向きの凝集よりも、他の移民や地域住民と連携する開かれた活動をめざすアソシアシオンの登場である。そのような例として、マリ出身のソニンケ人男性Ｍ（四一歳、一九九二年に渡仏）が重要な役割を果たしている二つのアソシアシオンがある。筆者は彼への聞き取りを行っているので、その一部を紹介する。

アソシアシオンＬＥＡ（Lieu Ecoute Accueil 相談事対応の場）は一九九六年創立であり、パリの郊外のモントルイユ市内にあって、Ｍはここに月曜日から金曜日まで勤務している。国、地方公共団体（モントルイユ市）およびセーヌ・サン・ドニ県議会からの財政援助を受けている。アソシアシオンは地域住民の要請によって創設され、「親の部門」と「青少年（一六―二五歳）の部門」とに分かれており、相互補完的な活動を行っている。Ｍは「親の部門」に属し、ここでは彼のほかにアルジェリア出身女性とマリ出身男性が働いている。訪れる人々は多様であるが、筆者が出向いた時にはマグレブ出身の親子とセネガル人の親子数組がアソシアシオンを訪れていた。多様な出身民族から構成され、多様なグループの便宜に供するという点が特徴的である。「親の部門」の目的は左記の通りである。

表 8-1　ソニンケの諸アソシアシオンとパートナー組織の分野別資金調達額

（単位：1000 フラン）

	アソシアシオン	パートナー組織	合　計	アソシアシオン比率 (%)
農　業	899	1,365	2,264	39.71
連合事業	781	273	1,054	74.10
衛　生	9,011	1,909	10,920	82.52
サービス	2,818	230	3,048	92.45
水	3,333	255	3,588	92.88
モスク	7,866	500	8,366	94.02
消　費	6,682	366	7,048	94.81
学　校	7,178	100	7,278	98.62
合　計	38,568	4,998	43,566	88.53

注：パートナー組織とは，NGO，ヨーロッパ内の諸都市，公的権力などを指す．

親睦的、異文化共生的な場であり、住民の関与によって次の事柄が可能となる。

・親の抱える諸問題（教育、就学、家族内の衝突など）について意見を交換する。

・健康、危険な行動の防止、さまざまな権利へのアクセス等について、あらゆる家庭の相談に応えられるように門戸を開く。

・パートナー関係にある組織網によって、問題を抱える家庭を導き、共に歩み、困難を抱える家族の孤立に対して闘う。

いま一つMのかかわるアソシアシオンは、「トレ・デュニオン」（Trait d'union フランス語で「ハイフン」を意味する）であり、ソニンケ人の子どもを対象にMが自ら二〇〇〇年に創設したものである。

冬季休暇中の子どもたちを連れてのマリへの旅行、ゴレ島（セネガル）への旅行、エイズ対策の催しなどさまざまな企画を行っている。しかしそれらの計画の実現に際して彼のアソシアシオンは財政上の困難を抱えている。たとえば二〇〇二年一二月から二〇〇三年一月にかけて実施されたマリへの旅行についてみれば、総費用は一万一〇〇〇ユーロであったのに対して、公的援助額はセーヌ・サン・ドニ県議会から五〇〇〇ユーロ、青少年・スポーツ・アソシアシオン活動省[13]から二五〇〇ユーロ、アソシアシオンが本拠を置くモントルイユ市から一五〇〇ユーロで、残りの二〇〇〇ユーロは参加者負担であった。これは、中間的形態としてのアソシアシオン活動の限界をうかがわせる状況と考えることができるであろう。設立は彼のフランスへの到着後三年が経過してからであり、すでに存在していたソニンケ人のアソシアシオンとは別個に新しく作られたものである。その成員には親類や同郷の友人が含まれている(14)。

Mは一般のソニンケ移民と異なり、モントルイユ市役所で働いていた経験があって、そこでは青少年とその親との間に起きる問題の仲介者としての任務を行っていた。「ソニンケ問題」という汚名の返上は、彼の願いの一つだったかもしれない。このような経験と視点に立つMの活動は、多文化、連帯、子どもや女性たちへの援助という、アフリカ系がフランスで目指す「もうひとつの社会統合」モデルを提示しているように思われる。

なお、ソニンケの諸アソシアシオンは、パートナー組織と組んで出身地域でも活動するようになっている。参考までにその資金調達額がどのくらいで、どのような分野に配分されているかを表8‐1に示す。聞き取り調査によれば、井戸の設置はアソシアシオンの大きな事業の一つであり、表の「衛生」がそれに当たると思われ、額はアソシアシオン独自の事業において最高に位置する。次いでモスクの建設、学校の設置が並び、アソシアシオン活動における村落への還元の重要性をうかがうことができる。

6　結びにかえて——アソシアシオン・国家・移民

アソシアシオン法制定一〇〇周年の二〇〇一年を前にして、コンセイユ・デタは「アソシアシオン法から一〇〇年」という報告書を刊行した（Conseil d'Etat, 2000）。報告書は、同法が、アソシアシオンの顕著な増大と多様化という現状に十分に対応しうるものであるかどうかを検討するものである。報告書では、一九〇一年の法律は大部分のアソシアシオンに対して機能しているとしつつ、立法時に予期しなかったアソシアシオンの傾向として二つを挙げた。(1)アソシアシオンの準行政団体化。すなわち、アソシアシオンはさまざまな領域で行政との関係を深め、公権力から特権を付与され、公役務活動を実質的に担うものが増大していること。(2)アソシアシオンの経済団体化。すなわちアソシアシオンは、現在、約一六〇万人を雇用する巨大な経済セクターとなっている。非営利組織の構成員間での利得分配は行われないが、その枠組みを利用して補助金や各種の特権を得ながら収益活動を行い、ゆるい監視体制のもとで商業者に対して有利に競争を進めているという問題があること。

ここからは、いくつかの改革の課題も浮かび上がっているが、アソシアシオンそのものの柔軟さ、有用性は得がたいもので、いまやフランス社会が機能するうえで不可欠の位置を占めていると認められる。結局、アソシアシオン法制定一〇〇周年に際して法改正は行われず、首相リオネル・ジョスパンとアソシアシオン・コーディネート会議議長との間で憲章(15)が締結された。アソシアシオンの批判的機能の行使が民主主義のはたらきに不可欠であることも認識され、国家とアソシアシオンはパートナーシップという信頼関係に基づいて、相互に補完すべきものと位置づけられ、「対等で互恵的な関係の創出」は、アソシアシオンの構成員の間、国家と、市民社会アクターとしてのアソシアシオンとの関係においても採用されるべき原理であることが確認されている（高村、二〇〇七：三一五―三一八）。

こうしたアソシアシオンの意義確認が、移民たちの運動、またその支援を目指すアソシアシオンの活動にどのような意味をもつのか。

フランス的平等、普遍主義の下では、個別の不利や問題を負っている移民に援助の手を差し伸べるのはむずかしい。アソシアシオンなる中間集団はまさに普遍主義を緩和し、個別の要求に接近することを可能にする。その正当な存在が認められることの意味は大きい。

さらに一点に限っていえば、〇六年六月に成立した「新移民法」は、フランスの社会、経済に貢献するとされる高い能力を有する外国人には門戸を広げる一方で、それ以外の移民については滞在条件を厳格化するという点が特徴とされ、この点、サハラ以南出身のアフリカ人は、入国時や家族呼び寄せ時の困難をはじめとしてさまざまな面で窮地に立たされている。さきに述べたように、これらの問題に対して、アフリカ系アソシアシオンはすでに多様な支援活動を行っていて、その活動への期待は、これまでにも増して高まるものと思われる。ＣＲＡＮのような反差別を旗印にしたアソシアシオンにせよ、ソニンケのような内的結束力の顕著なアソシアシオンにせよ、これらはアフリカ人にとってかけがえのない存在となっており、「もうひとつの社会統合」の可能性を模索する動きが注目される。

（1）本章では「アフリカ系」は原則としてサハラ以南アフリカ系を示す。
（2）本章では「結社」を原則として「アソシアシオン」と表記する。association は英語では「アソシエーション」となるが、意味にずれが生じるため、この表記をとらない。
（3）ドレフュス事件に際して一八九八年に設立された。
（4）アソシアシオンへの参加者の六三％は二つ以上のアソシアシオンに加入し活動している。
（5）アソシアシオンへの参加時間は平均して月五時間から一〇時間以上である。
（6）「もうひとつの世界は可能だ！」はフランスに本部をもつ世界的なＮＧＯ組織である「ＡＴＴＡＣ」のスローガンでもある。
（7）Systèmes d'Echange Local 地域交換システム。
（8）セネガルの歴史学者、人類学者（一九二三―一九八六）。
（9）サハラ以南アフリカ系アソシアシオンの出身村落への融資については表８‐１を参照されたい。
（10）二〇〇二年にカメルーンの村落に飲料水設備を設置した。
（11）エマニュエル・トッドは『移民の運命』の中で「ソニンケ問題」という項を設けている（トッド、一九九九：四七九―四八二）。
（12）事務所（local）をもつアソシアシオンはまれで、通常、フォワイエ（単身者用集合住宅）、友人宅、カフェなどを利用して活動を行っている。
（13）フランスでのアソシアシオン振興を担当する省。
（14）ソニンケ人のアソシアシオンに限らず、サハラ以南アフリカ系のアソシアシオンは、出身村落ごとに組織されることが多い。

(15)　国家とアソシアシオン間の相互契約に関する憲章（二〇〇一年七月一日）(le 1er juillet 2001. La charte d'engagements reciproques entre l'Etat et les associations)。

IV

統合の課題とゆくえ

9章　「積極的差別」政策におけるフランス的モデルと移民

ダニエル・サバ

1　積極的差別のアプローチ

アメリカのアファーマティヴ・アクションの刺激と影響の下、移民の統合にかかわるいくつかの分野で、フランス的モデルというべき「積極的差別」（discrimination positive）政策がとられるようになった〔訳注1〕。だが、そのフランス的モデルではあいかわらず、公権力による人々の民族的－人種的分類は、少なくとも公的活動の領域では正当性を欠くものとみなされていると言わねばならない。

特に法的なレベルでは、一九五八年憲法（現行の第五共和制憲法）の第一条が、「共和国は……出生、人種または宗教の差別なく、すべての市民に対し、法律の前の平等を保障する」（傍点筆者）とうたっている。その結果、およそその対象者があきらかに民族的・人種的な同一性にもとづいているような積極的差別は正当ではない、とされる。さらには、公権力にこうした限界が課されることに対応して、フランスでは、日常的言説のなかでのレイシズムが不当とされ、記述カテゴリーとしての「人種」（race）の語を差別的としてしりぞける風を生んでいる。

アメリカでは、どうであろうか。周知のように、人種という言葉は日常的に使われつづけてきた。だが、それはもはや、遺伝的に区別され、上下に序列化された人間存在の下位単位を人類学的に分類するためではなく、むしろ、過去においてきわめて一貫した公的な差別の犠牲となっていた集団〔アフリカ系アメリカ人——以下〔　〕内訳者〕を、いわば省略的に指し示すために用いられている（Hollinger, 2006 : 19–50）。

それにひきかえ、フランス的文脈では、「人種」の観念を生物学化のコノテーションから切り離す、そうした暗黙の意味論的な移行がなかったため、この語はもっぱら、極右の過激な分子によって使われている。一方、レイシズムの歴史や社会学の専門家、また時に立法者もこれを使うが、それは人種という基礎にもとづく区別いっさいを禁ずるため、なのである。そのため、差別の拒否と、目的のいかんを問わずに公権力による個人の人種的分類の原理そのものへの敵意ないし警戒との重なり合いは、大西洋の彼方よりもいっそう顕著である。

とはいえ、フランス的シティズンシップを特徴づける「共和国モデル」と、アメリカ的ないしアングロ・サクソン的な「コミュニタリアニズム（共同体主義）」の相容れない対立性を強調させがちな客観的差異の存在にもかかわらず、しばらく前から、まさしくフランス式の積極的差別政策が存在するようになっている。たとえば本章でふれる高等教育への進学についてもそうである。

要点的にいうと、これらの政策は、アメリカ社会学が「エスニックな」と名付ける諸問題（Glazer, 1983）に、領《テリ》域《トリアル》的なプリズムを通して接近していくものである。これは、多くの観察者がすでに強調している（Calvès, 1998 : Béhar, 1998 : Schnapper, 2002 : Morel, 2002 : Calvès, 2004）。

より具体的にいうと、不平等の低減のためのフランス的政策は、社会‐空間的なアプローチの枠の中で行われるので、そこでは「移民出自の」人々は、恵まれない人々全体の空間をより大きく代表しているという理由で、採られる措置の事実上の主な名宛て人となっているが、それ以上のものとはされない。フランス式の積極的差別では、直接の受益者をアイデンティファイする主な明示的基準は、「人種」や「出自（origine）」ではなく、居住の場なのである。すなわち、不利な状態におかれた地域の住民は、当該地域全体に与えられる特別な公的財政援助から利益を得るものとされる。それゆえ、原則的にいうと、「移民出自の人々が、排除と闘う諸政策の（比較的）特権的な名宛て人になることができるとすれば、それは偶然的にすぎない」（Calvès, 2000 : 76）ということになる。

2　教育優先地域（ZEP）政策における移民の位置

代表的な積極的差別政策の一つである、「教育優先地域」（ZEP）のそれをとりあげてみよう〔訳注2〕。最初の行政文書以来、ZEPを規定するために用いられてきた主要な「社会的・人口学的な種類の基準」の一つは、外国国籍の生徒の比率にほかならなかった。それ以外の基準で、「教育活動の選別的強化によって社会的不平等を是正すべく」大学区長《レクトラ》が考慮に入れるよう求められるものは、「世帯主の社会・職業的カテゴリー、失業率、多人数家族の割合、住居の過密度、……子どもの施設への収容の頻度、就学援助の介入の多さ」（一九八一年一二月二八日の通達八一―五三六号）などであった。実際のZEP指定の手続きは、学校長等が申請をし、諸団体の意見を徴しながら、最終的には大学区長が決定するのであるが、その際の基礎資料とされるのが右の諸基準である。

では、指定された地域の実際はどうだったか。二〇〇四年のデータでは、ZEPの諸学校に在籍する生徒の二七％は、両親ともに移民であった（ZEP以外の生徒ではこれが七％）（Toulemonde, 2004 : 91）。

オフィシャルには地域的に展開されるこの形式の政策も、部分的、間接的に、そして暗黙裡に、アメリカでなら「エスニック」または「レイシャル」マイノリティとみなされる人々にその狙いを定めていると解釈されうるのではないか（それらの言葉はフランスの公的言説のなかでは使われることはないが）。特に、マグレブ出身、およびサハラ以南アフリカ出身の移民「第二世代」に対して、である。同様に、「都市政策」（politique de la ville）によって対象領域を確定するために用いられる社会的経済的基準である、失業率、二五歳未満居住者の比率、そしてディプロマなしの者の比率は、ポスト・コロニアルな移民出自の人々のある種の特徴をとらえている。若いこと、しばしば職探しに明け暮れていること、などがそれである。とすると、そうした都市的開発の計画は、アメリカ式のアファーマティヴ・アクションと――きわめて近似的に、ではあるが――機能的等価性をもって現れることがある。

フランス的な社会・領域的な積極的差別政策が、ポスト・コロニアルな移民出自の人々の統合政策の示す諸側面の一つであると一部で理解されていて、それも、代替戦略として解されていること、これは要するに「公然の秘密」なのである（Calvès, 2008 : 114）。

ここで右にふれた「都市政策」の一面に言及しておこう（文献としては、何よりもDonzelot, 2003をみられたい）。そこには、構造的緊張、さらにはあきらかな認識可能なフランス的矛盾というべきものがある。それは、暗に「エスニシティ」の代替として、教育や雇用の分野で設けられる間接的な積極的差別の枠組みの中で領域的変数が使われることと、住宅の分野で「社会的混合」という目標がかかげられることとの間の矛盾である。そして後者が、「社会的混合」の名の下につねに暗黙裡にエスニックな混合という目標を含んでいるかぎり、この矛盾がひるがえって、居住における隔離と闘うようにとうながす。したがって、それは、他方で採用される代替の戦略のいわば経験的基礎を掘り崩すようにうながすことになる（Kirszbaum, 2004）。

また、「代替戦略」と呼んだものは、当該の視角――民族-人種的な基礎をもとに規定された諸集団間の平等という視角――の下で、形式的にはそれとは無関係であるとする配分手続きを採用することを意味している。しかし、結果は無関係となっておらず、代替戦略は、少なくとも一部そうした予想される結果をあらかじめ見越して選ばれている。実際、これは、直接にこれみよがしに前述の結果に狙いをつけることは不法および／あるいは正当性を欠くとみられ、決定者の眼にはリスクの多い特徴を呈するような、そんな文脈のなかでとられるのである。

以上のような積極的差別の特徴をある程度具現しているのが、選抜入試を行う高等教育機関であるパリ政治学院(Institut d'Etudes Politiques de Paris IEP)によって二〇〇一年以来行われてきた措置の方法、効果である。

3 高等教育機関での実験――シアンス・ポとZEP

「シアンス・ポ」(Science Po)の愛称で知られる同校は、いわゆるグランド・ゼコールの一つで、政治家、官僚、経済カードル等を輩出する国立高等教育機関として有名である。そして二〇〇一年秋の時点の調査では、在学生の八〇%以上が、カードルか、高度知的職業か、教員か、企業主を親としており、職人か、商人か、事務員か、労働者を親とする学生は、わずか五%にすぎなかった。そのシアンス・ポの学長リシャール・デコアンは、学生補充を「多様化し、民主化する」という目的で、教育優先地域に分類される七つのリセとパートナーシップの協定(「教育優先協定」)を結ぶこと、その生徒たちを対象とする選抜方式を定めること、を決定した。

他の入試受験者が、決められた時間のなかで筆記試験を受ける代わりに、ZEPのリセの生徒たちはまず、彼らの選んだ主題にしたがって新聞批評を準備しなければならなかった。それに添えて、まとめと「個人的考察」の文書が提出された。これらを彼らは、学長および主としてリセ教師からなる審査委員会の前で、述べることとなる。この最初の口頭試問が終わると、在学中の成績も考慮に入れながら、入学候補者の選抜が行われた。それに残った者は、シアンス・ポでの第二次口頭試問に招かれることになるが、そこでの四五分間の面接は、大学教員、企業および官界出身の人物、学院の理事会の代表者からなる審査委員によって行われた。

首尾よく合格した者に対して、シアンス・ポは、住宅手当と奨学金(二〇〇一―〇二年度には六二〇〇ユーロ)を与えた。さらに、教育的なフォローも行われた。これら学生の新しい勉学環境への適応を助けるため、(希望があれば)シアンス・ポの教員一人が充てられ、より上級の、最終学年または博士課程などの学生のテューターが用意された。

この道で進学を果たしたのは、二〇〇一年秋にはわずか一七人（九六人の受験者）であったが、すみやかに拡大が図られ、合格者は年々増えて、〇二年三三人、〇三年三七人、〇四年四五人、〇五年五七人、〇六年七五人、〇七年九五人となり、過去六年間を合わせると三五九人となって、入学者の一〇％を占めるまでになっている。パートナーとなるリセは、当初ロレーヌ地方とパリ地域に集中していたが、最近では五六校となり、クレテイユ大学区（一七校）、ヴェルサイユ大学区（一一校）が全体の半分を占めてはいるが、農村地域やその他や海外県にあるリセも含まれている。なお、一七人と最多であるクレテイユ大学区は、パリ市の東部および北部郊外の移民の多住都市をカヴァーしている。

ところが、シアンス・ポに入学する学生全体のなかで、この措置を受けた者と受けない者の間に、バカロレアの評点を手掛かりとするとまさしく成績上の開きがみられた。二〇〇一年には、従来的な試験を基に合格した生徒の二六・五％が評価「秀」であったのに対し、一七人の生徒にはこれに該当する者がいなかった。この差は、この措置の補償的な次元とメリトクラシー的原則の通常の適用方式との緊張をある程度ものがたっている。さらに、ＩＥＰは、この新方式は「従来方式の二次の筆記試験と少なくとも同じくらいむずかしく、かつ厳格である」というが、その言葉にもかかわらず、二つの受験者の下位単位のなかでの合格率の間には実質的な差が認められた（従来的試験の合格者では一一・五％に対し、新措置の合格者は一九％）。

しかし、成績がより低いという特徴をもつ受験者グループに、客観的にみてより選別度の低いかたちでの進学の道を留保すること、それこそが他にもまして、シアンス・ポのプログラムを「積極的差別」の一種とみなすことを正当化するものである。

それだけではない。この措置が、社会経済的視角からみても、「エスニック」な視角からみても、多様化という効果をもったことは否定しがたい。

社会経済的レベルからみて、入学者はどうか。

周知のように、ZEPは実際にはあきらかに異なる二つの特徴をもった生徒を結びつけている。一つは、労働者、不熟練被雇用者、失業者など恵まれない環境の出身者、いま一つは、教員やソーシャルワーカーなど媒介的な中間階層の出身者である。そして、新しい方式で入学を認められた者の出身環境階層は、シアンス・ポのその他の学生たちのそれと非常に異なっている。二〇〇一—〇二学年度をとると、従来的試験の合格者では、親が労働者、事務員ないし媒介的職業メンバーである者の比率はそれぞれ〇・五%、二・五%、七・五%であるのに対し、「教育優先協定」の枠組で受け入れられた者のそれは、一六・五%、三四%、一六・五%となっている。同じく二〇〇一—〇七年についは、労働者、被雇用者、失業者の比率が新措置による合格者では五八・二%であるのに対し、大学の一年次のそれは約三〇%となっている（Descoing, 2007）。

4 文化的「多様性」の問題

では、民族・文化的構成の「多様性」についてはどうだったか。

全国レベルでみて、移民の親をもつ生徒は、ZEPに集中しているわけであるが、この点では、それらしい結果が期待通りに得られているだろうか。大きな目でみれば、結果は「しかり」である。特に二〇〇五年の一資料は、前年に入学したZEPの学校出身の学生の三分の二は、親の一人が外国出身であったことを強調し、さらに親の出身国の分布をしめす表を掲げている。それによれば、該当する三四人のうち、二一人はマグレブ出身、七人はサハラ以南アフリカ出身で、トルコ出身は二人、そして「その他」となっている。同じく、二〇〇七年についても、「教育優先協定」の枠で入学した学生の九〇%近く（八八・四%）は、親の一人が外国籍となっている（van Zanten, 近刊）。

この点については、シアンス・ポの責任ある言説といわれるものもたしかに明瞭さを欠いていて、「民族的に」同定できる「移民出自」人口を特定の一グループに絞ってしまうのに加担したのではないか、という恐れがしばしば言外に読みとられる。「受験者たちは、あの一九九八年の有名な複数のフランス（複数のアフリカ等出身プレイヤーを含む同年のサッカー世界選手権優勝のフランスチームへの言及）を明らかに代表しています。重国籍者も少数いますが、ある者は東欧から、ある者は北アフリカから、また彼らのある者たちの親は今日のフランスをつくりあげた相次ぐ移民の波に加わった人々でした」（記者会見、〇一年九月一三日、傍点筆者）。

また、民族文化的構成要素および／ないし「多様性」の顕型の適切性の主張と否定の間での絶えざる動揺を象徴しているのが、シアンス・ポによって最初に配布された制度の紹介のためのパンフレットのポシェットである。そこには、いく人かの学生の顔が載っていて、あきらかにその種の多様性を具現する効果ゆえに選ばれたと思われるが、しかしはっきり示されるのは眼の周囲だけとするようにカットされていて、その選択の意図があまり明瞭になるのを避けることが行われている。

しかし、いずれにせよ、この新しい入試措置は、入学者の「多様化」に寄与している。

この改革を主に正当化するものとして、文化的「多様性」という曖昧な観念が用いられているが、これはかなり両義的な思考を反映している。じっさい、シアンス・ポの責任者がＺＥＰの生徒たちにみとめる固有の「文化」は、内容が規定されないままであり、しばしば肯定的に、シアンス・ポの各学生が接近するであろう「経験、視野、思想」の幅を広げることに歓迎すべき貢献をもたらす、といった具合に提示される。「この新しい入試法の独自性は、より劣った受験者をふるい落とすことよりも異なった文化や世界観の諸形式をもっている受験者を確保するという点にある」[1]。学生のなかにそうした個人が存在すること、それは「相互的な豊かさ」を生みだすであろう、と。

けれども、シアンス・ポ当局にとっては、受験生全体の「エスニック」な構成を前面に押し出さないようにという政治的・法的な制約の下にあっただけに、彼らに想定される「文化」にいささかでも固有の内容を割り当てることは、端的にいって不可能であった。要するに、フランス的な文脈では、積極的差別の形式の正当化としての文化的多様性の称揚は、まったく不適切なものとして現れざるをえない。なぜなら、積極的差別政策は、公式的には依然として経済的および領域的な性質の基準にもとづくものでありつづけているからである。

5 エリート課程進学のための全国的公的積極的差別政策?

このシアンス・ポのプログラムの実施とそれに続く議論の展開にやや先立って、アメリカでは、同じ高等教育への進学にかんして類似したアプローチがみられた。

それはテキサス州とカリフォルニア州に一九九〇年代後半に採用された措置であり、公立の高等教育機関の一年次に、一定パーセントで、出身ハイスクール内で最も優秀であった修了者の入学を認めるように、という義務を課したのであった(2)(パーセント・プランと呼ばれる)。公式には民族・人種的なプランには何ら触れていなかったが、実際にはこれが、エリート大学で過少に代表されている二大マイノリティである黒人とヒスパニックへのアファーマティヴ・アクション・プログラムの近似的代替物であるかのように働いた。このアファーマティヴ・アクション・プログラムは、二つの州ではしばらく前に廃止されていたのであった(3)。

じっさい、民族・人種的アイデンティティと学校成績の間には実際に相関がみとめられるので(Jencks and Phillips, 1998)、初等・中等教育システムの事実上の分離があることによって、この代替関係が可能とされたのである。当の二州では、学校の分離は、居住地域の分離を反映するかたちで強められていたため、非常に多くのハイスクールが全員黒人、全員ヒスパニックとなっていて、それらのなかには最優秀の生徒も含まれていた。そこで、彼らは自動的に大学進学が認められることになった。

この形式の積極的差別は間接的なものであり、しかし、予測される効果が実際には採用の一つの理由であった以上、意図されたものである。目的の一つは、もっとも選別的な公立大学において黒人とヒスパニックの比率を再度上昇させることにあり、アファーマティヴ・アクションが抑えられるなかで、人種的要因の顧慮をもっとも目につきにくい形で行ったのである。

同様にフランスでも、「実験的」な、局部的に限られた諸イニシアティヴが併存する(4)という第一段階を越えて、今日、主だった措置の一つとして、なお構想中であるが、一個の全国的な公的施策が浮かび上がってきている。それは、どうやら各リセ（「教育優先地域」に属すると否とにかかわらず）の最優秀の生徒たちにグランド・ゼコールの準備級〔訳注3〕への進学の権利を認めるといったものである。

これはもともとは二〇〇五年初めに一著書のなかでパトリック・ヴェイユによって定式化され（Weil, 2005b : 96-97）、ただちに社会党によって一法案のなかに取り入れられたが、成功しなかったものである(5)。だが、そのアイディアが、大統領ニコラ・サルコジによって、〇七年夏、国民教育相（グザヴィエ・ダルコス）および高等教育科学相（ヴァレリ・ペクレス）に宛てた書簡のなかで取り上げられた。この案の魅力は、それが単純であること、画一的であることにある。したがって共和国的ドクトリンのもっとも制限的な解釈とも両立するとみられ、また同措置が不平等の緩和にも貢献しそうだとみられたという点にある。

じっさい、バカロレアを「良」以上の成績で取得した、親が教員や上級カードルである者の三〇%近くが、グランド・ゼコールの準備級に合格しているが、親が労働者や事務員である者では、これが一二%にすぎない（Bodin, 2007 : 40-41）。しかも、この課程では、八〇〇〇人以上（一年次では四〇〇〇人）の定員が埋められていず、これは受け入れ可能な数の一〇%にあたっている。そして、全国で二五五〇校にのぼるリセのうち、四〇〇校では、準備級に進む生徒は五%に満たず、約一〇〇校のリセでは、このパーセンテージがゼロ同然なのである。準備級が内に併設されているリセでは、そうでないリセに比べ、二・六倍もここへの進学者が多いのであるが、準備級をまったくもたない県が少なくとも二一はある。このようにフランス式パーセンテージ・プランが行われるとすれば、その存在理由は一部、地理的不平等の広がりにもあることになる。

しかし、アメリカの経験から建設的教訓を引き出そうという意志が示されてはいるが、パーセンテージ・プランをフランスに移植しようとすれば、固有の困難が生じるだろう。

困難とは、まず、その制度化に重要な役割を演じるにちがいない主役たちが、みたところ沈黙を守っているという点にある。二〇〇七年一一月、フランスのグランド・ゼコールとリセの関係者は実際にテキサス州とカリフォルニア州の視察を行っている（筆者もこれに参加した）。テキサスとカリフォルニアの措置に直かに接した複数のフランスの責任者は、それぞれの学校でつくられた「社会的開放」プログラムを検討した上で、二段階のプロセスをとることが好ましいという見解を示した。まず、もっとも合意を得やすい形式によるポジティヴ・アクションに属する活動、たとえば学校的・社会的基準による奨学金給与などをこの措置に先立って強めること、次いで、もしもこれら最初の措置が求められる多様性を著しく進める効果がないことが明らかになった場合に、パーセンテージ・プランをしかるべき形式で導入すること、という見解がそれである。

他の困難は、リセのレベルで生徒たちの順位付けを行うための指標の選択に関するものである。じっさい、公権力はバカロレアにおける成績を特別に重視するだろうが、これは、右記の措置によって予測される対象者に前もって狙いを定めておくことと相容れないだろう。しかし、そうした前もっての対象化は、潜在的な候補者を掘り起こし支援するためにも必要なのである。

なお、アメリカには存在しない、二分構造に固有の、さらにいえば「隔離的」な（Merle, 2000）、フランス的高等教育システムも考慮しなければならない。大学とその代表者たち、それらの支持を逃したくないと考える政治勢力の間には、たぶん対立が生じよう。公的には「エリートへの道」への接近法を民主化するためであるパーセンテージ・プランの軌道から大学を排除することは、客観的な彼らの貶価の公認ととられずにすまないかもしれない。その敵意をやわらげるためには、彼らの場（大学）における補償的措置がおそらく必要であろう〔訳注4〕。

6　結びに代えて――アメリカとフランスを隔てるもの

要するに、ここまで追ってきた目的は、明示的にか否か、エリートへの接近の途にある「可視的マイノリティ」、すなわち民族的人種的マイノリティの割合を増加させることを含んでいるわけであるが、アメリカに比べ、フランスの条件の違いはかなり大きい。

事実、アメリカの文脈のなかではパーセンテージ・プラン措置の成功にとって不可欠である二つの条件が、フランスでは――少なくとも同じ程度には――結びついていないと言わねばならない。居住の場の隔離（セグリゲーション）の再生産とその大きさがそれである。フランスでもこれは大きいが、にもかかわらず、それが社会経済的角度からよりも「エスニック」な角度からみてより著しいものの、それでも入手可能なデータでみるかぎり、隔離現象の規模はアメリカに比べてかなり小さい。他方、パリのそれを除くすべての大学区で、学校内での生徒の学業レベルの差が、学校間の学業レベルの差よりも明らかに大きくなっている。アメリカでは民族人種的基礎にもとづいて規定される成績の格差は、フランス的文脈では、これに対応するカテゴリー・システムがないため既成事実をなしていない。またたしかに、選抜的教育機関の学生人口の顕型的な多様化のほかに、平等主義的な目的もまた改革に付されている。

それゆえ、仮にパーセンテージ・プランが導入されたなら、まず、アメリカのハイスクールよりも〔内部の〕学校的・社会的に異質性の大きい平均的なリセの中で、階層化の力学を強めるようになる恐れがある。つまり、諸リセの平均では、最優秀の上位者に移民の子どもたちが含まれる確率は限られているとみられ、同プランが、恵まれた環境の子どもたちに有利にはたらいてしまう可能性も否定できない。これは無視できない点である。この改革は、中等教育学校における内的な隔離的プロセスを強める恐れがあり、じっさい、移民出自の生徒の比較的多数を、その可能であったかもしれない便益を奪ってしまうようなコースへと追いやってしまうことに通じないだろうか。

以上のことは、フランスの中等教育、高等教育の現状に対応した積極的差別の政策が、なお探られなければならないことを示していよう。

（1） http://www.sciences-po.fr/portail/actualite/zep/faq.htm 8 mars 2001, p. 5.

（2） 最優秀の者とは、テキサス州の場合は上位一〇%の生徒、カリフォルニア州の場合は上位四%の生徒であった。

（3） このアファーマティヴ・アクションの廃止は、一九九六年にテキサス、ミシシッピ、ルイジアナ、カリフォルニア州で、一九九八年にはワシントン州で、二〇〇〇年にはフロリダ州で、二〇〇六年にはミシガン州で、二〇〇八年にはネブラスカ州で行われた。しかし、それ以外のアメリカ領では教育分野のアファーマティヴ・アクションは依然として効力をもっている。

（4） そうした試みは、経済商業高等学校（ＥＳＳＥＣ）や国立工芸学校（Ecole Nationale des Arts et Métiers）などで行われている。

（5） この法案二六八八号は、二〇〇五年一二月一日の公開審議に付されている。そこで予定されていた比率は六%であった。

〔訳注1〕 アメリカのアファーマティヴ・アクションがフランスに紹介された時、充てられた訳語が discrimination positive であった。しかしこの言語的対応は施策の同一性を意味するものではない。

〔訳注2〕 教育優先地域は、一九八一年夏にリヨン市郊外の移民多住地区で発生した暴動を一つの背景に、一九八二年に創設された。これらの地域の学校の教育条件の改善、その不平等の低減を目指したもので、指定を受けた地域（学区）に属する公立学校には、特別な予算措置が講じられ、教員、補助教員、指導協力者の増員が可能になり、新たなカリキュラムの導入も図られた。初年度の指定地域は三六二であるが、その指定のために用いられる指標は単純なものではなかった（第5章も参照）。

〔訳注3〕 準備級（classe préparatoire）とは、グランド・ゼコール進学準備学級のことであり、有力リセの中に併設されている。バカロレア取得後二年間の課程で、修了後三年以内にグランド・ゼコールの入試に合格しなければならない。この準備級に入るためにも、かなり厳しい選抜が行われる。通常、リセ在学中の成績、バカロレアの成績、志望専攻に関する主要担当教員の所見をもとに選抜が行われる。

〔訳注4〕 選抜入試を行なうグランド・ゼコールへの進学に対し、「大学」（université）すなわち国立総合大学は、原則として普通バカロレア取得者が入試なしに登録し、在籍できる高等教育機関である。このため、大学進学に対しては、ＺＥＰのリセ出身者への特別措置もとられえない。また、一部の大学学部を除き、グランド・ゼコールのほうがエリート輩出と結びついていると社会的に評価されているため、前者のみに適用される措置は後者から反発を招きやすい。

（訳　宮島　喬）

10章 「サン・パピエ」と「選別移民法」にみる選別・排除・同化

野村　佳世

1　新しい移民政策と「サン・パピエ」

「サン・パピエ」(sans-papier) とは言葉自体としては、「書類不所持」を意味し、「非正規滞在者」のことを指す。彼(女)らは従来、その滞在資格の非正規性ゆえに、フランス社会の底辺に身をひそめて生きてきたが、一九九〇年代後半以降みずから正規化要求の声を上げるようになり、いまやフランスにおける移民運動の一つとして注目されるようになっている(稲葉、二〇〇〇、Egré *et al.*, 2007 ; Benasayag *et al.*, 2008)。このような運動を通して「サン・パピエ」たちは、「労働者」として、「フランス人の隣人」として、「普通に家族生活を送る人間」として、フランス社会にその存在の正当性を求めている。

なぜ「サン・パピエ」たちは、近年このような主張をするようになったのであろうか。本章では、こうした運動が注目されるようになった背景を、移民政策との関係から読み解き、今日のフランス政府がどのような社会やどのような移民を求めているのかを明らかにする。そのために、まず「サン・パピエ」を顕在化させた一九九〇年代後半以降

写真 10-1　「サン・パピエ」の正規化要求活動
（2003 年のヨーロッパ社会フォーラムで筆者撮影）

のフランスおよびヨーロッパの状況を概観し、彼（女）らがどのような存在としてフランス社会から受け止められているのかを確認する。また、「移民と統合に関する二〇〇六年七月二四日法」（通称「選別移民"immigration choisie"法」、以下では通称を使用）の内容を検証し、フランスにおける移民の受け入れおよび統合方針を浮き彫りにする。そのうえで、新しい移民政策に対抗すべく展開されている「サン・パピエ」の運動を振り返り、その取り組みから「もう一つの移民統合」の可能性について考えてみたい。

2　フランスおよびヨーロッパにおける移民規制強化の波

労働者の受け入れから家族の受け入れ、そして規制へ

一九世紀からの移民受け入れの歴史のなかで、フランスは時代背景に合わせて移民を目的別に受容してきた。それを大別すると、労働（季節労働、研修を含む）、芸術・研究（学生を含む）、難民（庇護申請者を含む）、家族の四つとなる。[1] なかでも家族であることを理由とした移民は、一九七四年に新規移民労働者の導入を中断し事実上国境を「閉鎖」しているフランスにあって、最大の受け入れ対象となっている（表10－1参照）。それは家族移民（migrations familiales）が難民と並び、「入国の権利を保障されるべき対象」として移民政策のなかで権利化されてきたからである。[2] つまり労働移民と異なり、家族移民は欧州人権条約や共和国憲法などによって、国益と切り離した「人権」の観点から説明されてきたのである。

表 10-1　非 EU 加盟国出身者の入国者推移数（1999–2004 年）

	1999	2000	2001	2002	2003	2004
短期滞在目的による入国者						
短期契約労働者	5,791	7,502	9,628	9,822	10,318	9,950
季節労働者	7,612	7,929	10,794	13,543	14,566	15,743
研修生	709	875	915	993	1,008	535
芸術家	75	86	64	56	75	55
学　生	25,066	36,140	39,983	55,498	52,062	55,008
庇護申請者						
OFPRA 提出	30,907	38,747	47,291	51,087	52,204	50,547
内務省提出	n.d.	n.d.	28,953	28,372	27,751	—
長期滞在目的による入国者						
労働移民	6,300	6,400	9,250	8,000	6,900	7,050
家族移民	53,850	64,250	73,250	89,550	100,150	102,650
訪問者	8,550	8,450	8,950	10,000	7,600	5,700
難　民	4,950	5,550	7,650	9,150	11,200	11,400
その他	9,900	8,350	8,450	8,100	10,550	13,300
合　計	83,550	93,000	107,550	124,800	136,400	140,100

出典：ANAEM，OFPRA，雇用省，内務省（Régnard, 2006 : 5）．一部，筆者が変更して作成．

しかしながら近年では、入国を権利化されてきた家族移民も、規制の対象となっている。その背景には、フランスで失業問題が重要な政治課題として浮上していることや、移民の社会的排除が深刻化していること、高い失業率や治安悪化、統合の危機などを移民の存在と結びつけて批判する極右勢力が一定程度の支持を獲得し続けていることなどがある。要するに今日のフランスでは、移民の受け入れに積極的な政策を歓迎しない風潮が存在するのである。家族移民に対する規制は、こうしたなかで実施されるようになり、「フランスにおける外国人の入国および受け入れ、滞在管理に関する一九九三年八月二四日法」（通称「パスクア法」、以下では通称を使用）から、本格的に開始されている(3)。これ以降、家族移民は権利として保障されるのではなく、その権利に理由をつけて制限されるようになっている（野村、二〇〇八：三三—三四）。

今日家族移民の七割から八割はアフリカ諸国出身者となっている（Régnard, 2006 : 76–87）。一九七〇年代以降、アフリカ諸国出身者はヨーロッパ諸国出身者と対照的に、フランスの移民人口に占める割合を急速に伸ばしてきた

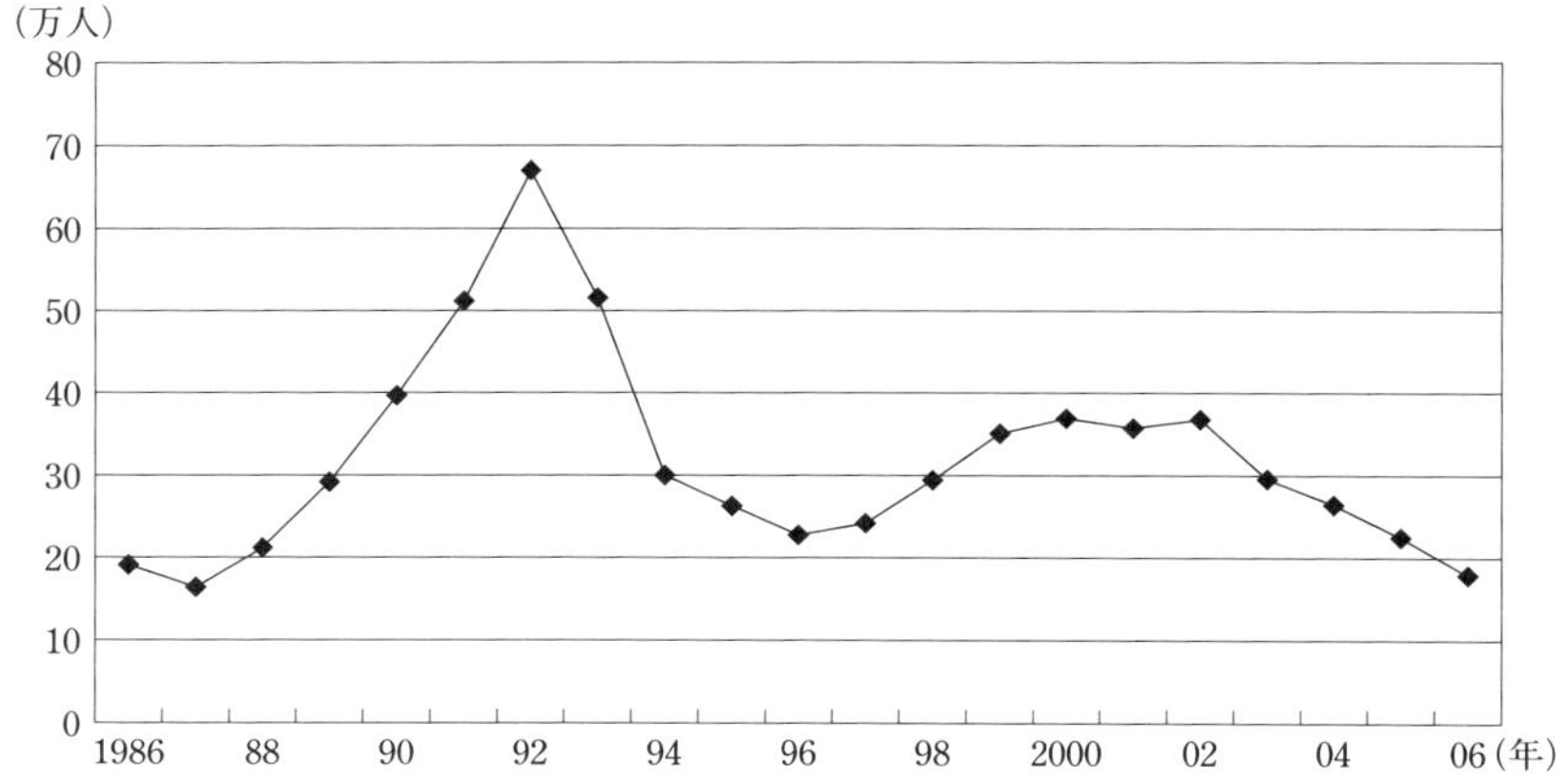

図 10-1　EU における庇護申請者数（1986-2006 年）

注：1986-2003 年 = EU 15 カ国，2004-06 年 = EU 25 カ国
出典：Eurostat.

（巻末資料参照）。それは高度経済成長期に労働力として動員された旧植民地を含むアフリカ諸国からの移民が、一九七四年の国境「閉鎖」後に、フランスへ家族を呼び寄せ定住するようになったためである。他方、ＥＵ加盟国出身者は、一九九四年一月一日以降、域内の自由移動が認められたことから、入国・滞在規制の対象外となっている(4)。加盟国出身者には当然の権利として、家族呼び寄せも許可されている。こうしたことから、今日の家族移民に対する規制強化は、ＥＵ域内ではなく、アフリカのようなＥＵ域外からフランスへの移動に大きな影響を及ぼしている（野村、二〇〇八：二九—三三）。

ヨーロッパ統合の進展と外囲国境の出現

一九九三年に発効したマーストリヒト条約では、ＥＵ市民権が創設され、ＥＵ加盟国出身者は、だれでも、欧州議会の選挙権や居住先の加盟国における地方参政権、域内の自由移動および居住の権利などが認められるようになっている。すなわちＥＵ加盟国出身者は、「ＥＵ市民」という特別な地位を獲得したことで、域内移動に伴う入国・滞在・国境管理を受けなくなり、みずからの出身国とほぼ同等の権利を居住先の加盟国から保障されるようになったのである(5)。この結果、EU加盟国では、域内出身者かそうでないかが移民の入国および滞在資格を決定づける重要な基準となり、域外出身者をEUレベルで取り締まる必要が出てきた。域外出身者の取り締まりはまた、冷戦の終結に伴う東から西へのヒトの流れと一九八〇年代半ばから急増した南から北へのヒトの流れに対応するうえで、急務とされた。こうした移動の多くは、政情不安や戦争、内紛、飢饉などのためにヨーロッパへ庇護を求めるもの、すなわち難民希望者であった(図10－1参照)。難民は家族移民と同様、世界人権宣言や難民条約によって人権の観点から保護される対象として扱われてきた。そのうえ、多くのヨーロッパ諸国は、憲法などで迫害を受けた者の庇護権を認めている。しかし、移民の社会的排除や文化的葛藤、反移民感情の高揚が社会的関心を集めていた当時のヨーロッパは、難民の受け入れに消極的であった。一国レベルで対応しきれない庇護申請者の急増は、加盟国にヨーロッパ・レベルでの対策を痛感させ、「偽装難民」を規制するためとして、EUの共通難民政策を構築させたのである(ダブリン条約(6))。

またEUの市場統合は、域内の自由移動を促進させる一方で、外囲国境の共同管理や治安統制の協力を加盟国に余儀なくさせた。一九八〇年代後半から、一部の加盟国の間で域内の身分検査撤廃と外囲国境の共同管理、犯罪捜査に関する国際的な協力体制の構築などが話し合われるようになり、シェンゲン条約(7)が成立した。これにより、非EU加盟国出身者の外囲国境における規制が強化され、域内出身者と域外出身者の扱いの差がますます拡大することとなった。シェンゲン条約はその後、一九九七年に締結されたアムステルダム条約でEUの共通基準として制度化され、外囲国境の管理に関する共通政策が進展することとなった。こうした一連のEUによる共通移民・難民政策は、外囲国境の壁を厚くすることで、域内出身者の権利を保障するという政策のメカニズムを形成したのである。

しかし、フランスおよびEUにおける移民規制の政策は、ヨーロッパを目指す域外からのヒトの流れを抑制することはできなかった。というのも、移民にとってヨーロッパへの移住は、祖国での不安定な生活から逃れるための、あるいはよりよい生活を獲得するための唯一の手段と考えられていたからである（Laasher, 2007 ; Egré *et al.*, 2007）。けっきょく、移民規制を強化する政策は、移民たちの向欧を妨げるにいたらず、ヨーロッパ社会における不安定な生活を彼（女）らに強いる結果となったのである。

3　「サン・パピエ」からの異議申し立て

強まる規制と「サン・パピエ」の正規化要求運動

一九九三年の「パスクア法」以降も移民規制の方針が続いた。「パスクア法」は家族移民に対する規制を強化しただけでなく、滞在資格全般の制限やダブリン・シェンゲン条約の適用に伴う難民審査の厳格化、退去処分の強化、非正規滞在者に対する社会保障サーヴィスの停止、「偽装結婚」に対する市町村長への検閲権の付与など、移民への締め付けを多岐にわたっておこなっている（林、一九九四b、一九九四c）。こうした規定は、移民の滞在資格を不安定にするばかりか、彼（女）らへの疑惑のまなざしを強め、非正規滞在者への制裁を強化することで、彼らを「犯罪者」扱いするものであった。またこの法律で問題となったのは、退去処分の免除規定に該当する者が、滞在資格の申請条件として新しく導入された「入国および滞在の正規性」に抵触する場合であった。退去処分の免除規定は、家族関係や居住実績でフランスとの「深い」繋がりが認められる対象（未成年の外国人やフランスでの居住年数が長い者、条件付きでフランス人の配偶者や親など）に、退去処分を適用しないことで滞在権を保障するものである。しかし、「パスクア法」のもと免除対象者がなんらかの理由で非正規化すると、滞在権が保障されながらも非正規な身分でフランスに住み続けるという矛盾した状況が作り出されることになる。すなわち同法は、期せずして、「退去も正規化もできない」という新しい滞在「資格」を生みだしたのである。

一九九六年にはさらに、新しい入国・滞在規制法案（のちの「ヒトの受け入れにともなう多様な措置についての一九九七年四月二四日法」通称「ドゥブレ法」、以下では通称を使用）が準備された。この法案は、非正規滞在者を摘発するための身分証明検査を強化したり、外国人訪問客の出立を報告するよう家主に義務づけたりするなど、移民への監視をいっそう促すものであった。なかでも、外国人の出立報告を義務づけた宿泊証明書は、ヴィシー政権下のユダヤ人の「密告」を彷彿させるとして、世論から批判を浴びることとなった。

こうした政策の流れを受けて、一九九六年に約三〇〇名の「サン・パピエ」がパリ市内の教会に立てこもり、正規化要求運動を開始した。運動を始めた者の多くは、旧フランス植民地のサハラ以南アフリカ諸国出身者で、「パスクア法」のもと難民申請が却下されたり、滞在許可証の更新を拒否された者、「退去も正規化もできない」身分となってしまった者などであった。このため野党および人権擁護・移民支援団体は、「サン・パピエ」を「非人道的な政策の犠牲者」、現行政策の「欠陥」を証明する存在として支援するようになった。また、教会に立てこもった「サン・パピエ」の多くが、無抵抗の女性や子ども（しかも多くはフランス生まれ）だったことから、[8]その運動は世論に容認され、フランス全土に支援の動きを広げた。とりわけ、映画関係者による「市民的不服従宣言[9]」は大きな関心を集め、現行法案への抗議や「サン・パピエ」の正規化要求に関する署名、集会などを盛り上げる契機となった（稲葉、二〇〇〇）。

当初、「サン・パピエ」の正規化要求に対して断固とした態度で臨んでいた保守政権であったが、世論の運動への関心と政策への批判が高まるにつれ、柔軟な対応を迫られるようになった。そこで保守政権はフランス人の親に対する正規化コミュニケを出したり、「ドゥブレ法」で批判を受けた宿泊証明書を修正したり、滞在条件の一部を緩和したりするなど、「パスクア法」と現実との間に生まれたズレを修正しようと試みた。しかし、移民規制の方針が崩されることはなく、入国・滞在条件の見直しも不十分であった。

「サン・パピエ」の正規化と人権に配慮した選別基準

一九九七年の総選挙で、「パスクア・ドゥブレ法の撤廃」をかかげた社会党が勝利し、移民の入国・滞在条件の見直しが行われた。まず新政権は、フランス人および正規滞在移民の家族（配偶者、子ども、親）と庇護申請の非認定者らを対象に正規化通達を出し、約八万人の「サン・パピエ」に新しい滞在資格を認めた。さらに翌年、「在仏外国人の入国および滞在、庇護権に関する一九九八年五月一一日法」（通称「シュヴェーヌマン法」、以下では通称を使用）が施行された。この法律により、非難の集中した宿泊証明書規定が全廃されたほか、滞在資格および家族移民に関する要件の緩和や新しい滞在資格の創設[10]、庇護権の拡大、退去規定の緩和などがおこなわれ、移民の諸権利がより保障されるようになった。

「シュヴェーヌマン法」でとくに注目すべき点は、「サン・パピエ」の運動を受けて、入国・滞在条件に家族関係や居住実績が重視されるようになったことである。とりわけ「個人的および家族生活」滞在証は、それを如実に示す例である。この滞在資格は、欧州人権条約の第八条にある「個人的および家族生活を尊重する権利」をフランスの移民法に取り入れたもので、同資格を当然の権利として付与される対象は一一のカテゴリに分類される[11]。なかでも、滞在拒否によって個人的・家族生活に不利益を受ける者を対象とした「個人的および家族関係」のカテゴリは、フランスにおける人間関係だけで滞在資格を取得できる画期的な内容となっている[12]。さらに「一〇年以上あるいは、学生として滞在していた期間を含め一五年以上フランスに常住している者」というカテゴリは、非正規であっても長期間の滞在実績によって「個人的および家族生活」滞在証が認められる対象であり、自動的な正規化機能の役割を果たしている。

このように「個人的および家族生活」滞在証は、申請時の滞在身分が正規か非正規かに関係なく、家族関係や居住実績を根拠に取得できることから、生活実態によって滞在の法的正当性を認める事後認証的かつ人道主義的な性質と指摘できる。また「シュヴェーヌマン法」では、難民条約によって定義される条約難民[13]とは別に、第四共和国憲法の前文に示された「自由のための活動を理由に迫害を受けた者」の庇護権（「憲法難民」）や拷問を禁止する欧州人権条約第三条を根拠とした特別な難民資格（「領土的庇護[14]」）があらたに盛り込まれている。「領土的庇護」は、フランス独自の資格であるため、条約難民を対象とするダブリン条約の制約を受けることはない（GISTI, 1999 : 212）。したがってこうした変更点も、「サン・パピエ」の運動を受けて人道的な観点を難民資格に加味することで、「ヨーロッパの要塞」から閉め出される庇護申請者に庇護の可能性を認めたものと評価できる。

ただし「シュヴェーヌマン法」は、公約に反して「パスクア・ドゥブレ法」を撤廃しておらず、非正規滞在者に対する取り締まりもより強化されている。そのうえ人権への配慮から見直された諸規定も、一時的な滞在資格を保障しているにすぎず、「サン・パピエ」のおかれている不安定な身分を抜本的に解決する対策とはなっていない。この点は、強調しておくべきであろう。しかし、「シュヴェーヌマン法」によって「パスクア・ドゥブレ法」の規制路線が緩和されたことは、これまで政治的な参加を認められなかった「声なき者」が異議申し立てを通して勝ち取った成果であり、「サン・パピエ」の存在がフランス社会に認知された証拠といえる。

4 「選別移民法」に示される新しい移民の統合方法

「サン・パピエ」の運動によって、いったんは人権の観点から見直されたフランスの移民政策であったが、二〇〇一年のアメリカ合衆国における同時多発テロをきっかけに、移民の基本的な権利よりも受け入れ社会の「安全」を優先させる風潮が世界的に広がるなか、二〇〇二年の保守政権の成立もあって、治安対策の一環として移民規制の方針がとられるようになった。たとえば「治安に関する二〇〇三年三月一八日法」では、売春や物乞い、「不法占拠」などにかかわった外国人の滞在資格を取りあげる権限が県知事に付与され、「ヒトの移動と在仏外国人の滞在管理に関する二〇〇三年一一月二六日法」（通称「サルコジ法」、以下では通称を使用）では、ヒトの移動に伴う「偽装」や「違反」を取り締まるために退去措置が強化されている。また二〇〇七年から、非正規滞在者の退去措置に関する数値目標（二万五〇〇〇人）が作成され、県ごとにノルマが課されるようになっている（GISTI, 2008 : 16–19）。

さらに「庇護に関する一九五二年七月二五日法を修正する二〇〇三年一二月一〇日法」では、「シュヴェーヌマン法」で拡大された難民資格が、審査手続きの長期化および申請者の急増に伴う社会的コストの増大を理由に、また非正規滞在者を誘発するとして見直されることになった（岡村、二〇〇四：八四―八五）。その結果、領土的庇護は「補完的保護」に置き換えられて申請条件が厳しくなり、庇護希望者に対する規制が強化されている。

このような政策方針は、元内務大臣で現共和国大統領であるニコラ・サルコジの影響を抜きには考えられない。そこで以下では、かれの主導のもと成立した二〇〇六年の「選別移民法」に注目し、今日フランスで目指されている移民の受け入れおよび統合のあり方について検証する。

新しい選別基準――高技能移民の積極的な受け入れ

「選別移民法」の最大の特徴は、「移民の選別」という名目で、高技能移民の積極的受け入れをはじめたことである。こうした傾向は世界各地で確認される。たとえば一九九〇年代後半からアメリカ合衆国、カナダ、ドイツ、イギリス、オランダなどで高技能移民の受け入れが進んでおり、近年ＥＵでも、高技能移民の受け入れを促進するために「ブルー・カード」と呼ばれる共通の滞在資格を創設する動きがみられる。たしかにフランスでも、「シュヴェーヌマン法」で研究者や文化人向けの滞在資格が新設されたり、一九九八年から二〇〇四年にかけてＩＴ産業の人材不足からそれに関連する労働者の受け入れが優遇されたりしてきた。しかし移民政策のなかで、高技能移民の受け入れが中心的に議論されることはなく、それが二〇〇六年の「選別移民法」で大きく取り上げられたことは、グローバルな規模で展開される高技能人材の「争奪合戦」の影響があったと考えられる。

この法律により、「経済的発展や知的・科学的・文化的・人道的あるいはスポーツの分野における功績を、その能力と才能によって重要かつ持続的な方法でフランスおよび移民の出身国にもたらすことのできる」外国人に対して、「能力・才能(compétences et talents)」滞在証が付与されることになった。この滞在証は三年間有効で、更新可能なものであり、フランスにおける自由な就労権が認められている。ただし、「選別移民法」が「途上国との共同開発・発展(co-développement)」を方針の一つとしていることから、「優先的連帯ゾーン(zone de solidarité prioritaire)」に指定される国の出身者には、帰国による出身国への経済的寄与をうながすため、「能力・才能」滞在証の更新を一回に限定している。[15] また修士課程以上の高等教育機関に在籍する留学生には、最大で四年間有効な「学生」滞在証が更新の際に認められるようになり、課程修了後も六カ月間の仮滞在証が申請できるようになっている。この仮滞在証によって、留学生はフランスで就職活動がしやすくなり、雇用が見つかった場合に新しい滞在資格へ切り替えるのを円滑に行えるようになった。こうした措置も、高学歴の留学生を人材としてフランスが確保する手段といえる。さらに留学生一般についても、従来「学生」滞在証で認められていなかった就労が、「選別移民法」では新しく条件つきで(年間九六四時間まで)可能になっている。このほか「研修生」滞在証が新設されたり、労働が認められる滞在資格が拡大されたりするなど、全体として労働目的の移民を優遇的に受け入れる内容となっている。

強まる「同化」措置——「受け入れ・統合契約」

二つ目の特徴は、受け入れの条件として「統合」が求められるようになったことである。「統合」とは、とりわけ長期的な滞在希望者に対し、フランス語能力とフランス的価値観、フランスへの愛情を養うことで、社会への適応を促進させる措置のことを指す(*Journal Officiel : Assemblée Nationale compte rendu intégral du 3 mai 2006 : 2787*)。

このため「選別移民法」では、二〇〇三年の「サルコジ法」で自主的な参加として導入された「受け入れ・統合契約（contrat d'accueil et d'intégration）」が、一時滞在証および居住者証の取得希望者に対して義務づけられるようになっている。これにより契約者は、フランスの制度や価値に関する公民教育[16]と、必要と考えられた場合にフランス語教育を受けなければならなくなった。さらに同法では、フランスの永住権に相当する居住者証を初めて申請する場合にも、「統合」を取得要件として新しく盛り込んでいる。この結果申請者は、共和国の原則を遵守する誓約とそれを尊重する意思、フランス語の十分な能力が求められるようになっている。「統合」度の判断は、申請者の居住する市町村長がすることになっており、申請から二カ月の間に異議申し立てがなければ、申請者の十分な「統合」が認められることになる。また同法は、移民が家族を出身国から呼び寄せる場合にも、フランスの法制度を遵守することを新たな条件に加えている。

このように「選別移民法」では、「統合」が入国・滞在基準として重視されているのがわかる。ただし、この「統合」概念は文化的なそれに傾斜していて、「同化」の語を充てるのがふさわしい。同様の措置は、イギリス・ドイツ・オランダなどのＥＵ諸国でも導入されており、「同化」を求める共通の傾向がうかがえる。つまり今日では、移民の権利を擁護するより共通のルールづくりが統合の主流となっているのである。しかし奇妙なことに、「選別移民法」では受け入れ条件としての「統合」を、学生や労働移民、「能力・才能」滞在証の対象者などには要求していない（GISTI, 2008：68–69）。この事実から、「統合」は高技能や高学歴、労働市場の需要とは無関係の移民で長期滞在希望者を選別する手段として用いられているといえる。要するに「選別移民法」は、フランスに経済的な利益をもたらさないとみなされる移民に「統合」という価値・規範の共有を求めたうえ、その条件を満たせる「同化」可能な者だけを受け入れるという新しい統合方針を提示している。

排除される移民——家族移民と非ＥＵ加盟国出身者

それでは、「統合」を理由に選別を受け、移動を制限されるようになった対象はだれであろうか。サルコジは「選別移民法」の法案説明時に、「従来の労働移民に対する家族移民の優遇政策が、低技能で統合されていない家族移民を増やす一方、フランスの労働市場が望む労働移民を閉め出している」と発言している（*Journal Officiel* 2789）。この発言に象徴されるように「選別移民法」では、家族移民の入国・滞在規制が格段に強化されており、「シュヴェーヌマン法」で考慮された人権に基づく諸規定が大幅に見直されている。すなわち規制の対象とされたのは、家族移民なのである。この結果、家族関係や居住実績から当然の権利として滞在資格を得ていた対象にも、ヴィザの取得や十分な「統合」（右述の意味で）が義務づけられるようになっている。さらに家族呼び寄せでは、申請に必要な待機期間が一年から一年半に延長されたほか、あらゆる社会給付を含めずに呼び寄せに必要な収入要件を満たさなければならなくなっている。また「個人的および家族生活」滞在証の適用基準がのきなみ強化され、自動的な正規化機能を果たしていた「一〇年以上あるいは、学生として滞在していた期間を含め一五年以上フランスに常住している者」というカテゴリは廃止にいたっている。この結果、「サン・パピエ」の正規化は一件ごとの審査へ変更されることとなった。さらにフランス人の（外国人）配偶者に対しては、居住者証や国籍取得要件が厳しくされたうえ、入国ヴィザの義務化やヴィザ申請時の婚姻関係に対する真偽審査、ヴィザ要件としてのフランスでの結婚や半年以上のフランスにおける共同生活など、細かく入国・滞在条件が課されるようになっている。

ただし、こうした家族移民への規制はすべての外国人に等しく実施されるものではない。ＥＵ加盟国出身者は、もちろん対象から除外されている。また二〇〇三年の「第三国出身の長期滞在者の地位に関するＥＵ指令」（当該移民にＥＵ市民と同等の権利を認めるべきだとするもの）を受けて、「ＥＵ長期間居住者」証[17]が「選別移民法」で新設されたのだが、この対象者も上記の規制から免除されている。「ＥＵ長期間居住者」証はその付与条件の一つに、受け入れ国の公的サーヴィスに頼らなくて済む程度の安定的かつ定期的な収入があることがあげられている。つまり、受け入れ国にとって経済的・社会的負担とならない非ＥＵ加盟国出身長期滞在者は今後、ＥＵ市民とほぼ同等の権利を認められることになったのである。これらのことから、「選別移民法」の規制を受けて排除されることになった移民は、「ＥＵ長期間居住者」証の規定に合わない、厳しい生活状況にある非ＥＵ加盟国出身者といえる。

ここまで「選別移民法」を中心に見てきたわけだが、二〇〇三年の「サルコジ法」にはじまり、「選別移民法」を経て「ヒトの移動および統合、庇護に関する二〇〇七年一一月二〇日法」（通称「オルトフー法」、以下では通称を使用）へと受け継がれている方針とは何であろうか。サルコジによれば、「選別移民法」による入国・滞在規制の目的は、統合システムの破綻と社会党政権による不十分な入国・滞在管理が招いた社会問題の改善である（*Journal Officiel* : 2784-2788）。したがって右に説明した諸措置は、フランスに社会問題をもたらすヒトの移動、とりわけ非ＥＵ加盟国出身の家族移民を制限するためのものといえる。このような家族移民がフランスにとって問題となるのは、経済的な観点から見て「『低技能』でフランスへの貢献が期待できない」ためであり、「積極的にフランス社会へ適応しようとする態度」が「統合」の観点から見受けられないためである。つまり「選別移民法」は、人権を盾に権利化されてきた家族移民を制限し、経済的効率性による移民の選別基準を新たに導入したのである。

さらにサルコジは、移民の受け入れと「統合」の関係について、「正規移民の統合は非正規移民の取り締まりによって促進される」という従来の論理を、「『統合』能力の期待できる移民を選別して受け入れる」というものに切り替えたことで、移民に対する「同化」圧力の強化を正当化している。サルコジが大統領就任後に新設した大臣のポストが、「移民・統合・国民アイデンティティおよび共同開発・発展（Ministère de l'Immigration, de l'Intégration, de l'Identié nationale et du Co-développement）」と名づけられたのも、こうした流れと無関係ではない。二〇〇七年の「オルトフー法」では、条件つきとはいえ家族関係の真偽を問う手段にＤＮＡテストが導入されたり、移民の「統合」能力をさらに求める措置が盛り込まれたりしており、移民政策の「脱人権レジーム・新自由主義」路線はしばらく続くと思われる（野村、二〇〇八：三七—三八）。

5 「レジスタンス」はつづく

「移民の選別」という名目のもとおこなわれている現在の規制政策のなか、「サン・パピエ」たちの運動は続けられている。最近では、フランスの代表的な労働組合の一つである労働総同盟（ＣＧＴ）と「サン・パピエ」の団体が協力して正規化要求を展開したり、「サン・パピエ」の外国人をパートナーにもつフランス人が「家族で暮らす権利」を訴えたりと、運動の形態も内容も多様化している[18]。そのなかで、「国境なき教育ネットワーク（Réseau Education Sans Frontières　ＲＥＳＦ）」の例をここでは取り上げ、「選別移民法」の提示する「統合」とは異なる移民との関係性の築き方について考えてみたい[19]。

ＲＥＳＦは、二〇〇四年に教員組合や人権擁護団体、移民、保護者などが集まって結成された支援ネットワークで、二〇〇六年六月には就学児童・生徒をもつ「サン・パピエ」の家族の正規化を呼びかける運動をおこない、社会的な注目を集めている[20]。ＲＥＳＦで活動しているのは、立場も経歴も活動理由も異なる有志の市民であるが、彼（女）らに共通しているのは、「このままではいけない、何かがおかしい」という政策への不信感とフランス社会が「あやまった方向へ向かっていくのではないか」という危機感である。そのため彼（女）らはみずからの活動を、第二次大戦下のナチスに抵抗したレジスタンスになぞらえて、「フランスの非人道的な移民政策に対する新しいレジスタンス」と呼んでいる。

では、ＲＥＳＦの「レジスタンス」とはどのようなものであろうか。彼（女）らの活動は、「サン・パピエ」の正規化要求や政策の見直しを訴える政治的なものだけではない。注目すべきは、彼（女）らが社会関係そのものを見直すことで、「サン・パピエ」を取り巻く環境とフランス社会が抱える閉塞感を改善しようとしている点である(Benasayag *et al.* 2008)。メンバーによると、彼(女)らは「サン・パピエ」の「共和国的後見親(parrain/marraine républicain(e))[21]」になって「擬似家族」の関係をつくったり、学校という場を使って教員や保護者、地域住民と協力して支援会を立ち上げたりすることで、積極的に「サン・パピエ」と係わりをもつことを重視している。そうした交流を通して、正規化に必要な書類を整える手伝いや日常生活の相談、警察や役所への付き添い、拘置や国外退去処分に対する異議申し立てなど、生活全般にわたる支援をおこなっている。このような活動は、「サン・パピエ」を「助けてあげなければならない対象」としてなされているのではなく、「同じ子どもをもつ親」として、あるいは「同じ地域の住民」として、「同じ人間」「同じ社会の一員」として助け合って生活していこうという意識のもとおこなわれている。つまりＲＥＳＦの取り組みは、「サン・パピエ」と自分たちの間にある法によってつくられた「不自然な」境界を、市民の連帯や地域コミュニティの構築を通して乗り越えようとするものである。

すでに検証してきたとおり、経済的に有用な人材を「選別」し、そうでない移民には「統合」あるいは「同化」を要求する今日の受け入れモデルは、移民と同じ目線に立ったものではなく、フランス社会の優位を前提とした関係といえる。ＲＥＳＦの活動は、こうした不均等な社会関係の見直しを迫り、「サン・パピエ」を社会の構成員として位置づけなおすことを求めているものといえる。フランスが今後移民をどのように統合していくのか。それはフランスがどのような社会像を描き、どのような社会関係を望んでいるのかにかかっている。

(1) 滞在資格は短期(temporaire)と長期(permanent)に分けられるが(表10－1参照)、ここでは便宜的に滞在資格の区別をせず、両方の移住目的を統合したうえで分類している。
(2) 一九七四年当初、新規外国人労働者の停止と同時に家族移民も停止されたのだが、ＮＧＯや司法の働きにより、一九七六年の通達で家族移民の再開が認められることとなった（宮島、二〇〇六ａ：二六）。また一九七八年にはコンセイユ・デタにより、移民の家族呼び寄せが基本的な権利と認められている（Régnard, 2006 : 76）。

（3）「パスクア法」では、それまで政令で扱われていた家族移民を、外国人一般の入国・滞在管理を定めた一九四五年のオルドナンスに編入し、法制度の統合を図っている（林、一九九四ａ：四四）。これにより、家族移民も外国人一般と同じ文脈で扱うことが可能になった。

（4）加盟国出身者の滞在資格は以下のように定められている。労働している場合は一〇年間有効の許可証、労働していない場合は五年間有効の許可証、学生の場合は一年間有効の許可証。またその家族も、加盟国出身者と同様の滞在資格を得ることができる（Régnard, 2006 : 24）。

（5）ただし、二〇〇四年にＥＵへ加盟した中・東欧諸国出身者の域内自由移動は、二〇一一年一二月三一日まで移行期間として制限することが認められ、フランスではそうした措置がとられている（GISTI, 2008 : 134）。

（6）ダブリン条約（一九九〇年、一九九七年発効）は、ＥＵ（ただし当時は欧州共同体）の共通難民政策の構築を目指したものであり、庇護申請は加盟国内の最初に到着した「安全な国」でのみ可能となることや、加盟国内のどこか一国で難民申請が却下された場合、他の加盟国に改めて再申請することを禁止すること、迫害や非人道的な扱いをしないうえ、身の危険にさらされる出身国へ申請者を送り返さない国を「安全な第三国」と定め、そのような国を通過してきた庇護申請者の入国を拒否できること、「明白な根拠のない申請」に対する「迅速な手続き」などが定められている。

（7）一九八五年にドイツ、フランス、ベネルクス諸国が域内国境の撤廃と共通の国境管理・治安統制を行うことで合意し、シェンゲン協定が締結されたのがはじまりで、その後一九九〇年には、イタリア、ポルトガル、スペインが参加してシェンゲン条約（一九九五年発効）となった。そして一九九七年に調印されたアムステルダム条約（一九九九年発効）で、ＥＵの共通基準として採用されるのだが、イギリスとアイルランドは参加を留保（オプト・アウト規定）している。

（8）教会に立てこもった「サン・パピエ」たちは、当局によって強制的に立ち退かされることとなった。このとき立ち退きの様子がテレビで報道されたことで、女性や子どもばかりであることが明るみとなり、政府の強権的なやり方を含め世論の批判を高める結果となったのである。

（9）六六人の映画関係者が、非正規な身分のザイール人を泊めたために「不法滞在ほう助罪」となった女性の一件に抗議して、非人道的な法律に従わないように呼びかけたものである。

（10）「シュヴェーヌマン法」では、「科学者」と「芸術的・文化的職業従事者」という新しいカテゴリが創設された。これは、一種の高技能移民の優遇と考えられる。

(11)　やや簡略化した形で具体的な対象を紹介すると、以下のようになる。①一時滞在証を取得している外国人の子どもあるいは配偶者で、家族呼び寄せ枠で入国した者、②一〇歳からフランスに常住している者、③一〇年以上あるいは、学生として滞在していた期間を含め一五年以上フランスに常住している者、④フランス人の配偶者でフランスに正規入国した者、⑤「科学者」枠で一時滞在証を取得した外国人の配偶者、⑥フランス人の子どもを出生後に認知した親で、出生時からあるいは少なくとも一年以上子どもの面倒を見ている者、⑦滞在拒否によって個人的・家族生活に損害を受ける者（「個人的および家族関係」）、⑧八年以上のフランスにおける継続的滞在を証明できるフランス生まれの者および一〇歳以降にフランスに入国し、フランスでの五年以上の就学を証明できる者で、なおかつ一六歳から二一歳の間にこの資格を申請した者、⑨フランスにおける労災年金資格保持者、⑩無国籍者とその家族、⑪フランスに常住している者でフランスでの医療措置が必要な者（*Journal Officiel*. 1998 : 7087）。

(12)　ただし、申請者の「個人的および家族関係」が滞在資格を得るのに妥当かどうかを判断するのは行政であるため、審査に恣意性が入る可能性がある（GISTI, 1999 : 70）。

(13)　条約難民とは、「人種、宗教、国籍もしくは特定の社会的集団の構成員であること、または政治的意見を理由に迫害を受けるおそれがあるという十分に理由のある恐怖を有するために、国籍国の外にいる者であって、その国籍国の保護を受けられない者またはそのような恐怖を有するためにその国籍国の保護を受けることを望まない者」と定義される。

(14)　この資格は、難民認定機関「フランス難民・無国籍者保護事務所（Office français de protection des réfugiés et apatrides）」に審査される条約難民や憲法難民と異なり、各県に申請し審査されたあと、内務大臣の裁量によって「個人的および家族生活」滞在証が認められるものである。その後二〇〇三年の法改定によって、領土的庇護は補完的保護に置き換えられ、申請先もフランス難民・無国籍者保護事務所へ一元化されることになる。

(15)　対象となっているのは五四の発展途上国で、マグレブ、アフリカ諸国全般も含まれる（GISTI, 2008 : 107）。

(16)　公民教育では、フランスの制度の紹介と原則の説明が行われる。原則に関しては、男女平等と非宗教性について特に取り上げられる。

(17)　「EU長期間居住者」証は、一つの加盟国に五年以上の正規にかつ継続的に居住していること、加盟国の公的サーヴィスに頼らなくて済む程度の安定的かつ定期的な収入があること、疾病保険に加入していることを条件に、第三国出身者に認められる滞在許可証である。有効期間は五年で自動的に更新されるうえ、家族呼び寄せも認められている。

(18) たとえば、La Bourse du Travail Ocupée や Les Amoureux au ban public といった団体がある。

(19) この事例は、筆者が二〇〇八年九月に行ったインタヴュー調査をもとに記述している。インタヴュー対象のＲＥＳＦは、代表が存在せず、運動の基本方針もない、ボランティア参加者のつながりだけで展開されている運動である。現在では各地にネットワークが広がっており、パリ二〇区だけでも一四ほど拠点が存在する。今回はパリ一八区と一三区の活動に参加しているメンバーの話を聞くことができた。

(20) この運動の結果、正規化通達が出され、三万三五三八人の申請者のうち六九二四人が正規化されている（Benasayag *et al.* 2008 : 20）。この正規化措置では、フランス滞在歴の長さ、児童・生徒の一年以上の就学、出身国との結びつきの弱さなどが基準としてあげられている。

(21) 市役所で申請すると、「共和国的後見親」となった証明書が発行され、それが「サン・パピエ」の正規化要求の際に、フランスとの結びつきを示す重要な証拠の一つとなるといわれる。

終章　平等・社会的統合を問い直す

宮島　喬

1 「機会の平等」

現代フランスの移民の社会的統合の多くの問題側面を見てきて、容易には出口を見いだしえないいくつかの課題の指摘をもって、結びとしなければならない。

経済の好調（堅調）と不調の短期的交代はあれ、一九九〇年代以降、非ヨーロッパ系移民の失業率が二〇％台半ばで推移していることは、これがなかば構造化していることを意味しよう。二〇〇八年後半に始まり、先行きの明らかではない世界的な経済危機およびフランス経済のグローバル化対応のなかで、専門的高技能に達していない移民たちの雇用は、しばしば外部労働市場にあるだけにいっそう危機を迎える恐れはある。〇九年二月現在、フランス全体の統計では求職者（失業者）は過去三カ月に二三・五％増加し、男子、二五歳未満、ローヌ・アルプ地域などに高く出ていて、パート労働市場から始まって正規雇用にも及びはじめていると報じられている（*Le Monde*, 27/2/2009）。当然、自動車、機械、金属など男性移民の多く就労していたセクターへの影響は大きいと思われる。マグレブ、アフリカ、トルコ系の失業率は、二〇％台後半から、さらに上昇をみていくかもしれない。その予測はともかく、これだけの数値になると、社会的排除も恒常化する。3章でも触れたが、成人に達したマグレブ系、アフリカ系の若者に、住宅、社会保護でも親依存で、自立した生活がもてないと感じている者が多い。労働市場の構造変化と教育とのミスマッチも要因として大きいが、民族差別も半制度化しているとみる。これは大都市の郊外シテでの数度にわたる衝突、その頂点としての〇五年秋のパリ郊外の若者の「暴動」が、感得していたことであろう。正規雇用に一度も就いたことのない若者たちは、抗議の意思を伝える社会関係ルートを知らず、もたず、シテの日常に監視者として現れる警察官に怒りを向けることになったが。

〇五年のこの出来事の直後、求職者の履歴書を匿名化すべきだという提案があった。リヨン市は、「雇用差別ゼロ」の標語をかかげ公共職業紹介所（ANPE）と協力し、市庁舎の大広間を開放し、数十の企業がブースを開いて、移民青年の求職者と面接を行っている（宮島、二〇〇六b）。ド・ヴィルパン内閣は翌年三月、「機会の平等法」を成立させ、差別への罰金制度を設けた。しかし、巧妙な間接差別の形をとる面接や採用の拒否に効果をもちえているか。

少し時間を遡ると、ジョスパン社会党内閣時代にGELD（反差別検討集団）、CNDS（治安職業倫理全国委員会）が設けられ、その後〇五年にはHALDE（反差別および平等のための高等機関）も設置され、差別の訴えに迅速に対応することを目指した。これは政府のイニシアティヴというより、アムステルダム条約発効とともにEUの定めた「指令」にフランスが応えねばならなかったためである。右記の諸機関については、電話のホットラインが設けられ、雇用差別と警官の対応の差別などについて被害者からの訴えが寄せられるが、告訴まで進む件数が少なすぎる、宣伝が不十分で機関の存在が知られていない、という批判がある（Wihtol de Wenden, 2008 : 95-96）。HALDEはイギリスの人種平等委員会をモデルとし勧告・仲裁などにも努めるが、やはり訴訟を主な解決手段とする点で、対応の幅広さと迅速性に疑問を生じさせている。

2　エガリテを超えられるか――加重差別の移民集団へのアプローチ

フランスの「移民国」としての矜持は、外来の移民をエガリテ（égalité）の原則により（差別も特別扱いもせず）受け入れ、フランス人と同じように遇してきたと考える点――事実かどうかは別として――にある。「同化」と訳される“assimilation”の語も、フランスでは、右のような平等な受け入れの結果、移民たちが次第にフランス市民と似た考えや行動をとるようになる過程を指して使われる。だが、その想定は、社会的条件と民族オリジンにより加重された不利を負う移民集団が存在するようになって、成り立たなくなっている。その場合、そもそも「エガリテ」論、つまり法の下での平等、差別禁止だけですむだろうか。差別禁止がどちらかといえば消極的平等施策であり、それと異なる論理のポジティヴ・アクション（フランス式の言い方では「積極的差別」）も行われるようになった。八〇年代から始まる状況であり、コンセイユ・デタも今日では積極的差別の理念を容認している。しかし、それが、学校教育や労働市場で、不利を負う移民集団に有効に適用されているか。

特定の移民集団があれこれの領域でこうむっている差別・排除を、九〇年代になると、研究者たちがその調査結果のなかで公にするようになる。ＩＮＳＥＥのような国立の研究調査機関も、出身国別の移民の統計を発表するようになった。「共和国モデル」の問い直しが起こっていることは明らかである。エスニーやエスニシティが直接言及されないだけで、実質的に議論はそこまで及んでいる。

ＦＡＳ[1]のような、公的性格が強いが、その活動が移民対象とされる機関が、職業訓練プログラムを実施した時には、事実上移民労働者とその子弟という形で対象がかなり絞られた（一九八八年にはこうして約三五〇〇人分の職業訓練費用が準備された）。これはＡ・ハーグリーヴスのようなイギリスの観察者も認めている点である（ハーグリーヴス、一九九七：三〇一）。ＦＡＳの後身であるＦＡＳＩＬＤはもっと端的に、雇用差別にさらされた集団としてマグレブ系の若者に明瞭に焦点を当て、仮説を構築し、南仏の一地域圏（プロヴァンス・アルプ・コートダジュール）を対象に、詳細な調査を実施した（FASILD, 2005）。

けれども、調査ならまだしも、そうした人々に対象を定めた優先措置が公式に実施されうるかというと、そうはいかない。第9章で指摘しているように、たとえ積極的差別政策であれ、民族、人種などを対象とする措置は公的な政策としては認められない。同政策は「領域的」（territoire）に、ないし社会的・普遍的カテゴリー化によってしか行われえないとされる。この領域的アプローチは、公教育の改善や都市の課題集中街区の改善などでは、まだしも一定の効果をもつだろう。しかし雇用に関しては、地域ならぬ、事業所に焦点をあてた政策なしに、果たして不利、差別の是正に迫ることができるだろうか。企業を対象にする試みとして、ZUSの「自由地域（免税地域）」（zone franche）では、そこに立地する事業所は従業員の五分の一を地域内から採用することで、免税の優遇措置を受けられるとしている例がある（Rebzani, 2006：44）。ただ、そこでも、地域内で採用される者がもっとも不利をこうむっている民族集団所属者から成るという保証はないのである。

1章でも紹介しているように、この国では「クォータ」への抵抗は、この語をほとんど物神化するほどに強い。だが、企業に対し雇用状況の改善を求めるなら、一定規模以上の事業所にはあるガイドラインを示し、従業員の民族オリジン別の雇用状況を報告させるなど監視を行うべき段階に来ているのではないか。移民社会ではこれは「企業の社会的責任」の問題でもある。そうした必要を原則認める関係者もいないわけではないが、雇用の不平等を測定するための民族的オリジンをどう設定し、同定するかで種々の議論が起こっている。そこにはエスニック・カテゴリーの使用の全面的拒絶から、その具体案の提示まで幅があって、議論は詰められていない。右のようなポジティヴ・アクションへの道筋は容易ではなく、時間を要するようである。

3　遅ればせの郊外の改革プラン

「暴動」の舞台ともなった、移民とその子弟の多くが生きる大都市の郊外の改革については、現政府によって遅ればせながらやっと二〇〇八年六月に公にされた「希望の郊外」(Espoir banlieues) プランがある (Damon, 2008)。これも領域的アプローチによっていて、「移民」、まして特定エスニシティへの言及はない。いわゆる「都市政策」アプローチに属し、全国二一五の優先地域を指定し、いくつかの改善策をうたっている。

ここでも施策には右に述べたのと同じ問題が指摘されるのであるが、中心は、雇用と教育に置かれている。一つの柱は、若者と企業を「結びつける」目的で、国の補助金の付される若年者試用期間（三年）を設けるもので、約四万五〇〇〇人の若者のため、最初の三年分として二億五〇〇〇万ユーロが用意されている。この試用期間の間、若者を支援する個人が一定期間「コーチング」と称して同伴するものとされる。また、企業は雇用の増大に努めることが望まれ、国が二万件におよぶ新しい起業に援助を与えることも、プランに盛り込まれている。

一方、教育については、二〇〇八年から多くの学校で正課のほかに補習、宿題援助、文化芸術活動などの支援を受けられるようになる。それとともに、学校の社会的混合性 (mixité sociale) を強めるため、学区によってはバス通学さえ導入するとしている。移民子弟などマイノリティの存在をある程度顧慮したプランかもしれないが、「社会的」という言葉で表現され、移民の文化問題に配慮するような施策はうかがえない。

ちなみに、教育達成について移民たちのアスピレーションが近年高まっていることが国民教育省調査などでも知られる。調査では、「二〇歳以上にまで勉学を続けさせたい」とする移民家族の親が六六%と、非移民の親の五五%よりも高いことは注目すべきである (INSEE, 2005 : 101)。裏を返せば、それだけ彼らが低ディプロマゆえの不利を感じていることを意味しよう。また、高いアスピレーションをもちながら、子弟に学校挫折が多いということは、意欲だけでは乗り越えられない文化的ハンディが大きいからではなかろうか。

ほかに、「希望の郊外」は、郊外地域の生活の脱エンクレーヴ化や快適化、利便化のための構想も示していて、公共交通のあり方や、住民ネットワークのあり方にもふれている。だが、移民の生活実態にふれていないこのプランは、彼らの関心を惹くことができるだろうか。〇八年九月に筆者はパリで、あるアソシアシオンと関わりをもつ学生にこのプランへの感想を尋ねたが、「知らない、われわれの間でも話題にならない」と答えるのみだった。ごく最近打ち出されたこの郊外地域改革論は、はたして財政規模は十分か。政府はどれだけ本腰を入れて取り組むのかわからず、今後を見守るほかはない。

むしろ、都市および郊外の問題に対しては、右のような改革の効果が不確かである以上、支援ネットワークや運動の環境をつくっていくことが重要であろう。アソシアシオン、つまり移民の支援団体、および移民自身の団体はその意味で不可欠である。

4　移民とアソシアシオンの役割

実際、「機会の平等」、そして「都市政策」の形をとる積極的差別政策に限界がある以上、当事者の移民自身の、またはその支援組織の行動がそこに欠けているものを補う必要がある。ただ、一九八〇年代前半までは移民たちの頼りにできた労働組合も、脱工業化のなかで組織率をいちじるしく低下させ、失業移民も高水準に推移し、影響力を失っている。現に、新移民政策のうたう「不法」移民の正規化制限や家族移民の制限に対しても、労組の反応は鈍いものがある。それ以外のアクター、すなわち市民社会諸組織（NGO、人権団体、教会など）や専門家（法曹など）の役割は逆に大きくならなければならないはずである。だが、二〇〇二年の保守政権成立以後活動補助金が減じられる傾向にあるほか、伝統的に移民政策の権限が国家、すなわちグランコール（エリート官僚団）に握られている構造からして、これはむずかしい(2)。不正規移民、とくに子どもの保護のため果敢な活動をし、注目されている団体「国境なき教育ネットワーク」（RESF）なども、決まった事務所をもたないヴォランタリーなアソシアシオンにとどまっている（10章参照）。ミッテラン時代の「SOSラシスム」のような、政府の移民政策に影響力を及ぼすインフルエンシャルな組織も、今日みあたらない。

ただ、8章でふれたように、いわゆる「サン・パピエ」や、新来の家族合流者など、地位の不安定な多くの移民を含むアフリカ系では、彼ら自身をアソシアシオンに組織することに確かに意味があった。反差別をかかげるFASTIのような連合体もあれば、日常生活レベルでのフランス社会への参加と適応を助けるもの、同じアフリカ系コミュニティの中でジェンダー差別を問う女性中心のものなど、さまざまなアソシアシオンがある。

4章で扱ったマグレブ系については、より複雑といえる。政府は、イスラームのスカーフ問題やいわゆる原理主義の問題に対応すべく、対話および交渉可能なムスリム代表組織をつくるという企てを行ってきた。それが最初の一九九八年のCOIF（フランスイスラーム考察評議会）であり、次いで〇二年のCFCM（フランスムスリム宗教実践評議会）である。しかし一般の移民ムスリムからはしばしば、代表される勢力の正統性が疑われ、その社会的要求がこれらによって取り継がれるとの信を置いていない。失業あるいは不安定就労の状態にある若者たちに、新世代ムスリムの運動が働きかけていて、宗教的礼拝に関してよりも、はるかに社会的な問題に関して共闘に志向している。地域によっては、自治体当局からの就職支援への何らかの援助を引き出したりしている。

社会的統合という課題に立ち返れば、フランス式積極的差別政策は、他にもまして不利を負わされている移民を対象とする統合政策にいたることがむずかしい。狙いはそうであっても、公に人的対象を特定することは普遍主義に反するとし、許されないのである。とすれば、「下から」の、特に非公式団体であるアソシアシオンを通しての支援活動は、これを補ってくれよう。もっとも周辺化されている集団であるマグレブ系、アフリカ系はそれだけ、支援を受けるだけでなく、自らもアソシアシオンを立ち上げ、自助、自己エンパワーメントに努めている。より若者中心では、8章で論じるように選挙権登録の運動などもそうであろう。これらなくしては、彼らはもっと自己閉塞をよぎなくされよう。

5　正規化されない移民の増加？

移民の社会的統合にさまざまな課題が残るなか、二〇〇六年から〇七年にかけて新しい移民立法（〇六年の「新移民法」とこれを補完する〇七年の「オルトフー法」）が移民政策の再定式化を打ち出した。10章で紹介しているので、詳細は譲り、二つの問題を指摘したい。

従来との「根本的な決別」（前移民相B・オルトフー）を言う「選別的移民受け入れ」（immigration choisie）の主張が、どんな根拠にもとづき、どんな人々を受け入れるのか。

ある考察は、同法が、「三〇余年ぶりの国境開放」と「望ましからざる者の制限」の二要素からなるきわめて両義的なものとみている（ヴィートル・ド・ウェンデン、二〇〇九）。開国、それは「新移民法」を成立させたドイツのようにIT技術者の受け入れを急ぐのかもしれない。新自由主義的経済運営により傾くサルコジ政権は、「経済的移民」の受け入れ増加を目標化している。そしてこれに「押し付けられた移民」（immigration subie）を対置する。だが、この二分法は、むしろ現政権の移民の認識の一面性、貧困を物語るものではないか。庇護受け入れや家族呼び寄せが後者の代表とされるようであるが、いずれも人権コンセプトによる普遍的基準を含意している。フランスは難民条約締約国であるばかりか、自ら憲法によってこの使命を規定し、難民受け入れを国是としてきたはずである。ちなみに家族再結合については、EUも基本的権利と認めている。また、仮にある目的性をもった人の受け入れの場合でも、「人」の移動である以上、文化、宗教、家族などの要求をもった人間を想定しなければならず、右の二分法はそのことを軽視する恐れがある。

社会的統合を基本的視点におく本書の見方からすると、この新法はまず、「サン・パピエ」問題の解決をむずかしくし、不正規状態のまま劣悪な条件で、社会保護もなしで暮らしつづける移民たちを増やすことになろう。出生地主義を国籍法中で容認しているフランスのような国では、家族の一体性を保護するためにも正規化の措置は必要である。

6　放置できない二群の移民間の不平等——ヨーロッパのなかで

フランスに限らず、EUヨーロッパの移民集団を権利の上で大きく二分している分割線がある。それは、いうまでもなくEU構成国国籍移民と、そうではない移民（その多数は途上国の国籍）とを分かつ一線である。

両者の差異を示す端的な事実は、「不法、非正規移民」なるものがEU市民である前者には一切存在しないことである。EU国籍外国人は、フランスへの自由移動が認められるため、一九九四年以降、入国・滞在規制の対象外となった。その滞在資格は10章でもふれたが、就労していれば一〇年間有効の許可証、労働していない場合は五年間有効の許可証が認められ、その家族も——非EU国籍であっても——同様の滞在資格が認められる。また、同じ年にブリュッセルは、EU諸国内での就労における国民、次いでEU市民の優先という原則を打ち立て、第三国外国人への差別を事実上制度化している。外国人であることの不安、不利を程度の差はあれ負わされている移民と、外国人であれそれらから解放されている移民の条件の差はひじょうに大きい。そうした差が維持されるなかで移民の社会的統合をトータルに実現することは不可能といっても過言ではない。

EUはアムステルダム条約の第一三条、すなわちEUの閣僚理事会は、人種、民族オリジン等による「あらゆる差別に抗するため、必要な措置をとることができる」という規定に立ち、それを実現すべく、「民族、人種の差別を禁止する待遇の平等」、「雇用・労働に関する平等待遇」（共に二〇〇〇年）という指令を布告し、また二〇〇三年には、合法的に一定期間以上居住する第三国国民の地位を限りなくEU市民のそれに近づけるべしとする「長期居住第三国国民の地位に関する指令」（一一月二五日）を発している。「指令」とは、その趣旨を実現する法的措置を各国に命じるものである。

これを承けてフランスでは、10章も指摘するように、第三国国民のうち、生計維持能力のある合法的定住者にEU諸国民と同等の権利を認めるという扱いが二〇〇六年法で打ち出された。このような差別化、新たな権利差の導入は、EU指令に反するものとはいえないが、非ヨーロッパ系外国人移民をもっとも多く擁する国の一つとして、フランスのとる施策のもつ影響は大きく、問題は看過できないように思われる。

7　社会成員への包摂

再び視野をフランスの内にもどすと、繰り返しになるが、移民の「統合政策」と呼ばれるものの焦点は、今日、社会的統合の政策よりは、はるかに文化的なそれへと向けられているように思われる。移民相をはじめとする政策側が「統合」の語を語る時、今やほとんどこれを「CAI（受け入れ・統合契約）の枠内でのフランス語および共和国の諸価値の習得」に一義化している（*Le Monde*, 21/2/2009）。前述の「オルトフー法」は〇六年七月法を事実上補完するものとなった。同法は家族再結合に関してDNA鑑定の導入によって論議を巻き起こしたが、むしろ目を向けたいのは一六―六四歳までの呼び寄せ対象者に、現地で、仏語およびフランス共和国の諸価値について試験を行うこと（結果が不十分なら講習、再試験）を定めていることである。フランスで生活するのに仏語が必要なことは言うをまたず、共和国的諸価値についても学ぶ必要はあろう。だが、合流を望む家族をも前もってこの文化的選別のふるいにかけるのは、家族再結合を認めた本来の趣旨に合致するか。また、それらをもって「統合」というなら、社会的統合は二義的なものにされてしまう。

一方、政策側の大きな関心は「選別的」施策により、「経済的移民」、すなわちＩＴなど高技能外国人の受け入れの増加を図ることであり、そこでは彼らをどのように優遇するかが論じられている。とすると、大きな問題が抜け落ちる。それは、本書で中心的に論じてきた、多くがフランスで育ち、教育を受けた、移民または移民出自人口のマジョリティを占める人々の統合という課題である。ここでは、文化的統合よりも、社会的統合が切実に求められる。

そのために必要なのは、職業訓練や雇用創出、さらに企業の雇用政策に対して、ある程度の公的な直接の介入であるということをすでに述べた。これを進める上での移民たちに焦点化された「積極的差別」施策がなかなか採られえないことについても、すでに述べた通りである。当面、先に紹介した「希望の郊外」プログラムが二億五〇〇〇万ユーロ（約三〇〇億円）を向こう三年間若者の雇用援助に支出し、ＡＣＳＥ（社会結合と機会の平等のための全国機関）が、〇九年度には六〇〇〇万ユーロ（約七五億円）の事業費予算を「都市政策」に重点的に投入すると伝えられる。しかし、はたして効果を挙げられるか。

最後に、射程を大きくとって問題をとらえておきたい。7章でみたように、都市ないし郊外のコミュニティの中で移民出自の第二世代のアクターたちが参加の模索を行っている。八〇年代までは可能だった労働組合を通しての職場→政治への働きかけの回路は、残念ながら彼らには狭められている。郊外地域で起こった有権者登録の増加は、新しい可能性であるかもしれず、まずそれは地域政治のなかに移民とつながる新しいアクターをより多く登場させるかもしれない。しかし、それが移民多住の諸郊外コミュニティの孤立した動きにとどまらないためには、根本的には、フランスという政治社会的共同体の開放、そしてインクルージョンの能力が問われてくる。

実際、この国の移民問題がすでに、フランス人の内なる共生の問題になっていることを強調したい。今や五〇〇万人を超える広義の移民の大半が「フランス人」、またはその将来の候補者である以上、彼らを、他者性の強い「イミグレ」の語によって周辺化することは許されない。大小の衝突が起こるたびに、フランス社会ではこの「他者性」認識が顔を出し、彼らの高失業と排除をあたかも別の世界の出来事のように捉える。こうした「他者化」を、フランス市民自身が乗りこえ、終止符を打ち、彼らを同じコミュニティの成員と認め、包摂することが必要である。「衡平」、「公正」の社会的含意を論じる哲学者（たとえばジョン・ロールズ）がいうように、所与条件ゆえにもっとも恵まれない状態にある成員の利益を最大化することが自分をも含む全体の利益にもなるのだ、という観念が分かちもたれることが要請されている。これは積極的差別施策を合意の上で深化させるための重要な条件であろう。市民のそこまでの意識変化がただちに進むことは困難であっても、少なくとも政策の側はそれを先取りし、合意形成をリードすべきである。ただ、現在の状況は、そこから距離があるといわねばならない。

（1）　ＦＡＳ（社会行動基金）、その後身のＦＡＳＩＬＤ（統合および差別との闘いの支援のための行動基金）は、公施設（公益性をもった公法上の団体で国家の予算でまかなわれ、財政上の監督を受ける）であり、創設以来、移民・外国人労働者への支援を目的にしてきた。現在、さらにＡＣＳＥ（社会結合と機会の平等のための全国機関）と改称。

（2）　移民政策の立案にたずさわるのは、しばしば有力グランデコール出身のコンセイユ・デタ、会計検査院などに属するエリート官僚で、彼らについては、現場を熟知した公務員などとの接触は少なく、短期間で別のポストに移ってしまう、と指摘されている（Wihtol de Wenden, 2008 : 103）。

執筆者紹介（執筆順）

宮島　　喬（みやじま・たかし）　編者．左頁参照．

中野　裕二（なかの・ゆうじ）　駒澤大学法学部教授

[主要著作]『フランス国家とマイノリティ』（国際書院，1996年），「フランス共和制の変容」（宮島喬ほか編『地域のヨーロッパ』人文書院，2007年）

渡辺　千尋（わたなべ・ちひろ）　東京大学大学院経済学研究科博士課程

[主要著作]「1920年代フランスにおける移民労働者の組織化」（『歴史と経済』第200号，2008年）

浪岡新太郎（なみおか・しんたろう）　明治学院大学国際学部専任講師

[主要著作]「フランス・ムスリム市民による熟議デモクラシー」（小川有美編『ポスト代表制の比較政治』早稲田大学出版部，2007年），「ヨーロッパ・ムスリムの市民アイデンティティ」（『国際政治』149号，2007年）

鳥羽　美鈴（とば・みすず）　一橋大学大学院研究補助員（言語社会研究科博士研究員）

[主要著作]「レジス・ドブレのフランス共和主義思想」（『相関社会科学』14号，2005年），「移民大国フランスの社会的不平等と若者の暴力」（小森宏美・原聖編『ヨーロッパのナショナリティとテリトリアリティ』京都大学地域研究統合情報センター，2009年）

荒又　美陽（あらまた・みよう）　恵泉女学園大学人間社会学部助教

[主要著作]「ルーヴルのピラミッド論争にみる現代フランスの景観理念」（『地理学評論』第76巻第6号，2003年），「歴史的街区で何を保護すべきか」（『都市地理学』no. 2，2007年）

森　千香子（もり・ちかこ）　南山大学外国語学部准教授

[主要著作]「都市部における若者の社会参加と文化活動」（『年報社会学論集』17号，2004年），「『施設化』する公営団地」（『現代思想』12月号，2006年）

井形　和正（いがた・かずまさ）　一橋大学大学院言語社会研究科博士課程

[主要著作] Bilan des recherches migratoires sur les Soninkés habitant dans la région parisienne（パリ第7大学DEA論文，2005年），「パリおよび郊外でのソニンケ人の社会統合について」（『アフリカNOW』72号，2006年）

ダニエル・サバ（Daniel SABBAGH）　パリ政治学院国際研究所研究部長

[主要著作] *L'Egalité par le droit*, Economica, Paris, 2003, (dir.), « La discrimination positive » *Pouvoirs*, novemvre 2004, Seuil.

野村　佳世（のむら・かよ）　一橋大学大学院社会学研究科博士課程

[主要著作]「移民政策のトランスナショナルな基準とナショナルな基準の交錯」（『年報社会学論集』15号，2002年），「フランスの移民政策と家族移民」（『EUとアジアの人の移動における人権レジームの構築の調査研究』平成17-19年度科学研究費補助金基盤研究A研究成果報告書，2008年）

索　引

略語一覧

AC LEFEU　Association collectif liberté, égalité, fraternité, ensemble, unis
自由・平等・友愛を一丸となって目指すアソシアシオン

ACSE（前身はFASILD）　Agence nationale pour la cohésion sociale et l'égalité des chances
社会結合と機会平等のための全国機関

ANPE　Agence nationale pour l'emploi
公共職業紹介所

APS　Association pour la promotion de la langue et de la culture Soninké
ソニンケ言語・文化振興のためのアソシアシオン

APUR　Atelier parisien d'urbanisme
パリ都市計画工房

CEP　Convention éducation prioritaire
教育優先協定

CFCM　Conseil français du culte musulman
フランスムスリム宗教実践評議会

CNIL　Commission nationale de l'informatique et des libertés
情報処理と自由全国委員会

CPE　Contrat première embauche
初期雇用契約

CRAN　Conseil représentatif des associations noires
黒人アソシアシオン代表者会議

EUMC　European Monitoring Centre on Racism and Xenophobia
ヨーロッパ人種差別・外国人排斥監視センター

FAS（2001年よりFASILD，2006年よりACSE）　Fonds d'action sociale pour les travailleurs musulmans d'Algérie en métropole et pour leurs familles / Fonds d'action sociale pour les travailleurs immigrés et leurs familles
社会行動基金

FASILD（前身はFAS，2006年よりACSE）　Fonds d'action et de soutien pour l'intégration et la lutte contre les discriminations
統合および差別との闘いの支援のための行動基金

FASTI　Fédération des associations de solidarité avec les travailleurs immigrés
移民労働者との連帯のためのアソシアシオン連合

FNMF　Fédération nationale des musulmans de France
フランスムスリム全国連盟

GISTI　Groupe de l'information et de soutien des immigrés
移民労働者支援・情報グループ
HALDE　Haute autorité de lutte contre les discriminations et pour l'égalité
反差別および平等のための高等機関
HCPF　Haut comité consultatif de la population et de la famille
人口家族高等諮問委員会
HLM　Habitation à loyer modéré
適正家賃住宅
INED　Institut national d'études démographiques
国立人口学研究所
INSEE　Institut national de la statistique et des études économiques
国立統計経済研究所
IRIS　Îlots regroupés pour l'information statistique
統計情報区画
MRAP　Mouvement contre le racisme et pour l'amitié entre les peuples
反人種差別・民族友好運動
ONI　Office national d'immigration
移民管理庁
RESF　Réseau éducation sans frontières
国境なき教育ネットワーク
SEMAVIP　Société d'économie mixte de la ville de Paris
パリ市混合経済会社
SONACOTRA（前身はSONACOTRAL）　Société nationale de construction de logements pour les travailleurs
労働者のための住宅建設公社
SONACOTRAL（1963年よりSONACOTRA，2007年よりAdoma）　Société nationale de construction de logements pour les travailleurs algériens
アルジェリア人労働者のための住宅建設公社
UJM　Union des jeunes musulmans
ムスリム青年連合
UOIF　Union des organisations islamiques de France
フランスイスラーム組織連合
ZEP　Zone d'éducation prioritaire
教育優先地域
ZUS　Zone urbaine sensible
問題都市地域

資　料

表1　フランスにおける出身国別移民の割合（1962-1999年）

出身国	1962	1968	1975	1982	1990	1999	
	%	%	%	%	%	%	人
ヨーロッパ	78.7	76.4	67.1	57.3	50.4	45.0	1,934,144
スペイン	18.0	21.0	15.2	11.7	9.5	7.4	316,232
イタリア	31.7	23.8	17.2	14.1	11.6	8.8	378,649
ポルトガル	2.0	8.8	16.8	15.8	14.4	13.3	571,874
ポーランド	9.5	6.7	4.8	3.9	3.4	2.3	98,571
その他ヨーロッパ諸国	17.5	16.1	13.1	11.8	11.5	13.2	568,818
アフリカ	14.9	19.9	28.0	33.2	35.9	39.3	1,691,562
アルジェリア	11.6	11.7	14.3	14.8	13.3	13.4	574,208
モロッコ	1.1	3.3	6.6	9.1	11.0	12.1	522,504
チュニジア	1.5	3.5	4.7	5.0	5.0	4.7	201,561
その他アフリカ諸国	0.7	1.4	2.4	4.3	6.6	9.1	393,289
アジア	2.4	2.5	3.6	7.9	11.4	12.7	549,994
トルコ	1.4	1.3	1.9	3.0	4.0	4.0	174,160
カンボジア・ラオス・ヴェトナム	0.4	0.6	0.7	3.0	3.7	3.7	159,750
その他アジア諸国	0.6	0.6	1.0	1.9	3.7	5.0	216,084
アメリカ，オセアニア	3.2	1.1	1.3	1.6	2.3	3.0	130,394
非公表	0.8	0.1	—	—	—	—	—
合計（%）	100.0	100.0	100.0	100.0	100.0	100.0	—
実数（人）	2,861,280	3,281,060	3,887,460	4,037,036	4,165,952	—	4,306,094

出所：INSEE，国勢調査（1962-1999年）.
作成：野村佳世.

表 2　方法別国籍取得者数の推移（1983-2006 年）

（人）

年	審査による取得（帰化）	届出による取得[1)]	合計
1983	19,990	19,705	39,695
1984	データなし	データなし	データなし
1985	41,588	19,089	60,677
1986	33,402	22,566	55,968
1987	25,702	16,052	41,754
1988	26,961	27,338	54,299
1989	33,040	26,468	59,508
1990	34,899	30,077	64,976
1991	39,445	32,768	72,213
1992	39,346	32,249	71,595
1993	40,739	32,425	73,164
1994	49,449	43,633	93,082
1995	40,867	21,017	61,884
1996	58,098	21,880	79,978
1997	60,485	23,191	83,676
1998	58,123	23,789	81,912
1999	67,569	26,433	94,002
2000	77,478	28,094	105,572
2001	64,595	25,965	90,560
2002	64,081	28,471	92,552
2003	77,102	33,409	110,511
2004	99,368	35,881	135,249
2005	101,785	22,818	124,603
2006	87,878	30,556	118,434

（フランス本土）

出所：移民・統合・国民アイデンティティおよび共同開発・発展省，法務省資料.
作成：鳥羽美鈴.
注：1)　フランス人と婚姻した外国人が，フランス国籍を取得する場合.

表3　フランスにおける地域圏別移民の実数と人口比

（2005年1月1日現在）

地域圏	移民の人数（人）	人口に占める割合（%）
イル・ド・フランス	1,916,000	16.7
シャンパーニュ・アルデンヌ	73,000	5.4
ピカルディ	88,000	4.7
オート・ノルマンディー	73,000	4.0
サントル	139,000	5.5
バス・ノルマンディー	34,000	2.4
ブルゴーニュ	92,000	5.7
ノール・パ・ド・カレ	180,000	4.5
ロレーヌ	180,000	7.7
アルザス	181,000	10.0
フランシュ・コンテ	74,000	6.5
ペイ・ド・ラ・ロワール	87,000	2.6
ブルターニュ	69,000	2.2
ポワトゥ・シャラント	54,000	3.2
アキテーヌ	180,000	5.8
ミディ・ピレネー	196,000	7.1
リムーザン	33,000	4.6
ローヌ・アルプ	537,000	9.0
オーヴェルニュ	61,000	4.6
ラングドック・ルション	228,000	9.1
プロヴァンス－アルプ－コート・ダジュール	458,000	9.6
コルシカ	26,000	9.1
フランス本土の合計	4,959,000	8.1

出所：INSEE.

作成：鳥羽美鈴.

表4　出身国および目的別入国者数（2003年）

（人）

出身国／入国目的	労働移民	家族呼び寄せ	フランス人の家族[1]	個人的および家族関係	難民	訪問者	その他[2]	合計
ヨーロッパ[3]および旧ソ連	1,144	1,032	624	4,499	3,097	906	485	11,787
アフリカ	2,097	19,014	13,122	43,938	4,314	3,259	4,318	90,062
アルジェリア	397	5,367	4,105	15,884	226	1,441	1,134	28,554
モロッコ	707	7,775	2,366	10,789	0	448	254	22,339
チュニジア	194	3,068	3,610	2,265	16	163	109	9,425
マグレブ以外のアフリカ諸国	799	2,804	3,041	15,000	4,072	1,207	2,507	29,430
アジア	2,013	4,772	1,517	8,779	1,960	1,949	1,202	22,192
トルコ	339	2,768	372	3,882	857	112	283	8,613
ベトナム	84	58	80	582	16	46	43	909
中　国	222	339	149	1,132	39	381	149	2,411
日　本	386	450	81	192	0	250	46	1,405
レバノン	364	157	64	246	5	156	12	1,004
アメリカ・オセアニア	1,244	1,948	961	4,927	366	1,496	316	11,258
その他（無国籍者など）	2	2	4	28	53	6	1	96
合　計	6,500	26,768	16,228	62,171	9,790	7,616	6,322	135,395

注：1）　フランス人の配偶者，子どもや孫，フランス国籍の子どもの親．
　　2）　労災手当て受給者，領土的難民，外国籍の病人，非賃金労働者，難民と無国籍者の家族．
　　3）　EU加盟国とアイスランド，リヒテンシュタイン，ノルウェーの3カ国を含むEEA（European Economic Area：欧州経済地域）からの入国者は含まれない．
出所：OMI，OFPRA，内務省．
作成：鳥羽美鈴．

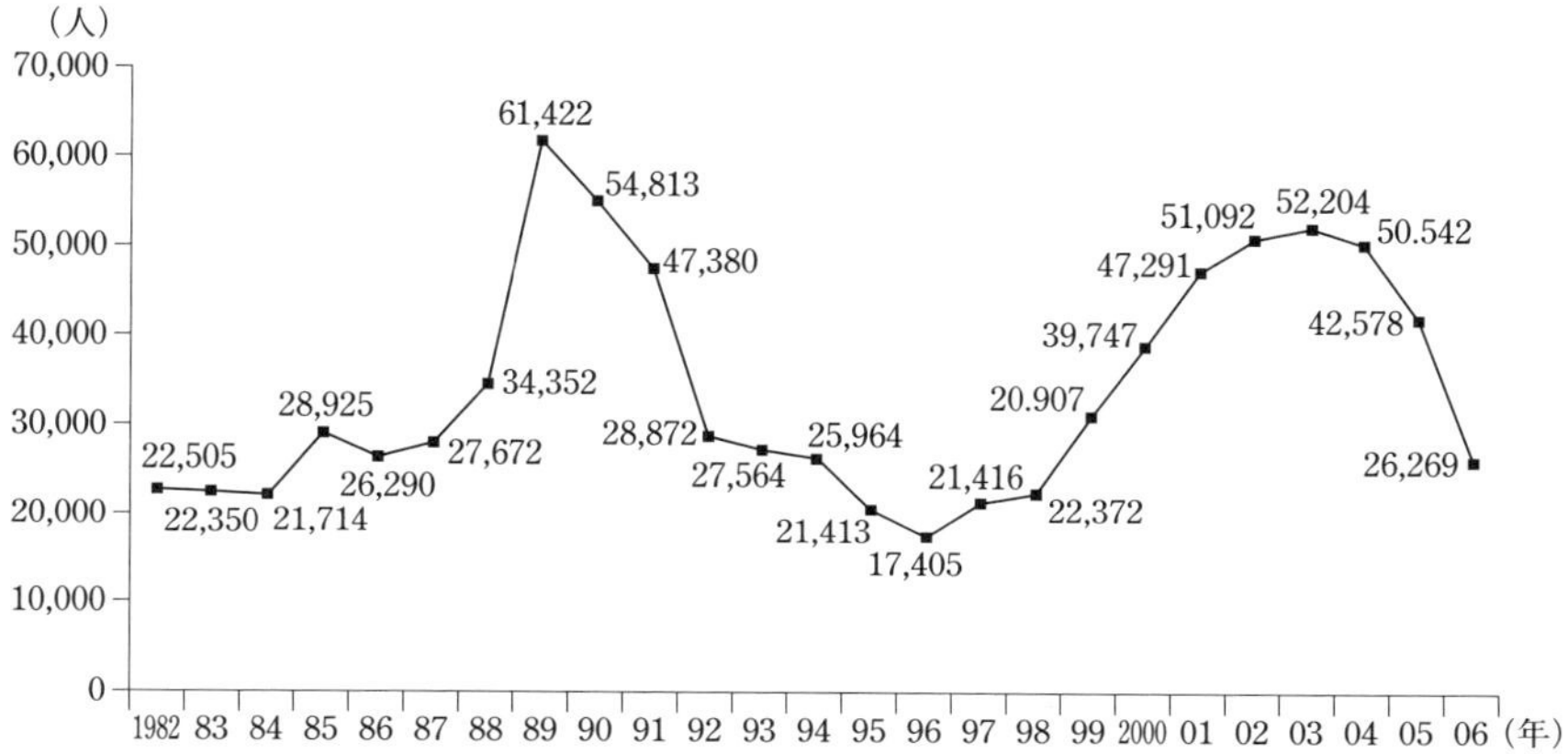

図1　フランスにおける庇護申請者（再審者を除く）数の推移（1982-2006 年）

出所：OFPRA（Office français de protection des réfugiés et apatrides）資料.

作成：野村佳世.

文献一覧

Aït-Hamadouche, R., 2002, « Le malaise des beurs à la Grande-Borne » *Le Monde Diplomatique*, juillet 2002.

Amar, M. et P. Milza, 1990, *L'immigration en France au XXe siècle*, Armand Colin.

APUR, 2005, *Paris 1954-1999, Données statistiques : population, logement, emploi*, Atelier Parisien d'Urbanisme.

APUR, 2007a, *Les hôtels meublés à Paris : Diagnostic et premier bilan du plan d' action engagée*, Atelier Parisien d'Urbanisme.

APUR, 2007b, *Résorption de l'habitat indigne à Paris 2002-2007*, Atelier Parisien d'Urbanisme.

APUR, 2007c, *L'accès au logement social à Paris : Analyse de la demande de logement social et bilan des attributions de logements sociaux à Paris en 2006*, Atelier Parisien d'Urbanisme.

荒又美陽，2006，「街区に本来の姿を取り戻す——パリ・マレ地区における『記憶』の収集と排除」森村敏己編『視覚表象と集合的記憶——歴史・現在・戦争』旬報社.

Associations Coordination Toxicomanies, Salle Saint-Bruno avec la participation de l'association MUSOJ, 2006, *La vie de quartier à la Goutte d'Or. Perceptions et représentations des habitants*, Salle Saint-Bruno.

Babès, L., 1997, *L'islam positif*, Editions de l'Atelier.

Bacqué, M.-H. et Y. Sintomer, 2001, « Affiliations et désaffiliations en banlieue » *Revue française de sociologie*, vol. 42, n° 2.

Balibar, É., 2004, « Dissonances dans la laïcité » C. Nordmann（dir.）, *Le foulard islamique en questions*, Amsterdam.

Bataille, P., 1997, *Le racisme au travail*, La Découverte.

Baubérot, J., 2004, *Laïcité 1905-2005 : entre passion et raison*, Seuil.

Beaud, S. et M. Pialoux, 2006, « La "racaille" et les "vrais jeunes" : critique d'une vision binaire du monde des cités » *Banlieue, lendemain de révolte*, La Dispute.

Béhar, D., 1998, « Entre intégration des populations d'origine étrangère et politique de la ville : existe-t-il une discrimination positive à la française ? » *Hommes et Migrations*, n° 1213.

Benasayag, M. *et al.*, 2008, *La Chasse aux enfants : L'effet miroir de l'explusion des sans-papiers*, La Découverte.

Bertossi, C., 2007, *Distant Neighbours : Understanding How the French Deal with Ethnic and Religious Diversity*, Runnymede Trust.

Bideberry, P., 1967, « Bilan de vingt années d'immigration (1946-1966) » *Revue française des affaires sociales*, n° 2.

Blanc-Chaléard, M.-C., 2001, *Histoire de l'immigration*, La Découverte.

Blanc-Chaléard, M.-C., 2007, « Les immigrés et le logement en France depuis le XIXe siècle : une histoire paradoxale » B. Stora et É. Temime (dir.), *Immigrances : L'immigration en France au XXe siècle*, Hachette Littératures.

Blum, A., F. Guérin-Pace et H. Le Bras, 2007, « La statistique, piège ethnique » *Le Monde* du 10 novembre 2007.

Bodin, Y., 2007, *Rapport d'information sur la diversité sociale et l'égalité des chances dans la composition des classes préparatoires aux grandes écoles*, Sénat, Commission des affaires culturelles.

Body-Gendrot, S. et C. Wihtol de Wenden, 2007, *Sortir des banlieus pour en finir avec la tyrannie des territories*, Editions Autrement.

Boucher, M. et A. Vulbeau, 2003, *Emergences culturelles et jeunesse populaire. Turbulences ou médiations ?*, L'Harmattan.

Boulot, S. et D. Boyzon-Fradet, 1992, « La section d'éducation spécialisée, miroir grossissant des inégalités » *Migrants-Formation*, n° 89.

Bouzar, D., 2004, *Monsieur Islam n'existe pas*, Hachette.

Brouard, S. et V. Tiberj, 2006, *Français comme les autres?*, Presses de Sciences-po.

Bruneaud, J.-F., 2004, « Violence scolaire : visibilité et images renvoyées » *Migrations Société*, vol. 16, n° 93/94.

Caille, J.-P., 2005, « Les projets d'avenir des enfants d'immigrés » INSEE, *Les immigrés en France*, La Documentation Française.

Calvès, G., 1998, « Affirmative Action in French Law » *Revue Tocqueville/The Tocqueville Review*, XIX (2).

Calvès, G., 2000, « Les Politiques françaises de lutte contre le racisme, des politiques en mutation » *French Politics, Culture, and Society*, vol. 18, no. 3.

Calvès, G., 2004, « Color-Blindness at a Crossroads in Contemporary France » H. Chapman and L. L. Frader (eds.), *Race in France: Interdisciplinary Perspectives on the Politics of Difference*, Bergham Books.

Calvès, G., 2008, *La Discrimination positive*, Presses Universitaires de France.

Castel, R., 1995, *Métamorphoses de la question sociale*, Fayard.

Centre d'analyse stratégique, 2006, *Besoins de main-d'œuvre et politique migratoire*, La Documentation Française.

Cesari, J., 1998, *Musulmans et républicains*, Complexe.

Chabanet, D., 1999, « La politique de la ville au défi de la participation des habitants à Vaulx-en-Velin » A. Mabileau *et al.*, *Les nouvelles politiques locales*, Presses de Sciences Po.

CNCDH, 2005, *La lutte contre le racisme et la xénophobie*, La Documentation

Française.

CNCDH, 2008, *Rapport annuel*, La Documentation Française.

Commission de Réflexion sur L'Application du Principe de Laïcité dans la République, 2003, *Laïcité et république*, La Documentation Française.

Conseil d'Etat, 1998, *Rapport public 1996 : Sur le principe d'égalité*, La Documentation Française.

Conseil d'Etat, 2000, *Rapport public 2000. Jurisprudence et avis de 1999. Les associations et la loi de 1901, cent ans après*, La Documentation Française.

Conseil économique et social, 2001, *L'insertion des jeunes d'origine étrangère*, La Documentation Française.

Costa-Lascoux, J., 1989, *De l'immigré au citoyen*, La Documentation Française.

Damon, J., 2008, « Les grandes lignes du plan Espoir banlieues » *Regards sur l'actualité*, n° 342.

Daum, C., 1998, *Les associations de Maliens en France*, Karthala.

Demaison, P.-Y. (dir.), 2006, *L'islam dans la cité: dialogue avec les jeunes musulmans français*, Albin Michel.

Deneuve, C., 2002, « Besoins de main-d'œuvres des entreprises et à l'immigraion quelles perspectives? » F. Héran (rapports du séminaire présidé par), *Immigration, marché du travail, intégration*, La Documentation Française.

Descoings, R., 2007, *Sciences Po. : de la Courneuve à Shanghai*, Presses de Sciences Po.

Donzelot, J., 2003, *Faire société: la politique de la ville aux États-Unis et en France*, Seuil.

Dubet, F., 1988, *La galère. Jeunes en survie*, Seuil.

Dumont, G.-F., 2008, « Immigration étrangère et développement local en France » *Futuribles*, n° 343.

Duru, M. et A. Mingat, 1985, « De l'orientation en fin de 5e au fonctionnement du collège » *Cahier de l'IREDU*, n° 42.

デュリュ＝ベラ，M．(林昌宏訳)，2007，『フランスの学歴インフレと格差社会』明石書店．

Egré, P. *et al.*, 2007, *Cachan, la vérité : Le défi migratoire*, Éditions de l'Aube.

Estivalèzes, M., 2005, *Les religions dans l'enseignement laïque*, Presses Universitaires de France.

EUMC, 2006, *Les musulmans au sein de l'Union Européenne*.

FASILD, 2003, *Les discriminations des jeunes d'origine étrangère dans l'accès à l'emploi et l'accès au logement*, La Documentation Française.

FASILD, 2005, *Jeunes diplômés issus de l'immigration: insertion professionnelle ou discrimination ?*, La Documentation Française.

Faure, A. et C. Lévy-Vroelant, 2007, *Une chambre en ville : Hôtels meublés et*

garnis à Paris 1860-1990, Creaphis.

Fauvelle-Aymar, C., A. François et P. Vornetti, 2004 « Spécificité du vote ZUS : analyse descriptive pour les présidentielles de 2002 » *Rapport pour Délégation Interministérielle à la Ville.*

Felouzis, G., F. Liot et J. Perroton, 2005, *L'apartheid scolaire : enquête sur la ségrégation ethnique dans les collèges*, Seuil.

Ferjani, M.-C., 1999, « l'Islam en Europe » *Les Cahiers Millénaires*, n° 3.

Ferry, L. (dir.), 2005, *Pour une société de la nouvelle chance: une approche républicaine de la discrimination positive, rapport*, La Documentation Française.

Ferry, V., P.-D. Galloro et G. Noiriel (dir.), 2006, *20 ans de discours sur l'intégration*, L'Harmattan.

Fijalkow, Y., 1998, *La Construction des îlots insalubres, Paris 1850-1945*, L'Harmattan.

Fitoussi, G. *et al.*, 2004, *Ségrégation urbaine et intégration sociale*, La Documentation Française.

Fregosi, F., 2006, « La représentation institutionnelle de l'islam en France, ses associations et son organisation » M. Arkoun (dir.), *Histoire de l'islam et des musulmans en France du Moyen Âge à nos jours, aspects religieux, politiques et culturels*, Albin Michel.

Fregosi, F., 2008, *Penser l'islam dans la laïcité : les musulmans de France et la République*, Fayard.

藤井良治・塩野谷祐一編，1999，『先進諸国の社会保障 6　フランス』東京大学出版会.

福田邦夫，1980，「フランス労働市場と外国人労働力——アルジェリア人移民労働者を中心に」『アジア経済』21 巻 6 号.

福田邦夫，1982，「フランス・マグレブ間における労働移動——アルジェリアにおける労働力存在形態」『アジア経済』23 巻 4 号.

Geddes, A., 2003, *The Politics of Migration and Immigration in Europe*, Sage.

Geisser, V., 1997, *Ethnicité républicaine : élites d'origine maghrébine dans le système français*, Presses de Sciences Po.

Geisser, V., 2008, *Discriminer pour mieux régner. Enquête sur la diversité dans les partis politiques*, Editions de l'Atelier.

GISTI, 1999, *Le guide de l'entrée et du séjour des étrangers en France*, Syros.

GISTI, 2006, *Le guide de l'entrée et du séjour des étrangers en France*, La Découverte.

GISTI, 2008, *Le guide de l'entrée et du séjour des étrangers en France*, La Découverte.

Glaude, M. et C. Borrel, 2002, « Les immigrés et leurs descendants sur le marché de travail: un regard statistique » F. Héran, *Immigration, manché du travail,*

intégration, La Documentation Française.
Glazer, N., 1983, *Ethnic Dilemmas, 1964-1982*, Harvard University Press.
Granjon, M.-C., 1994, « Le regard en biais. Attitudes françaises et multiculturalisme américaine (1990-1993) » *XXe siècle; revue d'histoire*, n° 43.
Granotier, B., 1970, *Les travailleurs immigrés en France*, François Maspero.
羽貝正美, 1987,「フランスにおける都市計画の形成――一八五〇年ムラン法の成立を中心に」『東京都立大学法学会雑誌』28 巻 1 号.
ハーグリーヴス, A. G.(石井伸一訳), 1997,『現代フランス――移民からみた世界』明石書店.
Hansen, R., 2000, *Citizenship and Immigration in Post-war Britain*, Oxford University Press.
原田純孝・大村謙二郎編, 2004,『現代都市法の新展開――持続可能な都市発展と住民参加 ドイツ・フランス』(東京大学社会科学研究所研究シリーズ No. 16) 東京大学社会科学研究所.
Hartmann, G., 1920, « Les étrangers au quartier Saint-Gervais » *La Cité*, n° 75-76.
林正樹, 1994,「生産の自動化と管理方式の『ジャパナイゼーション』――フランス自動車部品メーカーの『合理化』を中心に」中央大学経済研究所編『転換期のフランス自動車産業――管理方式のジャパナイゼーション』中央大学出版部.
林瑞枝, 1981,「アルジェリアの独立と国籍問題(I・II)」『アジア経済』22 巻 2 号, 22 巻 3 号.
林瑞枝, 1994a,「1993 年度フランスにおける移民関係法令の変更とその意義について 1」『時の法令』1467 号.
林瑞枝, 1994b,「1993 年度フランスにおける移民関係法令の変更とその意義について 4」『時の法令』1473 号.
林瑞枝, 1994c,「1993 年度フランスにおける移民関係法令の変更とその意義について 5」『時の法令』1477 号.
林瑞枝, 2004,「イスラームのスカーフ事件」三浦信孝編『普遍性か差異か』藤原書店.
HCI, 1991, *Pour un modèle français d'intégration: Premier rapport annuel*, La Documentation Française.
HCI, 1992, *Conditions juridiques et culturelles de l'intégration*, La Documentation Française.
HCI, 2001, *L'islam dans la République*, La Documentation Française.
Henry, F., 2008, « Politiques de l'emploi et politique de la ville dans les zones urbaines sensibles » *Regards sur l'actualité*, n° 342.
Héran, F., 2007a, « Il n'y a pas d'apprentis sorciers à l'INED » *Le Monde* du 15 novembre 2007.
Héran, F., 2007b, *Le temps des immigrés*, Seuil.
樋口陽一, 1994,『近代国民国家の憲法構造』東京大学出版会.

Hollinger, D., 2006, *Post ethnic America: Beyond Multiculuralism*, Basic Books [1996].

池田賢市，2001，『フランスの移民と学校教育』明石書店.

稲葉奈々子，1998，「90年代フランスにおける『もうひとつの移民問題』――脱工業社会とアフリカ系移民」宮島喬編『現代ヨーロッパ社会論』人文書院.

稲葉奈々子，2000，「フランスにおける非正規滞在者とアムネスティ――『サンパピエの運動』と市民社会からの応答」駒井洋ほか編『超過滞在外国人と在留特別許可――岐路に立つ日本の出入国管理政策』明石書店.

稲葉奈々子，2003，「公共空間を〈占拠〉するアソシエーション」コリン・コバヤシ編『市民のアソシエーション――フランスNPO法100年』太田出版.

井上禎男，2006，「フランスにおける個人情報保護第三者機関の機能と運用――2004年改正1978年個人情報保護法とCNILの実務」『人間文化研究』5号.

INSEE, 1994, *Les étrangers en France*, La Documentation Française.

INSEE, 2001, *Population immigrée et population étrangère: tableaux thématiques*, INSEE.

INSEE, 10/2001, *Base de données : Iris...Profils* (*Paris*), (Source : *Recensement de la population 1999, Explotations principale et complémentaire*).

INSEE, 2002, *INSEE PREMIERE*, n° 835.

INSEE, 2005, *Les immigrés en France*, La Documentation Française.

Ion, J., 1997, *La fin des militants?*, Editions de l'Atelier.

Ion, J., 1999, « Injonction à participation et engagement associatif » *Hommes et Migrations*, n° 1217.

伊藤るり，2000，「90年代フランスにおける移民統合政策と〈女性媒介者〉――地域のなかで試されるフランス型統合」『ヨーロッパ統合下の西欧諸国の移民と移民政策の調査研究』（平成10-11年度文部省科学研究費補助金国際学術研究研究成果報告書，課題番号10041085，研究代表者・宮島喬）.

Jeantet, T., 2006, « L'école et la laïcité » *Revue politique et parlementaire*, n° 1038.

Jencks, C. et M. Phillips, 1998, *The Black-White Test Score Gap*, Brookings Institution.

Kalff, E. et L. Lemaitre, 2008, *Le Logement insalubre et l'hygiénisation de la vie quotidienne, Paris* (*1830-1990*), L'Harmattan.

ケリー，R., 2006,『ゲットーを捏造する――アメリカにおける都市危機の表象』彩流社.

Kepel, G., 1989, *Les banlieues de l'islam*, Seuil.

Keslassy, E., 2004, *De la discrimination positive*, Bréal.

Khosrokhavar, F., 1998, « L'Islam des nouvelles générations » *Hommes et Migrations*, n° 1211.

Khosrokhavar, F., 2000, « L'islam des jeunes musulmans » Kymlicka et Mesure (dir.), *Les identites culturelles*, Presses Universitaires de France.

Khosrokhavar, F., 2003, « Existe-t-il une opinion publique musulmane en France? » M. Wieviorka (dir.), *L'avenir de l'islam en France et en Europe*, Balland.

Kirszbaum, T., 2004, « La Discrimination positive territoriale : de l'égalité des chances à la mixité urbaine » *Pouvoirs*, n° 111.

コバヤシ，コリン編著，2003,『市民のアソシエーション——フランスNPO法100年』太田出版.

小泉洋一，1998,『政教分離と宗教的自由』法律文化社.

Kokoreff, M., 2003, *La force des quartiers. De la délinquance à l'engagement politique*, Payot.

Laasher, S., 2007, *Le peuple des clandestins*, Calmann-Lévy.

Lapierre, N., 1995, *Changer de nom*, Stock.

Le Goaziou, V. et L. Mucchielli, 2006, *Quand les banlieues brûlent... Retour sur les émeutes de novembre 2005*, La Découverte.

Lévy-Vroeland, C., 1999, « Le diagnostic d'insalubrité et ses conséquences sur la ville, Paris 1894-1960 » *Population*, 55 (4-5).

Lorcerie, F., (dir.), 2005 *La politisation du voile*, L'Harmattan.

ロルスリー，F.（白鳥義彦訳），2008,「エスニック化した学校の発見——フランスの事例」ジークリット・ルヒテンベルク編（山内乾史監訳）『移民・教育・社会変動——ヨーロッパとオーストラリアの移民問題と教育政策』明石書店.

Lozès, P. et M. Wieviorka, 2008, « Contre les discriminations, unissons-nous ! » *Le Monde* du 12 février 2008.

Masclet, O., 2003, *La gauche et les cités. Enquête sur un rendez-vous manqué*, La Dispute.

Mattina, C., 2008, « Gouverner la ‹démocratie locale› urbaine. Comités de quartier et conseils de quartier à Marseille, Toulon et Nice » *Sociologie du travail*, vol. 50, n° 2.

Mauger, G., 2006, *L'émeute de novembre 2005. Une révolte protopolitique*, Éditions du Croquant.

Meirieu, P., 2005, *Nous mettrons nos enfants à l'école publique...*, Mille et une nuits.

Merle, P., 2000, « Le concept de démocratisation de l'institution scolaire : une typologie et sa mise à l'épreuve » *Population*, 55 (1).

Mermet, G., 2006, *Francoscopie 2007*, Larousse.

三島禎子，2002,「国際移動と地域開発——ソニンケ移民に関する移動の主体性についての考察」加納弘勝・小倉充夫編『変貌する「第三世界」と国際社会』東京大学出版会.

宮島喬，1988,「ヨーロッパにおける移民労働者問題の変容と現状——フランス社会とマグレブ移民の問題を中心に」『歴史学研究』581号.

宮島喬，1999,『文化と不平等——社会学的アプローチ』有斐閣.

宮島喬，2006a,『移民社会フランスの危機』岩波書店.

宮島喬，2006b，「『移民社会』フランスの危機と底流（下）——遠のく平等」『UP』35 巻 8 号.
宮島喬，2007，「フランスの移民規制と外国人労働者問題」『季刊労働法』219 号.
Morel, S., 2002, *École, territoire et identités : les politiques publiques françaises à l'épreuve de l'ethnicité*, L'Harmattan.
森千香子，2004，「都市部における若者の社会参加と文化活動——パリ郊外オーベルヴィリエ市の事例を通して」『年報社会学論集』17 号.
森千香子，2006，「炎に浮かぶ言葉」『現代思想フランス暴動』2006 年 2 月増刊号，青土社.
Mucchielli, L., 2001, *Violences et insécurité. Fantasmes et réalités dans le débat français*, La Découverte.
中村睦男・高橋和之・辻村みよ子編，2003，『欧州統合とフランス憲法の変容』有斐閣.
中野裕二，1996，『フランス国家とマイノリティ——共生の「共和制モデル」』国際書院.
中野裕二，2007，「フランス共和制の変容——地方分権改革，地域民主主義・近隣民主主義立法の意味するもの」宮島喬・若松邦弘・小森宏美編『地域のヨーロッパ』人文書院.
浪岡新太郎，2005，「西ヨーロッパにおける政教関係の制度化とイスラーム」古城利明編『世界システムとヨーロッパ』中央大学出版部.
浪岡新太郎，2007，「ヨーロッパ・ムスリムの市民アイデンティティ」『国際政治』149 号.
Noiriel, G. *et al.* (dir.), 2005, *20 ans de discours sur l'intégration*, L'Harmattan.
野村佳世，2002，「移民政策のトランスナショナルな基準とナショナルな基準の交錯——『サン・パピエ』の事例から」『年報社会学論集』15 号.
野村佳世，2008，「フランスの移民政策と家族移民——『パスクア法』（1993 年）から『選別的受入れ法』（2006 年）まで」『ＥＵとアジアの人の移動における人権レジームの構築の調査研究』（平成 17-19 年度科学研究費補助金基盤研究Ａ研究成果報告書，課題番号 17252008，研究代表者・宮島喬）.
Office public d'habitation de la Ville de Paris, 1988, *Rénovation - Réhabilitation du Quartier de la Goutte d'Or. Dossier de présentation destiné aux visiteurs de l' Office Goutte d'Or : 33 rue de la Charbonnière, Paris 18ème.*
岡伸一，1999，「失業保険と雇用政策」藤井良治・塩野谷祐一編『先進諸国の社会保障 6　フランス』東京大学出版会.
岡村美保子，2004，「フランスの難民認定制度」『レファレンス』54 巻 7 号.
岡野八代，2003，『シティズンシップの政治学』白澤社.
長部重康，2006，『現代フランスの病理解剖』山川出版社.
Pereira, V., 2005, « Une migration favorisée. Les représentations et pratiques étatiques vis-à-vis de la migration portugaise en France (1945-1974) » M.-C.

Blanc-Chaléard, S. Dufoix et P. Weil (dir.), *L'Étranger en questions : du Moyen Âge à l'an 2000*, Le Manuscrit.

Perroton, J., 2005, « Le système éducatif. Panorama de quelques questions autour de l'École » *Cahiers français*, n° 326.

EUYOUPART (Political Participation of Young People in Europe), 2005, *National Report :France*, FNSPCEVIPOF.

Ponty, J., 2003, *L'immigration dans les textes : France, 1789-2002*, Belin.

Préfecture de Paris, 2001, *Tableau de bord : immeubles en mauvais état, cartographie et liste des immeubles, document établi à partir de fichiers administratifs*, Atelier Parisien d'Urbanisme.

Préfecture de Paris, Mairie de Paris, APUR, 2002, *Les foyers de travailleurs migrants à Paris*, Atelier Parisien d'Urbanisme.

Quminal, C., 1997, « Famille immigrés entre deux espaces » D. Fassin, A. Morice et C. Quminal (dir.), *Les lois de l'inhospitalité*, La Découverte.

Ravon, B., 2000, *L' "échec scolaire" : histoire d'un problème public*, In press.

Rebzani, R., 2006, *L'aide aux victimes de la discrimination ethnique*, L'Harmattan.

Régnard, C., 2006, *Immigration et présence étrangère en France en 2004*, La Documentation Française.

Richard, J.-L., 1999, « Comment votent les jeunes français issus de l'immigration ? » *Ville-Ecole-Intégration*, n° 118.

Roché, S., 2006, *Le frisson de l'émeute. Violences urbaines et banlieues*, Seuil.

Roman, J., 1995, « Un multiculturalisme à la française? » *Esprit*, n° 212.

Roman, J., 2006, « Pour en finir avec l'intégration » M. Aubry (coordonné par), *Immigration, comprendre, construire!*, Éditions de l'Aube.

Sayad, A., 1980, « Le foyer des sans-famille » *Actes de la recherche en sciences sociales*, n° 32-33.

Schnapper, D., 2002, *La démocratie providentielle : essai sur l'égalité contemporaine*, Gallimard.

Schnapper, D., 2006a, « Représentation des Français d'origine étrangère et rénovation de la démocratie » A. Bekkouche (coordonné par), *La sous-représentation des Français d'origine étrangère. Crise du système représentatif ou discrimination politique. Actes du colloque du 27 novembre 2003*, L'Harmattan.

Schnapper, D., 2006b, « Etat des lieux, état des problèmes » Centre d'Analyse Statistique, *Statistiques "ethniques" : éléments de cadrage*, La Documentation Française.

Schnapper, D., 2008, « Les enjeux démocratiques de la statistique ethnique » *Revue française de sociologie*, vol. 49, n° 1.

Schor, R., 1996, *Histoire de l'immigration en France de la fin du XIXe siècle à nos jours*, Armand Colin.

Secrétariat Général du Comité Interminstériel de Contrôle de l'Immigration, 2007, *Les orientations de la politique de l'immigration*, La Documentation Française.
庄司克宏，2007，『欧州連合——統治の論理とゆくえ』岩波書店.
Silberman, R., 2002, « Les enfants d'immigrés sur le marché du travail: les méchanismes d'une discrimination séléctive » F. Héran, *Immigration, manché du travail, intégration*, La Documentation Française.
SOS Racisme, 2005, *Rapport d'analyse des affaires récentes de discrimination à l'embauche poursuivies par SOS Racisme*, SOS Racisme.
Spire, A., 2005, *Étrangers à la carte : L'administration de l'immigration en France*, Grasset.
高木勇夫，1990，「不可視の権力——コレラと近代フランス的観念」見市雅俊ほか『青い恐怖　白い街——コレラ流行と近代ヨーロッパ』平凡社.
高村学人，2007，『アソシアシオンへの自由』勁草書房.
Tapinos, G., 1975, *L'immigration étrangère en France : 1946-1973*, Presses Universitaires de France.
Temime, É., 1999, « La politique française à l'égard de la migration algérienne : le poids de la colonisation » *Le Mouvement social*, n° 188.
Timera, M., 1997, « Sans-papiers africains face aux "communautés" d'origine » D. Fassin, A. Morice et C. Quiminal (dir.), *Les lois de l'inhospitalité*, La Découverte.
鳥羽美鈴，2004，「『ライシテ』というフランス的例外」『日仏社会学会年報』14 号.
Todd, E., 1994, *Le Destin des immigrés : assimilation et ségrégation dans les démocraties occidentales*, Seuil. 石崎晴己・東松秀雄訳，1999，『移民の運命』藤原書店.
Toulemonde, B., 2004, « La Discrimination positive dans l'éducation : des ZEP à Sciences Po » *Pouvoirs*, n° 111.
Tribalat, M., 1995, *Faire France*, La Découverte.
Vallet, L.-A. et J.-P. Caille, 1996, « Les élèves étrangers ou issus de l'immigration dans l'école et le collège français » *Les Dossiers éducation et formations*, n° 67.
Van Eeckhout, L., 2007, « Faux débat sur les statistiques ethniques » *Le Monde* du 15 novembre 2007.
Van Zanten, A., 2001, *L'école de la périphérie : scolarité et ségrégation en banlieue*, Presses Universitaires de France.
Van Zanten, A. (à paraître), « Traiter les lieux ou promouvoir les individus : les politiques d'ouverture sociale des grandes écoles et la discrimination positive dans le domaine éducatif en France ».
Viet, V., 1998, *La France immigrée : Construction d'une politique, 1914-1997*, Fayard.
Viet, V., 2004, *Histoire des Français venus d'ailleurs : de 1850 à nos jours*, Perrin.
Vivier, J.-P., 1991, « Culture hip-hop et politique de la ville » *Hommes et Migra-*

tions, n° 1147.

Wacquant, L., 2007, *Urban Outcasts : A Comparative Sociology of Advanced Marginality*, Polity Press.

渡辺和行，2007，『エトランジェのフランス史——国民・移民・外国人』山川出版社.

Weil, P., 1988, « La politique française d'immigration » *Pouvoirs*, n° 47.

Weil, P., 2002, *Qu'est-ce qu'un Français ? : histoire de la nationalité française depuis la Révolution*, Grasset.

Weil, P., 2005a, *La France et ses étrangers : l'aventure d'une politique de l'immigration, 1938–1991*, Gallimard.

Weil, P., 2005b, *La République et sa diversité : immigration, intégration, discriminations*, Seuil.

Weil, P., 2008, *Liberté, égalité, discriminations : L'« identité nationale » au regard de l'histoire*, Grasset.

Wieviorka, M., 1998, « Le multiculturalisme est-il la réponse? » *Cahiers internationaux de Sociologie*, vol. 45.

Wieviorka, M., 2005, « "Le modèle français d'intégration" à l'épreuve de la représentation politique » A. Bekkouche (coordonné par), *La sous-représentation des Français d'origine étrangère. Crise du système représentatif ou discrimination politique. Actes du colloque du 27 novembre 2003*, L'Harmattan.

Wieviorka, M., 2007, « La diversité, à reculons » *Le Monde* du 5 octobre 2007.

Wihtol de Wenden, C. et R. Leveau, 2001, *La beurgeoisie*, CNRS Éditions.

Wihtol de Wenden, C., 2006, « Une tentative de politique de l'immigration » Y. Lequin (dir.), *Histoire des étrangers et de l'immigration en France*, Larousse.

Wihtol de Wenden, C., 2008, « Immigration Policy in France » in A. Kondo (ed.) *Migration and Globalization : Comparing Immigration Policy in Developed Countries*, Akashi Shoten.

ヴィートル・ド・ウェンデン，C.，2009，「フランス移民政策の新たな方向づけ？——『選別的移民政策』とその批判」『移民政策研究』創刊号.

Willaime, J.-P., 2004, *Europe et religion*, Fayard.

吉田克己，1988，「一九世紀フランスにおける住宅問題と法（二）——フランス住宅法制の史的考察 その一」『法政理論』20巻4号.

油井大三郎・遠藤泰生編，1999，『多文化主義のアメリカ——揺らぐナショナル・アイデンティティ』東京大学出版会.

Zirotti, J.-P., 2006, « Les jugements des élèves issus de l'immigration sur les décisions d'orientation scolaire et les conditions de leur scolarisation » *Cahiers de l'URMIS*, n° 10–11, SOLIIS-URMIS（URL: http://urmis.revues.org/document249.html）.

編者略歴

1940年　生まれ.

1967年　東京大学大学院社会学研究科博士課程中退.

　　　　お茶の水女子大学教授，立教大学教授を経て，

現　在　法政大学大学院教授.

主要著書

『デュルケム理論と現代』（東京大学出版会，1987年）
『ひとつのヨーロッパ　いくつものヨーロッパ』（東京大学出版会，1992年）
『文化的再生産の社会学』（藤原書店，1994年）
『ヨーロッパ社会の試練』（東京大学出版会，1997年）
『文化と不平等』（有斐閣，1999年）
『国際社会』（全7巻，共編，東京大学出版会，2002年）
『共に生きられる日本へ』（有斐閣，2003年）
『ヨーロッパ市民の誕生』（岩波書店，2004年）
『外国人の子どもと日本の教育』（共編，東京大学出版会，2005年）
『移民社会フランスの危機』（岩波書店，2006年）

移民の社会的統合と排除
問われるフランス的平等

2009年6月23日　初　版

［検印廃止］

編　者　宮島《みやじま》　喬《たかし》

発行所　財団法人　東京大学出版会

代表者　長谷川寿一

113-8654　東京都文京区本郷7-3-1
電話 03-3811-8814　Fax 03-3812-6958
振替 00160-6-59964

印刷所　株式会社平文社
製本所　矢嶋製本株式会社

ISBN 978-4-13-050174-3　Printed in Japan